中國學術思想 研究輯刊

三九編

林慶彰 主編

第 17 冊

走出「中國藝術精神」
——徐復觀美學研究集釋(下)

劉建平 著

花木蘭文化事業有限公司

國家圖書館出版品預行編目資料

走出「中國藝術精神」——徐復觀美學研究集釋（下）／劉建
平 著 -- 初版 -- 新北市：花木蘭文化事業有限公司，2024〔
民 113〕
目 2+178 面；19×26 公分
（中國學術思想研究輯刊 三九編；第 17 冊）
ISBN 978-626-344-589-5（精裝）
1.CST：徐復觀 2.CST：學術思想 3.CST：美學
030.8   112022477

ISBN-978-626-344-589-5

9 786263 445895

中國學術思想研究輯刊
三九編　第十七冊　　　　　　　ISBN：978-626-344-589-5

走出「中國藝術精神」
——徐復觀美學研究集釋（下）

作　　　者　劉建平
主　　　編　林慶彰
總 編 輯　杜潔祥
副總編輯　楊嘉樂
編輯主任　許郁翎
編　　　輯　潘玟靜、蔡正宣　美術編輯　陳逸婷
出　　　版　花木蘭文化事業有限公司
發 行 人　高小娟
聯絡地址　235 新北市中和區中安街七二號十三樓
　　　　　　電話：02-2923-1455／傳真：02-2923-1452
網　　　址　http://www.huamulan.tw 信箱 service@huamulans.com
印　　　刷　普羅文化出版廣告事業
封面設計　劉開工作室
初　　　版　2024 年 3 月
定　　　價　三九編 23 冊（精裝）新台幣 62,000 元　　　版權所有·請勿翻印

走出「中國藝術精神」
——徐復觀美學研究集釋(下)

劉建平　著

目次

第四章 徐復觀美學研究論文集釋

　　20 世紀 80 年代以來，筆者收集到海外及大陸、港臺地區徐復觀美學與藝術思想研究論文共計 270 餘篇。尤其是近二十年來，徐復觀美學和藝術思想的研究論文爆炸式增長，徐復觀美學和藝術思想已經成為中國美學研究的熱點，本章擇其要者作簡要評述。

第一節　思想闡釋集釋

　　徐復觀的美學思想非常龐雜，涉及面廣。本節將徐復觀美學研究論文從四個方面分類介紹內容梗概，分別是：一、書評為主的研究，二、中國藝術精神研究，三、中國文學精神研究，四、詮釋方法研究。如果該文是博士論文或者被收入論文集之中，前面已經有相關介紹，本節列目於上，以呈現學界研究之概貌；如果該論文內容較為淺陋、並無創見，本節存目於上，作文獻索引之用。

一、書評為主的研究

　　1969/12，張易克：《評徐復觀著〈中國文學論集〉》，《國魂》（存目）。

　　1982/06，臥雲：《徐復觀先生文學論著評介》，《書目季刊》。

　　該文是針對徐復觀《中國文學論集》《中國文學論集續篇》中的《〈文心雕龍〉的文體論》《環繞李義山（商隱）〈錦瑟〉詩的諸問題》《西漢文學論略》《宋詩特徵試論》等四篇的評介，認為《〈文心雕龍〉的文體論》是一篇很深入的《文心雕龍》研究專論，「是頗啟發性的。要是大家能深入細讀，相信對於我國傳統文學理論的瞭解，必有更深一層的認識。」對《環繞李義山（商隱）

〈錦瑟〉詩的諸問題》，該文認為「徐先生把傳統對於李義山的誤解，加以一一地撥理與澄清，倒是提供給我們研究李義山詩的一個新方向」。對《西漢文學論略》，該文認為此篇實際上是一篇很精闢的「西漢文學史論」的學術論文，重點是放在西漢文學主流——賦的身上，「糾正了前人錮蔽於專制政局，以致於對文學所產生的嚴重誤解」，為我們做了不少解蔽的工作。另外，該文讚揚《宋詩特徵試論》是一篇難得的材料活用的文學研討論文，「不祇是研討宋詩特徵的專論，更是一篇宋詩的文學史論。」

1984，鄭樹森：《現象學與文學批評·前言》，臺北：東大圖書出版公司。

該文認為，在中西美學觀點的會通比較方面，徐復觀的研究有開風氣之先的啟發之功。他最早運用現象學的觀念來作文學批評和文學比較，在《中國藝術精神》第二章第七節，徐復觀拿心齋之心與現象學的純粹意識作比較。在簡介胡塞爾現象學的一些基本概念後，他特別指出意識作用和意識對象是緊密相關、難以二分的，也即是主客合一，並由此而把握到物的本質。莊子的心齋之心在虛靜中所呈現的正是「心與物冥」的主客合一，而且莊子也認為此時所把握的是物的本質，因而徐復觀說道：「現象學的歸入括弧，中止判斷，實近於莊子的忘知。」但二者又有所不同，因為在現象學是暫時的忘知、懸置，而在莊子那裏則是一往而不返的要求。由於徐復觀認為莊學是中國藝術精神的主體，因此這個類比特別值得比較文學工作者留意，可以再作進一步探討。

1987/01，胡經之、榮偉：《藝術美的探求——臺港及海外華人美學一瞥》，《深圳大學學報》（人文社會科學版）。

該文主要是針對臺港地區及海外華人美學中有關藝術美的種種探求進行綜合性評說。首先，作者認為臺灣地區與香港地區美學、文藝學的研究範圍甚廣，對藝術美的探索已置於主要地位。其研究課題主要分為三個方面：一是對美與藝術的研究，如劉文潭的《現代美學》、王夢鷗的《文藝美學》、姚一葦的《美的範疇》《藝術的奧秘》等等；二是對中國古代美學與文藝思想的研究，如徐復觀的《中國藝術精神》、劉若愚的《中國文學理論》等；三是詩學與比較詩學的研究，如葉維廉的《比較詩學》《飲之太和》等。作者認為這些研究成果大部分是以中西貫通的方式來探討美與藝術的規律或特徵，特點就在於運用現代美學、哲學理論來分析中國古代美學思想。其次，作者在評說臺港地

區及海外華人美學有關藝術美的種種探求中，主要分為：藝術美是什麼、藝術美的特點、文學的功能、中國藝術精神的特質等等。最後，該文對徐復觀中國藝術精神理論觀點的得失進行評價，認為他對西方文藝理論的闡釋中「有些中西比較顯得生硬、勉強，似有食洋不化之嫌」。

　　1987，盧善慶：《中國古代文化中藝術精神的探源溯流——讀徐復觀〈中國藝術精神〉》，《中國文化》，上海：復旦大學出版社（存目）。

　　1988/12，胡曉明，《思想史家的文學研究：徐復觀教授〈中國文學論集〉、〈中國文學論集續篇〉讀後》，《貴州社會科學》。

　　該文認為「作為以治思想史而著稱的學者，以思想史家之眼光，透視中國古典文學，是以形成《論集》和《續篇》的顯著特色」，從上述角度撮述此二書的若干重要內容。一、「《文心雕龍》是瞭解中國傳統文學思想的重大問題」，提出《文心雕龍》的核心是「文體」，「每個思想家在建造他的理論構架時，都要選擇一個中心詞作為出發點」，這是作者獨到的發現。二、徐復觀研究《文心雕龍》的方法，正是把思想家的思維和旨趣還原給思想家，屬於典型的思想史的對話研究方法，《西漢文學論略》「抉發司馬相如與漢武帝關係的隱秘層面，可以說正是上述思想的印證（指深重的憂患意識，而憂患意識的底下，卻是在專制統治下痛苦呻吟的古代詩人的面影）」。三、《釋詩的比興》《釋詩的溫柔敦厚》《中國文學中的「氣」的問題》三篇文章，是就儒家文藝思想本身所涵有的文藝原理加以深入抉發，使其原有的生命光彩顯露出來。該文進一步肯定了徐復觀「這兩部書中所收大部分文章，都運用了這種傳統方法（指考證、訓詁）」。而另一顯著特色，就是他反覆強調的「追體驗」的方法。

　　1989/01，弋人：《海外華人學者現象學研究一瞥——讀書札記》，《文藝理論與批評》。

　　該文主要以海外華人之現象學研究成果為主要研究對象，進而闡述現象學理論對於國內外美學研究的重要性。該文從胡塞爾的現象學出發，說明在國外研究中將現象學引入美學研究和文學批評之必然，現象學的原理也滲入到了我國藝術文學之領域。鄭樹森先生認為，最早運用現象學原理來研究中國文學的是香港新亞研究所的徐復觀教授，徐復觀在其《中國藝術精神》中將老莊的「心齋」之心比之為胡塞爾現象學的「純意識」。自徐復觀以後，還有美籍學者劉若愚教授在其 1975 年面世的《中國文學理論》中也認為在現象學與道

家之間存在著「根本哲學的相似性」,並在此基礎上提出他的「創境論」(Created World)。余寶琳女士在其博士論文《王維詩的境界》中也借用現象學派文學理論對王維的詩進行了相當細緻的剖析。此外,著名詩人葉維廉教授也曾運用胡塞爾和海德格爾的某些現象學的概念(如「意識作用」和「意識對象」)以及現象學的基本原理來分析我國古代的山水詩。海內外華人把現象學的基本原理同老莊哲學聯繫在一起,這都說明了徐復觀美學思想在海內外的深遠影響。

1996/02,韋唯:《徐復觀思想與現代新儒學發展學術討論會紀要》,《武漢大學學報》(哲學社會科學版)。

該文主要是針對 1995 年 8 月 29 日至 9 月 2 日由武漢大學和臺灣大學聯合舉辦的「徐復觀思想與現代新儒學發展學術討論會」作出一些總結性的綜述。此次學術會議的意義正如陶德麟校長在開幕詞中所言:「我們兩校聯合舉辦這次學術討論會,是很有意義的。而我們共同紀念徐復觀先生的目的,就是要繼承和弘揚徐先生的熱愛中國文化、熱愛中華民族的精神,為實現徐先生所期望的一個民主、繁榮、統一的中國,而盡我們的努力。」這次學術討論會,是在中國大陸首次舉行的研究徐復觀思想的專題學術討論會。50 多位來自海內外的學者出席了會議,展現了對徐復觀的哲學思想、美學理論、文化思想、政治哲學、思想史研究的新成果、新水平。首先,徐復觀作為思想家的歷史定位是會議探討的一大重點。徐復觀的思想是在現代新儒學發展中最有光輝的價值之一,為具有儒家特色的現代知識分子開闢了深厚的意義空間和廣闊的公共領域。其次,對於如何評價徐復觀的哲學思想是會議的又一重點。香港中文大學王煜認為,徐復觀的氣質在文史哲之間,其哲學成就遠遜於唐君毅、牟宗三,而特色在考據訓詁、偏重美學。武漢大學劉綱紀則認為,在中國近現代哲學史上,哲學與美學基本上處於一種相互游離的狀態。如果要去尋找一位專門研究哲學,同時又致力於藝術與美學問題的研究並寫下系統著作的學者,那只有徐復觀一人。武漢大學李維武指出,徐復觀不僅是一位思想史家,而且也是一位哲學家。最後,徐復觀的中國思想史研究方法受到不少學者的關注,引發了廣泛探討。武漢大學郭齊勇認為,以中國精英文化為主體的憂患意識、憂患人生及其文化製品的積澱、貫注為視角,整理中國思想史,是徐復觀的一大發明、一大貢獻。臺灣大學黃俊傑指出,徐復觀的思想史研究方法論主要是由「整體論的方法」與「比較的觀點」所構成。此次討論會對於學界研究、繼承徐復觀的思想有重要的意義。討論會期間,徐復觀先生長子、東海大學總務長

徐武軍教授將徐復觀的部分手稿及收藏的字畫捐贈給武漢大學，並與武漢大學簽訂了捐資設立「徐復觀獎學金」的協議。

2005/04，張志偉：《讀徐復觀〈中國藝術精神〉》，《博覽群書》。

該文認為徐復觀很像當年的心學大師王陽明，他們有著作為學者和將軍的相似人生經歷，都能夠從「知行合一」的深切體驗中去把握精神的體用關係。王陽明從「心」出發，做學問以致良知；徐復觀也是從「心」出發，做學問以彰顯天下之公器。徐復觀在《中國藝術精神》中指出，中國藝術的自覺起於鑒識之風，以莊學為代表的中國藝術精神開啟了中國山水畫的創作，禪與莊誰能夠代表中國藝術精神？該文讚揚徐復觀辨析、校正了許多前人的考證錯誤，澄清了許多前人的繪事公案。

2006/03，夏明釗：《為人生而藝術──簡評徐復觀〈中國藝術精神〉》，《寧波職業技術學院學報》。

該文介紹徐復觀《中國藝術精神》的寫作目的和寫作方法「全是用『事實』說話，按『歷史發展』的順序排列有關事實」，並分析了這本書的基本架構和結論的科學性、獨創性，「第一、二兩章是全書的礎石和基幹」「第三章以下，可以看作都是為第二章作證、舉例。可見第二章又是全書的實際綱維」。該文認為中國藝術精神是「為人生的藝術」，後又說明該書的「現實意義」在於「是一部本土化的著作」「作者決不是一個偏狹的民族主義者，也不是一個抱殘守缺的保守主義者」。最後，該文指出《中國藝術精神》仍有其不足：一是「本書有八章是專門談畫，這對本書的標題而言，有點不相對稱」；二是「孔、莊何以能共同組成『為人生的藝術』的精神」。

2013/08，王麗梅：《藝術中的精神：讀徐復觀〈中國藝術精神〉》，《大眾文藝》。

該文延續了「中國藝術精神能否以道家為精髓和根本？」的問題的思考，對於徐復觀作為現代新儒學大師卻又將莊子推崇的「道」來指代中國的「純藝術精神」，提出三個問題：一是文人畫藝術能否充分代表中國藝術？二是文人畫藝術能否充分詮釋道家思想及中國藝術精神？三是藝術家人格修養的完善能否等同於藝術精神至高境界的實現？該文隨即指出，首先，徐復觀將民間藝術排斥在外，並未清楚闡明「在宋元山水畫成熟以前，國人的藝術精神是處於怎樣的一個狀態」。其次，虛靜、自然、安寧是中國山水畫追求的至

高境界，這也符合道家所推崇的心齋的「虛」「靜」「明」，但不能就此得出其代表中國藝術的最高追求，因為這只是精神形式追求方面的契合，而道家哲學涵攝了人生追求的全部。可以用藝術精神來理解莊子的思想，但用莊子所倡導的哲學精神來涵蓋中國藝術精神難免以偏概全，具有歸約主義的傾向。再次，從人格修養的工夫來看，藝術精神是由反省而來，並在具體生命的心、性中得到證實。中國藝術精神是以精神的自由解放為旨歸，這「使得中國古代的藝術修養往往與人格修養相伴而行⋯⋯徐先生似乎遺漏了一個重要的內容，那就是技與藝的問題。」而後，該文推崇徐復觀在研究中將藝術與哲學緊密結合的方法，認為其闡明了中國藝術精神中的重要面向，並揭示出中國藝術所蘊藏的本質，其研究方法富有開創性，對於後學的研究具有重要的啟示意義。

2016/01，肖付平：《莊子藝術精神的現實意義》，《藝術品鑒》（存目）。

2016/06，郭淑慧：《對徐復觀〈中國藝術精神〉的解讀》，《大眾文藝》（存目）。

2016/07，路濱西：《論中國藝術精神》，《藝術品鑒》（存目）。

2018/02，黃廣怡：《中國傳統藝術精神探源──評〈徐復觀全集：中國藝術精神·石濤之一研究〉》，《中國教育學刊》（存目）。

2018/06，林夢佳：《論徐復觀對莊子的「再發現」》，杭州師範大學碩士論文（存目）。

2019/20，歐陽銘駿：《傳統藝術文化哲學內涵解析──評〈中國藝術精神〉》，《語文建設》（存目）。

2020/03，張家毅：《淺談關於〈中國藝術精神〉的思考》，《書畫世界》（存目）。

2022/06，李文馨：《對自然的觀照──讀徐復觀〈中國藝術精神〉》，《國畫家》（存目）。

2022/13，孫思邈：《以莊子思想為基底的中國藝術精神──對徐復觀〈中國藝術精神〉的思考》，《美術教育研究》（半月刊）（存目）。

2022/12，付金柱：《徐復觀如何發掘中國藝術精神》，《博覽群書》（存目）。

2023/01，李慧涵：《二十世紀民族藝術精神的探索者——評徐復觀的〈中國藝術精神〉》，《山東藝術學院學報》（存目）。

二、中國藝術精神的闡釋

1979/05，張光賓：《黃公望是否居住過富陽問題：讀徐復觀先生〈黃大癡兩個山水長卷的真偽問題〉以後》，《元朝書畫史研究論集》，「國立」故宮博物院。

《黃大癡兩個山水長卷的真偽問題》於 1977 年 5 月由臺灣學生書局出版，該篇就「徐先生的序文曾責備我編寫『元四大家』一書時不採列贊成徐先生的文章」進行澄清，認為「就徐先生判決『無用師卷』的關鍵性問題，也就是黃公望究竟居住過富春或富春山沒有？還想就可知的材料略加覆按。」所用之「可知的材料」，即藉由諸多方志的記載，進行判讀「黃公望是否居住過富陽」的問題。

1983，張光賓：《黃公望「富春山居圖」以外的問題》，《美術論集》（第五冊），臺北：中國文化大學出版社。

徐復觀的《中國畫史上最大的疑案——兩卷黃公望的富春山居圖問題》一文根據董其昌的題跋，考據黃公望在此期間的行蹤及「火殉」故事的淵源。一、兩卷《富春山居圖》都不可能是真的，但是《子明卷》的摹本出現時間早於《無用師卷》，可能是明初的摹本。而《剩山圖》可能是「火殉」故事傳聞最後的副產品。該文以徐復觀以上觀點為討論對象，認為《剩山圖》中的補綴應當是吳其貞所為，而「火殉」故事最早也來自於吳其貞的書畫記。二、引起徐復觀誤會的，可能是丹陽收藏家張范我究竟是誰的後人的問題。該文通過考證，認為張範我是明代吏部尚書張捷的後人，與張玉書無關。三、對於無用師的身份問題，該文認為其為黃公望的同門師兄弟鄭玄輔，號空同生。黃公望的《富春山居圖》應該就是畫給他的，大癡還為其作畫《雪松溪屋卷》等，因而以上論斷應該可以成立。

1984/06，顏崑陽：《無所為而藝術——論莊子藝術精神之無目的性》，《鵝湖月刊》總第一零八期。

一、莊子藝術精神有非常顯著的特殊性格，即無目的性、主體性、境界性、自然性、絕對性，尤其是「無目的性」，可謂「為藝術而藝術」的基本信念。

二、徐復觀在《中國藝術精神》中認為莊子精神是「純藝術精神」，主要是指它不像儒家一般，在藝術之上另外安置了一個更高的道德目的；它也不同於西方「為藝術而藝術」，只注重藝術的形式。莊子根本在初始就擺脫了特定的藝術對象，而直接掌握藝術的精神主體，不是要成就藝術作品，而是要使生命藝術化。因此，無論是道德主義者所言的「為人生而藝術」，還是唯美主義者所言的「為藝術而藝術」，都不能概括莊子的藝術精神。三、該文同意徐復觀稱莊子精神為「純藝術精神」，但不同意徐復觀將莊子歸於「為藝術而藝術」的行列，因為「為人生而藝術」是將藝術置於手段的位置，而凡是作為手段的事物，其自身都沒有永恆的價值。徐復觀的失誤在於將莊子的「道」，也即藝術精神放在手段的位置上。莊子的藝術精神既不是「為藝術而藝術」，也不是「為人生而藝術」，而是「無所謂而藝術」。

1988/01，劉紹瑾：《尋找中國純藝術精神的根》，《學術研究》。

該文立足於尋找中國純藝術精神的根，深究其始發者並展開說明緣由。作者開篇從王國維被視看作主要以西方美學思想來建立其超功利的純藝術理論出發，試圖論證王國維在受到西方美學思想影響的同時也存在中國藝術精神的渲染。首先，作者由港臺學者徐復觀教授的看法展開說明中國純藝術精神的根，徐復觀認為：「老莊思想當下所成就的人生，實際是藝術地人生。而中國的純藝術精神，實際係由此一思想系統所導出。」其次，作者認為莊子的純藝術精神源於老子又區別於老子，區別在於莊子思想是一種「詩化哲學」，是一種人生的藝術哲學，是一種由「遊」「忘」「虛靜」「物化」組成的美學體系的哲學人生。再次，作者試圖通過現代美學的視角對莊子思想加以闡釋，認為其體現出一種直覺主義的「純藝術精神」。莊子的「純藝術精神」與西方直覺主義、純藝術論的集大成者克羅齊的理論有會通之處，但也不能將二者全然等同，不同主要體現在莊子與克羅齊在純藝術論上的差異。最後，作者通過論證王國維不僅受到西方美學中「超功利」的純藝術理論的影響，同樣受到中國純藝術精神的影響，得出中國「純藝術精神」的根就是莊子的結論，並認為莊子的純藝術精神與西方的純藝術理論具有某種可溝通性。

1989/04，陳昭暎：《一個時代的開始：激進的儒家徐復觀先生》，《歷史月刊》。

該文認為徐復觀對儒家藝術精神的闡發，具有「解放儒學的作用」。由於

對人的完整性的關心，先秦儒家沒有貶抑感性的傾向，這一點在《中國藝術精神》第一章中已作詳加闡釋。徐復觀提到情慾與道德的互動關係，道德之心須由情慾支持才能發生力量。他積極強烈地肯定情慾、情感在道德實踐中的正面積極作用，由情慾與道德互相依待、互相成全，而把握儒家藝術精神的全人格意義。正是由於徐復觀情深義盛的本質，使其能真正體驗並把握孔子的藝術精神，自如地出入古典文學藝術的世界。

1990/04，周桂鈿：《哲學園裏的牡丹花》，《社會科學》。

該文探討了學者們對於《莊子》的褒貶懸殊的觀點，並提出自己的看法。一、從西方模式與中國特色談起，作者認為用西方哲學方法研究中國哲學不應落入僵化之模式，將西方理論勉強套在中國哲學之上，而變成一堆廢料。應該結合中國文化自身的特點，孔子的哲學是真善美的結合，尤其突出善；而莊子的哲學之純藝術精神更加注重美，如同徐復觀所言：「莊子的所謂道，本質上是最高的藝術精神。」二、詮釋《莊子》過程中所出現的憤世嫉俗與抽象研究的問題。研究一個哲學家的思想不能不注意到其所處的時代，不能不瞭解那個時代的特點、存在的社會問題等。只有瞭解《莊子》及其時代，才能準確理解莊子所謂的「無己」「坐忘」「齊是非」等觀念。三、如果以僵化的邏輯觀念來理解《莊子》中那些深刻的辯證哲理，則可能產生曲解。最後，該文認為莊子哲學宇宙觀是唯心主義的，列寧曾把唯心主義比作「一朵不結果實的花」，但這朵不結果實的雄花能促進唯物主義的發展，並指出結果不是開花的唯一目的和價值。

1991/10，田耕滋：《孔子「與點」懸案試解》，《孔子研究》。

孔子「與點」之問題被徐復觀稱之為「兩千年來爭論不絕的一件公案」，該文提出想要揭開孔子「與點」之謎，必須先搞清楚「待坐」的時、地問題。受到資料等限制，得出絕對性的答案也不太可能，但據《史記·孔子弟子列傳》記載，公西華少孔子四十二歲，便可以斷定「待坐」不可能發生在孔子五十歲之前。那麼，在大致搞清「待坐」的時、地之後，我們再來分析曾皙之志。作者就認為，孔子在周遊列國時的那種窮困失意的處境中，當曾皙用琴聲和描述性語言勾畫出了一種帶有出世傾向並暗含著游子思鄉之情的人生畫面時，便頓然勾出了孔子的思鄉之情。那麼，孔子的思想和人生態度在周遊列國的過程中發生了一個不小的轉變，而這一轉變的最早信息，便是在《待坐》章裏透露

出來的。該文認為曾皙那種「逍遙遊泳」的生活理想的確是一種「自由的人生境界」,只是由於曾皙跟隨孔子遭遇厄運而政治失意後的產物;孔子之所以「與點」,也只是因為曾皙所描繪的「自由的人生境界」在特定情境下喚起了孔子超越現實的政治功利欲求的思想之情,而並不是由於曾皙「表達了『志道』與『遊藝』的關係」。

1992/12,洪銘水:《徐復觀先生對中國傳統藝術的玄學觀》,《東海大學徐復觀學術思想國際研討會論文集》。

該文認為,傳統的形而上學由於難以量度、驗證而被稱為「玄學」,在中西文化中都曾備受冷落,而徐復觀對此之研究貢獻在於:一、徐復觀肯定了「玄」在中國文化中的地位,他追溯傳統的中國藝術精神,目的並不是考古或者歷史存檔,而是認定這個逐漸在被現代人遺忘的中國特殊文化遺產對世界與未來的時代有可啟發的價值。二、徐復觀指出,莊子所代表的精神是人順著大動亂時代所受的桎梏而要求自由解放,最後只有求之於內心的精神態度,能「遊」的人就是藝術精神呈現出來的人,「以玄對山水」的態度就是一種審美態度。三、畫家和畫論家的人格的高超,與其見地息息相關,因有「人之逸」才是「畫之逸」。徐復觀通過對趙孟頫的心境的「追體驗」,把握到其精神上的創傷,更能凸顯其藝術家的心靈。徐復觀對藝術人格與畫格的相連性詮釋,是傳統中國藝術獨特性格的另一種憂患意識的價值取向。

1992/12,翁同文:《論高手的繪畫摹本自有超越原作的可能》,《東海大學徐復觀學術思想國際研討會論文集》。

1974 年 11 月,圍繞臺灣故宮博物院中黃公望的兩山水長卷《無用師卷》和《子明卷》的真偽問題,徐復觀與饒宗頤、傅申等人展開了一場論戰。徐復觀經過研究考證,認為《子明卷》才是真蹟,《無用師卷》是清初的摹本,而饒宗頤等人對《子明卷》多加指責,以藝術鑒賞取代真偽鑒定。該文認為,所謂藝術鑒賞,實乃未曾謀面的鑒賞者與創作者之間,通過藝術品這一媒介而進行的精神溝通,判斷出品質高低優劣。而鑒別則是除了品質的高低優劣鑒定之外,通過「以貨比貨」的比較研究法,確定作品的年代、簽名或款識,並考核款識是否可靠,以定作品的真偽。鑒別的對象固然限於藝術作品,其目標以及達到目標的方法,實與歷史考證無異,是以客觀態度為主的精神科學。該文認為《無用師卷》的作者,冒充黃公望的題跋,以高超的技術手段臨摹《子明卷》,

能夠做到以假亂真的地步，遂使兩者真假難辨。徐復觀是在鑒定已得結論以後，才進行鑒賞判斷，合乎藝術批評的程序。該文又新提供了幾則材料，印證徐復觀的觀點。一、1976 年 5 月物理學家李海用攝影術放大兩卷《富春山居圖》（局部），發現《無用師卷》上黃子久（黃公望）的印鑒、收藏家吳之矩的印鑒、沈周題跋三者都存在作偽的情況。二、《無用師卷》的款識與《曹軸》的題識只差七日，而兩者的印卻不同。《子明卷》與《曹軸》相距十二年，印鑒有所不同乃是完全可能的現象。三、作者認為從鑒賞的角度看，高手摹本有超越原作的可能，這並不是提倡作偽，而是當今藝術批評家很多僅知鑒賞而不知鑒別，只根據畫跡優劣而論其真偽，致畫史永無澄清之日。

1993/03，劉晟：《「心齋」、「物化」與審美——莊子審美哲學論》，《山東師範大學學報》（社會科學版）。

該文指出，一、就強調主體的超越性與自由性而言，莊子的哲學是一種審美哲學。作者引用徐復觀的觀點，「『心齋』、『坐忘』是莊子整個精神的中核」，並對此進行了進一步闡釋和論證。二、「心齋」包含三個層面的內涵：首先，「心齋」的特徵是「虛」，就是「未始有回」，即達到一種忘卻自我拘執的「空明心境」；其次，「心齋」是一種精神高度集中的體悟活動；再次，「心齋」是一種「虛室生白」的神附之境、一種難以言傳的審美境界。三、「虛」就是除妄得真、寂而忽照的審美心境。「虛靜」作為中國藝術精神的主體，在儒道美學中呈現為不同的形態：儒家走向了倫理—審美的途徑，而道家走向了超倫理—審美的途徑；儒家用審美來保證社會和諧，而道家則用審美來成就個體自由。中國古代美學很大程度上就在儒道的這種對立互補中行進。

1993/04，陳紅映：《莊子的自由觀》，《雲南教育學院學報》。

該文引用徐復觀《中國藝術精神》中的「莊子思想的出發點及其歸宿點，是由老子求得精神的安定，發展而為要求得精神的自由解放，以建立精神的自由王國」，認為莊子精神的本質就是「自由」，可謂是在「虛靜」之外，揭示了道家藝術精神的另一個維度。一、莊子的「自由」不局限於個人範圍內，還涉及人類的自由和生物的自由，顯示了莊子寬廣的人道主義胸懷。從形式上看，莊子的「自由」可分為精神自由和行為自由兩個方面，精神自由也可稱作心靈自由。自由也是一種行為，即「順物自然而無容私」。二、從內容上看，莊子的「自由」是以規律為基礎的自由，「自由」的本質就是服從規律，因而莊子

的自由是有條件的、相對的、有限的,而不是無條件的、絕對的、無限的。三、莊子的「自由」觀體現在藝術創造上即是自由與規律的關係,主張在遵循藝術規律的基礎上才有無限的創作自由。有法而無法,無法而有法,這正是中國哲學的精微處。

　　1993/08,林朝成:《自然形相與性情──透過現代畫論戰重看徐復觀美學思想》,《炎黃藝術》總第四十八期。

　　該文以臺灣地區五六十年代的「現代藝術論戰」為線索,探討徐復觀對現代藝術關懷的意義與用心。1961 年,徐復觀在香港的《華僑日報》發表了《現代藝術的歸趨》一文,站在社會政治的立場,指出現代藝術破壞形象,追求虛無的否定精神,其批判對象主要是西方的現代藝術,而非臺灣地區的新生代畫家。在當時的政治氛圍下,徐復觀的批評被利用成了「扣帽子」的口實,直接威脅到臺灣地區現代藝術的存在,因而引發了臺灣的現代藝術家們的反擊與批判。一、徐復觀本著中國文人的學養斷定現代主義為虛無主義,體現了一種文化的關懷,與政治問題無關。引發的論戰雖是時代處境下的偶然,但也是其信念的理之所至。二、徐復觀與劉國松等現代主義者爭論的焦點是抽象與具象的對立,劉國松追隨達達主義,認為破壞形象只是手段,其目的在於創造新形象,在此意義上,藝術家是一個「神」,他所創造的自然可以與上帝創造的自然分庭抗禮;徐復觀的美學建立在老莊「天人合一」的境界上,必然要求主客融合,藝術家與自然互為涵攝,互為輝映,徐復觀與劉國松之爭其實並無交集,只有立場,而無高下。三、對「氣韻生動」的理解差異。劉國松認為筆墨方為中國繪畫的靈魂,形象並不重要;徐復觀重新解釋了「氣韻生動」的內涵,即中國文人藝術家內在精神與外在形貌之統稱,是人的修養境界轉化為藝術表現。四、對徐復觀美學和藝術思想的反思。徐復觀有整體的文化觀卻缺乏對西方現代主義的透視,把抽象的創造手法看作是破壞形象,將導致人心的昏暗,這是不對的。其實,藝術是從自然的第一經驗,轉化為創作的第二經驗,自然形象之破壞或者保留,與藝術無關,這也是徐復觀美學中值得我們反思的地方。

　　該文進一步指出,徐復觀正是「現代藝術論戰」中形成的問題意識,融通在其後對中國藝術精神的發揚上,所以在《中國藝術精神》中,徐復觀以中國繪畫美學為研究對象,並不是直接就現代藝術的發展與精神作詳細地分析;他對中國藝術精神的詮釋,包含著對現代藝術的反省與總結。《中國藝術精神》

奠定了自然美感的理論與藝術精神的主體，以此為骨幹，呈現了徐復觀美學思想的規模。

1995/03，馮遠：《尋找迷失的精神——關於人物畫作品中人的精神問題》，《美苑》。

該文從人物畫作品出發，提出當代的文藝作品迷失了精神，而這迷失的精神乃是莊子的純藝術精神。作者指出徐復觀在闡述中國藝術精神時，認為它的緣起來自於莊子的純藝術精神中的某種心靈狀態、精神狀態，中國繪畫藝術的最高境界在山水畫中體現得最為淋漓盡致。首先，作者從時代精神出發，認為真正代表現代中國藝術精神的已不再是山水、花鳥，而是人，是大寫的現代人。法國存在主義哲學家薩特強調「自我」的同時也說過：「我們必須為我們的時代寫作」，並且認為：「不是消極的反映時代，而是力求改變時代，使人感到同那個時代的深刻聯繫」。他反對文學創作遠離社會現實而躲入個人內心生活的小圈子，主張發揮文學的道德功能。由此，作者指出時代精神是某一歷史階段的社會文化心態的總和與具體的表現，而心態是現實的產物。其次，作者指出我們的人物畫還缺少一些人的精神的呈現，缺的是多種流派的形式語言和技藝上的鍛造、醇化等等。由於我們的載體缺少大寫的人的精神或者說我們的藝術精神還沒有找到堅實的載體依附，這才是我們苦苦追索而難以釋然的世紀性難題。因此，一些藝術家和理論家、經營家津津樂道於語言形式和效益時，中國人物畫之形式因素不斷獲得超越，而作品中人和藝術的精神因素卻不斷迷失。最後，作者認為，藝術作品中最積極最正面的因素來自創作主體，來自藝術家的人格、精神能力、勇氣、智慧以及藝術語言的營造和表達。藝術家唯有乞靈於自己的精神，它將成為引導藝術創作的一盞明燈，使作品的生命獲得延長。對藝術家來說，需要的不再是宣言，而是貨真價實的作品；對藝術理論家來說，責任同樣沉重，走出理論的迷津，把握人物畫發展的理論方向。由此，當代中國人物畫才能樹起新的里程碑。

1996/03，謝宗榮：《「人自然化」與「自然人化」的循環互動——莊子藝術精神在山水畫中的體現》，《鵝湖月刊》總第二百四十九期（存目）。

1997/03，徐復觀：《談音樂藝術價值的根源》，《中國音樂》。

由孔子所傳承、發展的「為人生而藝術」的音樂，決不曾否定作為藝術本性的美，而是要求美與善的統一，並且在其最高境界中得到自然的統一。在此

自然的統一中，仁與樂是相得益彰的，但這並不是僅由藝術本身就可以達到。藝術是人生重要的修養手段之一，而藝術最高境界的達到，卻又有待於人格自向不斷地完成。對於孔子而言，是由「下學而上達」的無限向上的人生修養，透入到無限的藝術修養中，才可以做到。此時之樂（洛），與一般所說的快樂，完全屬於兩種不同的層次，乃是精神「上下與天地同流」的大自由、大解放。落實到音樂上，便要追問由音樂的最高境界所能得到這種超快樂的快樂的價值根源究竟是什麼。若未將此處釐清，則由孔子所把握到的藝術精神不顯，易使人只停頓在「世俗之樂」的理解上。儒家所言「樂由中出」，看似是順著深處之情向外發，但實則是將深處之情向上提，亦即層層提高、層層向上突破，突破到為超藝術的真藝術、超快樂的大快樂。

1997/07，劉綱紀：《略論徐復觀美學思想》，見李維武編：《徐復觀與中國文化》，武漢：湖北人民出版社。

1997/07，李維武：《徐復觀對道家思想的現代疏釋》，見李維武編：《徐復觀與中國文化》。

1997/07，李淑珍：《徐復觀論現代藝術——就臺灣文化生態及儒家人性論雙重脈絡的考察》，見李維武編：《徐復觀與中國文化》。

1997/07，夏可君：《試論徐復觀對「莊子的再發現」》，見李維武編：《徐復觀與中國文化》。

1997/07，李西成：《〈富春山居圖〉的藝術精神》，見李維武編：《徐復觀與中國文化》。

1997/07，張法：《徐復觀美學思想初探——讀〈中國藝術精神〉》，見李維武編：《徐復觀與中國文化》。

1997/07，胡曉明：《思想史家的文學研究——徐復觀〈中國文學論集〉及〈續篇〉讀後》，見李維武編：《徐復觀與中國文化》。

2001/03，李維武：《徐復觀對中國藝術精神的闡釋》，《福建論壇》（人文社會科學版）。

該文認為徐復觀在現代新儒學思潮中獨樹一幟，一個總的特點在於，其思想不是以建構形而上學體系的形式說出來，而是通過對中國文化作「現代的疏釋」說出來。對中國藝術精神的闡釋，是徐復觀新儒學思想的一個重要方面。

由此，作者指出徐復觀對中國藝術精神的闡釋要點在於：中國藝術精神可以概括為以孔子和莊子所顯示出的兩個典型，而只有莊子的藝術精神才是徹底的、純藝術的性格。莊子的藝術精神導出了中國的純藝術精神，在畫論及繪畫方面結出了豐碩的成果，促使中國古代繪畫由人物畫轉向山水畫。在莊子的藝術精神影響下產生和發展起來的中國畫，在現時代中仍有其重要的意義，是一支對「現代文化的病痛」具有很好療效的「鎮痛劑」。作者從莊子與中國藝術精神、中國藝術精神由思的世界到畫的世界以及中國畫的現代意義加以論述，運用徐復觀對《莊子》的中國藝術精神的研究，闡釋出中國藝術精神以及所成就的中國山水畫不僅具有歷史的意義，而且具有現代的和將來的意義。

2001/04，黃應全：《**魏晉玄學與六朝山水畫論**》，《**文藝研究**》。

該文對於魏晉玄學與六朝山水畫論的關係，指出美學界至今流行以徐復觀為代表的一種觀點，即六朝山水觀念是玄學（尤其是玄學中的莊學）薰陶的結果。該文認為徐復觀對玄學影響山水畫觀念的具體論述不符合事實。宗炳、王微由於與一般名士有隱逸的「情調」不同，他們還有隱逸的「實踐」，所以他們的畫乃是他們所追求的玄學的具體化、所追求的莊學之道的具體化。玄學促成山水畫的興起，不是因為玄學中的莊學精神是藝術精神，而是因為玄學促成了六朝人愛好隱逸之風。同時，玄學對山水畫觀念的影響也不是內在的而是外在的。宗炳、王微心目中的山水畫不是玄學情調的表現，只是追求玄學情調（隱逸情調）的手段，因為他們所理解的山水畫只是「寫形」（再現）而非「寫意」（表現）。他們自身並沒有認識到一種真正能夠把他們的隱逸之情表現出來的山水畫，他們的隱逸生活與心目中的山水畫還處於一種外在關聯之中而不必有內在聯繫。因此，該文認為玄學促成了山水畫的興起，不是因為玄學中的莊學精神是藝術精神，而是因為玄學促成了六朝人愛好的隱逸之風，山水畫不是玄學情調的表現，只是追求玄學情調的手段。

2003/12，王立新：《**徐復觀對莊子「技」與「道」的關係的理解**》，武漢大學、東海大學編：《**「徐復觀與 20 世紀儒學發展」海峽兩岸學術研討會論文匯編**》。

該文從「從審美的角度考察道與技之關係」「技中體道與技外體道」「在由技而道的過程中，消解實用與功利」三個層面探討了「技」與「道」的關係。一、老子的思想是思辨的，徐復觀因對「莊子」的審美詮釋而給老子以

同樣的待遇。莊子的道，不是為了表達規律、規則而設定，乃是為了體會人生、生命、天地精神而鋪展，這與老子的思辨的道有很大不同，這也體現了道家思想的歷史性轉變。二、技中和技外都可以見道。然而，技中之道為技之道，技外之道為非技之道。技中之道，技與道須臾不可分離。所謂「庖丁解牛」「梓慶削木」等都是在藝術的人生中體會人生的藝術的範例，這就是技中體道。而技外之道，則與人生無涉。藝術不經歷技術的階段，便不能有自由的創造。但經過技術錘鍊後所把握的道，「以神遇而不以目視」，既超越了技術的限制，也超越了人生的限制。三、消解實用與功利，這是實現由技到道的必要條件。純技術性的技巧，無法得到超出實用功利之外的享受。正是「技」與「道」的融合，所以消融了主客的對立、技術對心的制約，從而得到心靈的大自由與大解放。

2003/12，林合華：《心齋之心與現象學的純粹意識——試論徐復觀對莊子的現象學解讀》，《「徐復觀與 20 世紀儒學發展」海峽兩岸學術研討會論文匯編》（《心齋之心與現象學的純粹意識——試論徐復觀對莊子的現象學詮釋》，《廣西社會科學》2010 年第 6 期）。

該文將徐復觀之「心齋」之心與胡塞爾現象學的純粹意識進行比較研究，圍繞三個方面展開：一是心齋的「忘知」和現象學的還原，二是心齋之心的虛靜之體與現象學的純粹意識的意向性結構，三是心齋之心的「若一志」「明」與現象學的本質直觀。一、徐復觀對莊子作了「再發現」，認為莊子的心齋之心是藝術精神的主體，也是「美的觀照」得以成立的根據。莊子的「忘知」是說主體在觀物時不對物作積極的、分解性的、概念性的知識活動，心齋之心與現象學的純粹意識有相通之處。二、通過引入胡塞爾的現象學理論，徐復觀對莊子思想作了創造性闡釋，但其對胡塞爾現象學直觀的理解有局限性。三、徐復觀對莊子的現象學闡釋存在一些問題：一是莊子的直觀有神秘主義的傾向，「忘知」「無我」與「同於大通」、美的觀照之間有跳躍性；二是莊子直觀的「本質」與現象學所直觀的「本質」不同，前者是虛靜之心，是物的本性，而後者則是事物的共相、一般、普遍性。但瑕不掩瑜，因為徐復觀以胡塞爾現象學對莊子的心齋之心的比較研究是在深刻洞察被比較雙方基本精神特質的基礎上所進行的深度比較，而非一味「比附」，因而具有重要的學術價值，尤其對於推進中西哲學的比較研究工作而言，實是一筆難得的思想資源。

2003/12，蕭洪恩：《儒學救世與文學救世——新文化視野下的徐復觀與沈從文救世理想比較研究》，《「徐復觀與 20 世紀儒學發展」海峽兩岸學術研討會論文匯編》。

　　該文認為，沈從文和徐復觀都具有自由主義、文化保守主義及人性治療的思想傾向和人生理想，因而二者在文藝思想上有可作比較的特徵。從二人對家鄉的認知、文化使命、家庭背景等方面出發，作者探析了他們的儒學救世情懷和文藝療傷救世情懷。他們都是在國家民族危亡之際勇敢承擔起了時代的使命，以人性治療和拯救作為解決時代危機的重要手段。雖然路徑和救世理念有所差異，但二人都稱得上是夠格的知識分子、勇敢的愛國者和清醒的建設者，對我們如何做一名當代中國的知識分子具有重要啟示。

2003/12，劉毅青：《中國畫筆墨的形上性品格——徐復觀對中國畫筆墨特性的闡釋》，《「徐復觀與 20 世紀儒學發展」海峽兩岸學術研討會論文匯編》。

　　該文指出，徐復觀在《中國藝術精神》中對中國藝術精神的研究，帶有思想史的背景，因而他對中國藝術所具有的理論批評深度與廣度，具有鮮明的理論介入意識和批評意識。徐復觀在對中國畫史的研究中緊緊扣住筆墨問題，對此作了深入分析，挖掘出筆墨在中國畫中所具有的的形上性品格，即筆墨是中國繪畫藝術精神的外化，筆墨的形成與變化受莊子藝術精神的影響。中國繪畫中的筆墨問題並不只是一個技巧問題，而是關涉到中國藝術本身的精神特質的問題。

2003/12，劉建平：《莊子精神與現代藝術》，《「徐復觀與 20 世紀儒學發展」海峽兩岸學術研討會論文匯編》（劉建平：《莊子精神與現代藝術——徐復觀藝術思想淺析》，武漢大學碩士論文）。

　　該文是國內較早以徐復觀美學思想為專門研究對象的碩士論文，也是在學界掀起徐復觀美學研究熱潮（尤其是碩士、博士學位論文選題）之前對徐復觀美學和藝術思想進行整體詮釋的一個可貴嘗試。自 1997 年 7 月出版的《徐復觀與中國文化》刊出了李淑珍的論文《徐復觀論現代藝術——就臺灣文化生態及儒家人性論雙重脈絡的考察》以後，學界對於徐復觀的美學思想主旨是儒家的「美善合一」似乎已成定論。該文正是從批判這種似是而非的「定論」出發，有著鮮明的問題意識。通過文獻對比、內容比較等方法，明確提出從莊子精神來看現代藝術，這是徐復觀對現代藝術進行詮釋的思想基礎，也是徐復觀著《中國藝術精神》

的思想來源。該文以 1961 年前後臺灣地區「現代藝術論戰」為線索,將徐復觀對莊子美學的闡釋和對現代藝術的批判作一對照分析,莊子重視形相之美、崇尚精神自由、重視生命精神與追求萬物齊一、物我同春的生存境界,正與現代藝術破壞形相、摒棄想像而訴之於感官、幽暗變態的人生態度和人類中心主義思想形成了鮮明的對比,從而釐清徐復觀的《中國藝術精神》一書與臺灣地區「現代藝術論戰」之間的關係,並對學界在這一問題上的爭議進行辨析、澄清。

2003/12,張文濤:《沒有「道」的道路,迷茫一片──略評徐復觀藝術論中的西學解讀》,《「徐復觀與 20 世紀儒學發展」海峽兩岸學術研討會論文匯編》。

該文認為,徐復觀利用西方的藝術理論對莊子的「道」論進行改造,使其成為中國藝術精神的源頭。然而,西方的文藝理論在多大程度上能夠清楚闡釋中國藝術的問題,徐復觀本人並不對此抱太大希望,他僅僅把西方藝術理論當作一種參照。「道」可以從西學入手,但一旦涉及到本質的「道」,則又與西方的藝術本質理論大相徑庭。中國「道」論中蘊含的西方所謂的宗教的、科學的、藝術的、道德的傾向,只能說明「道」具有多重解釋特性,但二者不能等同。在此意義上,該文對「道」學與西學之間的差異進行反思。

2004/03,張毅:《智的直覺與中國藝術精神》,《文藝理論研究》。

該文用「智的直覺」詮釋中國人的德性之知和藝術精神是現代新儒家生命哲學的核心內容。牟宗三以儒家心性論會通康德哲學時,認為以中國思想文化為背景的「智的直覺」,不僅是生命創造的人性根源,也是通向萬物存在本體的呈現原則。作為一種生命智慧和心性修養工夫,智的直覺既是人之本心仁體的道德良知的呈現,亦是主體虛靜之心的審美觀照所成就的藝術精神。徐復觀在中國「心」文化研究方面的理論貢獻,除了由人格修養揭示儒家「為人生而藝術」的精神之外,主要是從生命心靈活動中追溯藝術的根源,以莊學的「虛靜」心體為中國純藝術精神的主體。

2004/06,佀同壯:《莊子審美之維的當代解讀──近四十年莊子文藝美學研究》,暨南大學碩士論文(佀同壯:《莊子的「古典新義」與中國美學的現代建構》,廣州:暨南大學出版社,2013 年)。

該文在第一章「近四十年莊子文藝美學研究概覽」第三節「幾部專著的評價」中,對徐復觀詮釋莊子美學進行評價。該文認為,徐復觀的《中國藝術精

神》幾乎都在講莊子，如此宏篇是此前莊子文藝美學研究所不曾出現的。僅從字數來看，該書可以開一代之風氣，但更為重要的還是其論莊子所達到的全面、深刻。「全面」一方面表現為徐復觀對莊子文藝美學的主要問題，如「遊」「虛靜」「心齋」「物化」等，都作了細緻解說，而且對莊子的人生觀、宇宙觀、生死觀、政治觀都以藝術之眼觀之，既然整個人生都藝術化，也便有了藝術的創造。另一方面，徐復觀將西方美學中「主客合一」的觀念、「共感」之說、「藝術想像」之謂用在莊子身上也無不契合無際。

徐復觀的「深刻」集中表現在對「莊子藝術精神」的指稱上。《莊子》一書本無涉文藝，後世文藝廣泛受其影響的關鍵在於，莊子之所謂「道」即是一種「藝術精神」。徐復觀不執泥於對「道」的形上學的理解，而是從人生的修養工夫入手另闢蹊徑，將莊子之「道」理解為一種藝術精神，堪稱得探莊子之神髓。此外，「深刻」還表現在徐復觀處於西學大盛之際，但並未因襲時俗媚西之眼光，而是立足中國文化，擷取西方資源以為參照、補充，使莊子思想闡發出了現代意義。

2004/08，郭齊勇：《徐復觀論禮樂》，《江西社會科學》。

該文認為，徐復觀創造性詮釋了禮樂文明：一、把「禮」定位為人文化的宗教和道德性人文精神的自覺，發掘了春秋時代「禮學」的內在價值，尤其是闡明了「敬」「仁」「忠信」「仁義」等觀念與「禮」的密切聯繫。二、肯定並發揮「樂」在道德境界與藝術境界會合上的意義。三、肯定禮樂在政治教化、社會和諧、個人修養上的功用。然而，徐復觀對「禮」「樂」的詮釋也有不足，過於強調其人文主義的價值及對宗教的疏離，而未能深入考察其對「天」「天道」「天命」意涵的保留及意義，也未能深入探索其宇宙論的意義。該文指出，儘管徐復觀與其同道對「五四」啟蒙派的寡頭人文精神論作出相當多的批評，但是徐復觀一輩人的知識背景仍是「五四」以降的啟蒙主義。徐復觀的思想詮釋有利於禮樂之教的創造轉化，為我們提供了諸多啟發。

2004/09，侯敏：《徐復觀心性美學思想探論》，《學術探索》。

該文認為徐復觀承傳熊十力的心性哲學，以中國文化為基本立足點，體察民族生命，把握文化形態，積健為雄，成為勇者型的現代新儒家。當代學界對徐復觀的哲學思想涉獵較多，卻對其美學思想研究不足。該文從心的文化、禮樂之心、虛靜之心等方面，闡明、彰顯了徐復觀在美學方面的重要建樹。就徐

復觀本人而言，仁義之心與虛靜之心在其身上是對立統一的。仁義之心，體現了他濃鬱的人文精神取向；虛靜之心，則呈現出他更深沉的宇宙意識。前者偏於儒者的「以我觀物」，後者偏於道者的「以物觀我」。內在與超越、執著與曠達，是相對而言，貌似對立，實則互通。

2005/06，耿波：《自由之遠與藝術世界的價值根源——徐復觀藝術思想的擴展研究》，北京師範大學博士論文。

2005/06，孫文婷：《論徐復觀「為人生而藝術」的文藝思想》，山東師範大學碩士論文。

該文對徐復觀文藝思想進行深入的分析探討。一、徐復觀「為人生而藝術」的文藝思想的形成與臺灣地區 20 世紀六七十年代的時代背景緊密相關，徐復觀的「心的文化」理論和人性論思想是其文藝思想形成的哲學文化基礎。徐復觀提出的「心的文化」，強調中國文化是一種「仁性」文化，重視人及現實生活。二、徐復觀「為人生而藝術」的文藝思想始終立足於中國傳統文化，將儒道兩家的藝術精神巧妙地加以融通，這就使其文藝思想呈現出重視藝術精神主體的品格。

2006/01，王守雪：《徐復觀對儒、道藝術精神關係的疏通》，《文藝理論研究》。

該文主要根據《中國藝術精神》一書對徐復觀的儒道藝術精神進行疏通與分析。作者認為徐復觀的《中國藝術精神》須與其一系列著作對戲合觀，方能見出其中返本開新的大判斷。一、徐復觀將儒家「所成」歸於道德，而將道家「所成」歸於藝術，二水分流會通，共同流入現代學術，使中國文化糾葛紛紜的兩個分支頓時活轉了強大的生命。二、孔子藝術精神典型，站在人性論的立場上，是道德與藝術在終極意義上的合一；站在藝術的立場上，此精神是一種極高的理想。中國文藝史中，在此方向上雖多有雜而不及者，但也形成一種格局。只有在責任心與感發之心之間實現生命的轉換，才可能趨於藝術的「純粹」。三、徐復觀從人生修養工夫的一面顯發莊子的「道」的生命狀態特徵，顯發其藝術精神的意義，是對莊子「道」的本體意義的創發，而非簡單解消。莊子虛靜的精神與孔子感歎曾哲的「上下與天地同流」在藝術精神上實現了打通。總之，徐復觀對中國藝術精神源頭的追尋，是其重振中國思想傳統事業中的重要組成部分。《中國藝術精神》一書，上承《中國人性論史·先秦篇》，下接《兩

漢思想史》，與《中國文學論集》《中國文學論集續篇》等著作交匯，構成中國文化建設的群落。徐復觀之功在於，疏解中國文化儒道思想千年的糾葛，活轉中國文化的根源經脈，在中西文化交流與碰撞中顯出中國文化的價值和地位。

2006/01，張志偉：《中國藝術精神的理解與重建》，《鄭州大學學報》（哲學社會科學版）。

一、求「新」是西方科學主義藝術的理性追求，而在中國古代藝術中，「新」是很次要的標準，主要的標準為「高」。徐復觀對中國藝術精神進行現代詮釋，精神本身沒有時代性，中國藝術境界是永恆藝術精神的體現。當代人的審美文化背景全然是西式的，我們需要改變教育結構，使知識分子的知識結構中有更多的中國文化成分。按照逍遙境界在中國傳統藝術精神中的本體地位，西方人的自由精神很難融入這一傳統，更遑論以自由精神來統領中國藝術精神，除非我們自願接受這種「精神殖民」。二、人類文化至少存在兩個中心：一個是地中海文化，另一個是漢語字文化。從這兩個文化中心流出的藝術，在感性形式層面，可能會有共性或所謂人類性的東西；但在精神層面，從這兩個文化中心流出的藝術不可能有共性、人類性的東西。三、藝術的公共性不等同於大眾性，公共性的理解與接受也是有關文化傳統的問題。因此，中國的精英藝術應是既要遠離庸俗化的大眾性，又要堅持精神化的公共性；既要擺脫藝術語言過分私人性的書寫，又要堅持對藝術體驗鮮明的個性反映。

2006/02，畢雪梅、劉桂榮：《美善的圓融之境——徐復觀音樂美學的詮釋》，《中國音樂》。

該文認為徐復觀對孔門音樂思想的詮釋具有自身鮮明的特色。徐復觀從生命本根性的角度揭示了音樂美善的圓融為一，通過對「樂之和」的疏解闡發了孔門音樂美學所追求的生命之境，並對孔子所倡導的雅樂的沒落進行了多向度的梳理。該文亦指出，徐復觀對中國傳統音樂思想的理論把握尚有欠缺之處。一、該文從「樂」之本根性的揭示、「樂之和」的圓融之境、孔門音樂精神的沒落及其解讀的缺憾等方面試圖對徐復觀的音樂美學進行全方面詮釋，從而指出徐復觀音樂美學的研究缺憾。二、徐復觀的這一思想是從生命的基底和最高境界處所作的闡釋，從根本上揭示了音樂對於人的深刻意義，但也正是由於這種人生美善的情愫，使其忽略了音樂之美的藝術性格，對儒家和莊子可以溝通的部分並沒有充分展開。三、徐復觀作為新儒學大師，具有深厚的文化

底蘊，在現代美學思想中他對孔門音樂思想的詮釋有著鮮明的特色，發掘其音樂美學思想對於中國傳統美學意蘊的開顯及中國藝術精神的昭示具有深遠的意義。

2006/02，張晚林：《人格修養與中國畫人藝術修養之嬗變──徐復觀對中國繪畫之心性學考察之三》，《陰山學刊》。

該文的主要內容是徐復觀對中國畫人藝術修養之嬗變的心性學考察，其中論述了「外師造化，中得心源」到「一畫」之間的精神陞進關係，而這種陞進正是畫人人格修養工夫之所致。在此基礎上，該文探析徐復觀進一步提出「畫的究竟義」，由此可以闡明藝術在以心性學為主導的中國文化中的根本精神之所在。一、「外師造化，中得心源」是從內外兩個方面為中國畫人提供藝術修養上的法式，可謂是畫人的下手處。但徐復觀認為「外師造化，中得心源」是主客分成兩片的表達方式，藝術的主客融合一體的實態不顯，造化與心源之關聯不著。然而，在藝術的修養上或創作上雖然不能完全否定法，但最高的藝術必然是從有法走向無法，石濤的「一畫」就是要解決畫之有法與無法的問題。二、在畫的究竟義的基礎上，徐復觀進一步提出藝術的究竟義。一般而言，我們都強調藝術的美，且這種美多來自外在形式的創新與變化。但徐復觀認為，這並非藝術的究竟義，藝術的究竟義是人格之美，它源自於人格的充實和境界的提升。總之，徐復觀所言的「藝術的究竟義」，是由藝術作品的限制而欲回復到夫子所謂的「從心所欲，不逾矩」（《論語‧為政》）的精神境界，這才是中國文化所肯認的最高最大的藝術，此即是「志於道，據於德，依於仁，游於藝」（《論語‧述而》），這是以心性學為主導的中國文化中藝術的根本精神之所在。

2006/02，張晚林：《中國藝術傳統的守望者──論徐復觀對現代藝術的反省與批判》，《文藝理論與批評》。

該文主要借徐復觀對藝術精神的理解分析現代藝術所出現的問題。現代藝術對自然形相的破壞、西方藝術的精神主體的閉鎖、現代藝術家人格修養的缺失及現代藝術暴力主義的政治歸結等都是現代藝術家所構築的出氣孔，然而這並沒有化解困境，反而加深了現代社會的危機，鞏固了滲透到現代社會各個組織中的暴力宰制，產生「容易被收買的虛假的自由形式」。在此意義上，徐復觀稱現代藝術為「火上加油的藝術」，這種藝術「使緊張的生活更緊張，

使混亂的社會更混亂，簡直完全失掉了藝術所以成立的意義」。由此，該文認為徐復觀所推崇的藝術作品，「既不是純主觀的，也不是純客觀的，若是純客觀的，則是科學而不是藝術。若是純主觀的，則只是一種不可捉摸的一團氣氛或一團幻影，把主觀生命的躍動投影到某一客觀的事物上面去；借某一客觀事物的形相，把生命的躍動表現出來，這便是藝術作品」。

2006/02，張宏：《論徐復觀美學思想中「第二自然」概念的理論源流及其當代意義》，《理論學刊》。

該文指出現代新儒家的重要人物徐復觀在對王國維「境界說」的品評中，曾創造性地提出了「第二自然」的美學概念。該文試圖對「第二自然」的提出作概要的理論溯源，進而探討這一概念的確立對實現中國傳統美學現代轉換的當代學術意義。一、境界、意象、意境乃為「第二自然」概念的源流。二、「第二自然」的形成是主客合一、心物合一、心物往來相照的過程，如徐復觀所言：「心先入於境，境亦同時入於心」，因而得心境合一（「神會與物」），此時所寫者乃心中的境，亦如畫家所畫者乃胸中的丘壑。三、「第二自然」為傳統美學實現現代轉換敞開了一道門徑。徐復觀確立「第二自然」的概念，觸及到了傳統審美文化意識的核心，是對王國維「境界說」的接響承流，與朱光潛的「意象」理論、宗白華的「意境」理論遙相呼應，成為美學史上真正實現本學科中西融通的「契合點」。在徐復觀對中國藝術精神的現代性闡釋之後，「境界說、意象和意境的涵蓋範圍得以擴大，內涵得以提升，使傳統以修身為特徵的倫理價值自然地融入現代美學體系之中，為傳統思想審美地參與現代美學基本問題的解決開闢了嶄新的途徑。」

2006/02，孫琪：《宗白華散步美學裏的「中國藝術精神」情結》，《名作欣賞》（存目）。

2006/03，張晚林：《論徐復觀對文化的哲學省察》，《中南大學學報》（社會科學版）。

該文認為，徐復觀對文化的哲學省察是通過內省證悟的方式，而非外在觀解的方式。正是在這種省察文化的方式中，徐復觀見出了中國文化反求諸己的精神或工夫的價值，從而不僅維護了中國文化，更為人類文化的健全發展開出了醫治之方。一、徐復觀文化省察的基本路徑。要認識徐復觀對文化的哲學省察的價值及其歸結，應先瞭解文化的哲學省察的兩條基本路徑，即外在的觀解

之路與內省的證悟之路。二、徐復觀文化省察的價值。徐復觀通過探討文化的歷史性層面的限制與不足及其如何被超越與克服，不僅闡明了這種省察文化之方式的價值，而且進一步維護了中國文化以反求諸己的精神或工夫為本位的基本思想，這正是徐復觀對文化的哲學省察之歸結。

2006/03，劉桂榮：《「形而中學」的意涵──徐復觀消解「形而上學」的美學詮釋》，《保定師範專科學校學報》。

該文主要圍繞徐復觀的「形而中學」思想展開論述。徐復觀以「心的文化」立論來疏解中國文化，彰顯出中國文化的生命意旨，因而他消解了「心」的形而上傾向，進行「形而中學」的意蘊闡釋。該文認為，對於「形而中學」有兩點應引起重視：一是以「笑說」來言及「形而中學」；二是明確中國的「道」是與生活、生命相連，這實際上指明了中國心文化的特性在於現實具體的生活、生命。「形而中學」應理解為一種形象的理論界說。相較於「形上」，「形中」更注重經驗界、現象界與人的實存，排斥宗教及神秘的治學傾向；相較於「形下」，「形中」則強調精神意境的中和之美，貶抑物質性、實證性及工具性的宰制。因此，對於「形而中學」的理解，應回到徐復觀對「心」的義理闡發，進而到生命意味的詮釋。

2006/06，李薇：《徐復觀莊子思想儒家化傾向研究》，華東師範大學碩士論文。

該文主要通過闡述徐復觀對莊子關鍵詞的解讀，結合當時的時代背景以及與道家學派莊子研究者的研究對比的方法，從而探尋出作為新儒家學者的徐復觀的莊子觀的特殊性與矛盾性。該文指出，徐復觀的莊子觀是道德的莊子、文化藝術的莊子，最終都是儒學化的莊子，其研究道家主要是繼承了道家的憂患意識、反省精神。這種儒學化的莊子觀，是徐復觀作為一個有責任感的知識分子在歷史文化危亡時期的必然選擇。

2006/06，孫琪：《臺港新儒學闡釋下的「中國藝術精神」》，暨南大學博士論文。

2006/09，孫琪：《「中國藝術精神」：問題的提出及其意義》，《學術交流》。

該文採用比較研究法，分別從徐復觀與宗白華所理解的「中國藝術精神」

出發，進而闡釋「中國藝術精神」的意義。一、徐復觀是明確標舉「中國藝術精神」的第一人，而宗白華也從不同視角以不同方法闡釋過這一美學命題。二、徐復觀從儒道兩大思想系統出發，側重於藝術精神主體「心」的揭示，認為中國藝術精神以莊子之「道」為精髓和根本，最終落實在傳統山水畫上。徐復觀由出發點的「全」到結論的「偏」，皆因其將藝術精神純而又純化了；宗白華從諸藝術門類的並列研究出發，於會通處提煉精神，認為舞蹈精神是中國藝術精神的表現，「道、舞、空白」則是中國藝術精神得以表現的空間。三、由於二者的立足點、出發點、個性、學養皆不同，故而得出不同的答案。徐復觀與宗白華貫通古今中西的探索，為後學開闢了一條中西美學比較闡釋以及對古典進行現代轉換的研究路徑。

2006/12，朱興和：《境界說：徐復觀與王國維的內在衝突》，《古代文學理論研究》第 24 輯（存目）。

2007/01，張晚林：《論徐復觀對中國繪畫的心性學考察》，《湖南商學院學報》。

該文通過對現代新儒家徐復觀在中國傳統繪畫兩個方面之轉變的心性學考察指出，這種根本轉變的內在根源在於莊學精神在藝術主體內的陞進與落實，從而把人格修養與藝術聯繫起來。因此，通過該文的考察可以進一步從藝術的角度確立中國文化以修身為本位的大傳統。作者指出，兩個轉變為從「神」到「韻」之轉變及從「彩」到「墨」之轉變。然而，徐復觀對中國傳統繪畫以上兩個方面的探討，把這種形式上的轉變都歸因於修養工夫的體認，這是現代新儒家把整個藝術問題納入到中國以心性修養為基礎的文化大流中，繼承儒家以修身為本而來的思考。這種思考從藝術自身來看，常有輕藝術技巧而重精神修養之嫌，引發部分研究者的極大不滿。然而，徐復觀並非不重視藝術的技巧問題，他是堅決反對僅由技巧來表現精神而不由人格來表達精神，這是他對藝術把守得很緊的一條基線。因此，徐復觀一切關於藝術的見解不是基於一個純粹藝術家的創作經驗，而是基於一個儒者的人文悲懷。在這種人文悲懷之下，藝術不是由技巧而至於美，而是由修養工夫而至於美，且這種美不是純粹的觀賞之美，而是精神之美、人格之美。因此，在修養工夫中開啟藝術的精神，以表現人格之美、境界之美。只有依這種進路，才能談藝術的實踐維度與教化功能。

2007/03，張思齊：《徐復觀〈文心雕龍〉研究中的比較意識》，《煙台大學學報》（哲學社會科學版）。

該文指出，中國傳統的文體學思想集中體現在以《文心雕龍》為中心的文體學理論上。《文心雕龍》在中國文學批評史中佔據著重要位置，它與其他中國文學理論著述的最大區別就在於其系統性。一、徐復觀是一位在《文心雕龍》研究中成就卓著的當代中國學者，他的《文心雕龍》研究在文類學方法的運用、文章的體貌與風格、《文心雕龍》的內部結構、中國文化的基型和基線等方面，取得了顯著成就，這與他的比較意識具有直接的聯繫。二、徐復觀通過辛勤的研究，揭示出了《文心雕龍》許多為人所忽視的方面，這是他運用比較文學的研究方法而取得的成績。三、由於具備了國際比較的眼光和世界文明史的視角，徐復觀實現了《文心雕龍》研究方法論上的突破，推動了學科的進展。

2007/03，張晚林：《人格修養與中國山水畫風格之嬗變——徐復觀對中國繪畫的心性學考察之二》，《陰山學刊》。

該文提出「逸」和「遠」作為中國繪畫的最高風格是如何可能的問題。作者認為，對「逸」的把握和推尊，是中國畫論對水墨山水有了充分認識以後的自然結果。「逸」和「遠」有孿生關係，具「逸」的特徵，必具「遠」的風格。徐復觀通過對此問題的心性學考察，認為這是莊學精神逐步在繪畫中落實的結果。通過這種討論，便把藝術問題與人格修養問題聯繫在一起，由此便可進一步證明心性之學在中國文化中的主導地位。因此，中國的心性之學作為中國文化精神的根本大義，不僅在哲學和宗教中得到了體現，而且在藝術中同樣得到了體現，對中國藝術的研究可以打開中國文化精神的大門。

2007/03，李幸玲：《六朝居士佛教藝術的理論與實踐——以宗炳〈畫山水序〉為中心》，《中國學術年刊》總第二十九期。

一、宗炳《畫山水序》繪畫理論背後的精神歸屬於佛家還是莊老，向來為學界所爭議。學界對此問題主要有主張莊老精神或佛家思想的兩派立場，前者以陳傳席、徐復觀、陳綬祥、吳功正、木全德雄等人為代表，後者以宗白華、劉綱紀、林朝成為代表，即使後者注意到宗炳畫論美學中佛理的成分，但其論述多係泛泛概說，未能深入探究其佛理內容。二、該文根據宗炳《畫山水序》文本及其《明佛論》等作品，指出大時代環境雖然對宗炳的思想有一定的影響，但絕非必然的影響。宗炳並非依道家精神或禪境來詮釋山水畫，而是依據佛教

般若學空理觀照山水之美。宗炳提出「神超理得」的欣賞觀念，意指欣賞者唯有超越模仿自然的畫作，才能回歸到自然本身。觀賞者透過這個超越的過程，緣所畫山水諸相而超越，得自然山水之相，再超越自然山水之相而入於山水之道。三、在此意義上，《畫山水序》被稱為中國繪畫史上最早的畫論。它不同於漢魏立基於儒家道德教化的實用目的，或莊老取法自然的審美欣趣等繪畫理論，而是首開以佛理詮釋山水之美，在中國繪畫理論發展史上有不可忽視的地位。

2007/03，劉桂榮：《「憂患」中的天地境界——徐復觀「憂患意識」的美學解讀》，《學術交流》。

一、「憂患」一詞源出《易傳》。「憂患意識」作為一種文化精神的性格被徐復觀提煉出來後，已經成為詮釋中國傳統文化的共識。徐復觀所說的「憂患意識」，不僅源自儒家，也基於道家。二、徐復觀不僅張揚出「憂患意識」中的陽剛之美，而且揭示出其中所蘊含的文化精神結構，從而可以彰顯出他獨特的學術情思、深遠的人生意蘊以及覺解中的天地境界。三、「憂患意識」是對生命存在的一種追問，不僅要去擔負，還要對生命的意義存在進行質詢；不僅顯現著憂患的沉重悲情，還張揚著人生的愜意暢懷；不僅有對文化困境的憂思，還有對文化生命的拯救和期待，這正是「憂患意識」現代意義的昭示。

2007/05，張晚林、陳國雄：《「工夫的樂論」如何可能——論徐復觀對中國古代樂論的心性學詮釋》，《武漢大學學報》（人文科學版）。

在現代新儒家徐復觀看來，中國文化是「心的文化」，亦即中國文化都有其篤實的心性論的價值根源。而這一價值根源，不是為瞭解說現象、理解存在而作的系統設定，而是在人格修養工夫中落實和呈現的。因此，中國文化窮極到根源之處，必然與人格修養相關聯。這在徐復觀那裏，是理解中國文化的大線索。音樂，作為文化系統中的重要支脈，自然不能逸出這一大線索之外。徐復觀對中國傳統音樂理論的詮釋，從總體上看正是體現了這一思想，就是要把音樂問題與人格修養問題關聯起來，即「工夫的樂論」，這是徐復觀從儒家心性論的立場對中國古代音樂的一種理論建構。這種理論的功能價值是開啟人格修養，其道德形上實體即內在價值根源為人之「性」，而其最高的存在形式為「無聲之樂」———種道德與藝術合一的人格存在。該文通過徐復觀對中國傳統音樂理論三個方面的詮釋，對這種「工夫的樂論」的建構加以說明，進而

解明它的深刻內涵。

2007/06，張宏：《徐復觀中國古典美學研究論評》，山東大學博士論文。

2007/06，王均宇：《試論徐復觀文藝美學思想的西方理論淵源》，浙江大學碩士論文。

該文認為，徐復觀的文藝美學思想有兩「顯」兩「隱」四條線索，歷來論者都僅注重從其顯性線索著手考察。這兩條「顯性」線索：一是中國傳統美學儒、道兩家思想，二是對中國傳統經典的考據、釋讀；兩條「隱性」線索：一是西方哲學、美學理論的基本原理及邏輯框架，二是中國藝術精神的現實意義之思維脈絡。相較於兩條顯性線索，徐復觀文藝美學思想形成的這兩條隱性線索，雖然也有學者注意到並加以分析，但是都是在其他論題下附帶提及，並未加以系統分析和重視。實際上，徐復觀取道日本向西方文藝美學理論借鑒、吸收資源，對其文藝美學思想的形成亦有非常重要的影響。由此出發，該文介紹、論述了徐復觀對弗洛伊德及康德理論的批判、借鑒與吸收，初步探討了徐復觀文藝美學思想形成的西方理論淵源。

2007/06，吳鋒：《現代新儒家文藝美學思想研究》，廣西師範大學碩士論文（存目）。

2007/10，鄭東珍：《徐復觀的莊子學研究》，《名作欣賞》。

該文開篇指出，徐復觀對莊子的研究獨具特色。首先，徐復觀創造性地運用多種方法考證了《莊子》的作者以及老莊孰先孰後的問題，具有啟發性。《莊子》文本的真偽問題，自古以來一直爭論不休。有人說內篇為莊子所作，而外雜篇是莊子後學之作，也有人意見與之相左，但雙方的證據都不足以令對方信服。徐復觀認為，內篇文體瑰奇變化，應早於外雜篇，係出於莊子本人之手，而外雜篇則部分出於莊子之手，部分為其門人所作，甚至可能還雜入了秦統一後的材料。此外，該文認為徐復觀對莊子的解讀發前人所未發，尤其是對莊子的自由精神和藝術精神的闡釋上，觀點鮮明，成一家之言，為莊子研究開闢了一條新路。最後，該文指出，徐復觀以自己的治學方法對中國傳統思想進行疏理時，發現儒道兩家發展的思想軌跡最終都落到了「心」上。

2007/10，孫琪：《〈中國藝術精神〉：問題何以提出？》，《名作欣賞》（存目）。

2007/10，孫琪：《〈中國藝術精神〉的寫作動機》，《思想文綜》（存目）。

2007/12，趙瀟：《儒道互補與中國藝術精神》，《鄭州鐵路職業技術學院學報》（存目）。

2008/01，劉建平：《哲學的藝術精神——從莊子到徐復觀》，《文化中國》（存目）。

2008/01，劉建平：《再論怎樣探討中國藝術精神？——兼與章啟群諸先生商榷》，《社會科學評論》。

對中國藝術精神進行深入發掘，徐復觀是第一人。徐復觀探討中國藝術精神，不僅從藝術本身考察，而且對這種藝術賴以生存的文化背景加以觀照，這是徐復觀美學的一大特色。章啟群等學者從西方哲學的視角來解讀《莊子》和《中國藝術精神》，認為「道」不是中國藝術精神的最高境界，《莊子》中的「得道者」不具有藝術精神或境界，並由此對徐復觀的《中國藝術精神》提出批判。這種完全以西方二元認識論的視角來解讀《莊子》的「道」和中國藝術精神的方式，不僅偏離了《莊子》的原意，而且也對《中國藝術精神》造成了一些誤解，該文試圖對此作出辨析、澄清。

2008/01，劉毅青：《徐復觀中國藝術精神的現代性訴求》，《中華文化論壇》。

該文試圖論述徐復觀對於現代藝術的批判和反思，從而給予後人以啟示。徐復觀的《中國藝術精神》是最早從現代性與現代藝術的視角闡釋中國美學思想的著作。徐復觀所闡發的中國藝術精神，是對現代性批判性思考的結果，是對現代社會裏中國傳統藝術的現代價值合法性的論證。他認為中國藝術精神具有代替宗教的精神安頓作用。首先，一般而言，現代性是指從文藝復興、特別是自啟蒙運動以來的西方歷史與文化，包括政治歷史、社會文化等幾乎所有人類精神與物質層面的變化，由此形成的與傳統社會有著巨大差異的生存價值觀念與社會形態結構。其次，在徐復觀看來，在現代文明的擠壓下，人們的生活內容平板單一，精神空虛，人的主體價值喪失了。他反對現代藝術的審美觀，認為它本身就是現代性表現，是從非理性的角度來對抗理性，是人的主體價值的貶低。從人性論的角度看，它是只能走向感性的泛濫；從藝術的角度看，它是對古典藝術的形式原則的背叛，從而不可能真正解決現代性問題。再次，徐復觀是從文化的角度來研究藝術的，他把藝術與宗教、道德等都並列為文化的重要組成部分。他把中國文化定義為「心的文化」。徐復觀認為，真正的藝

術應該是建立在道德人性的光明上的，是對人的主體價值的肯定，對自身局限的超越。總之，徐復觀通過對中國藝術精神的闡發，將審美視為人主體自由精神的體現。但中國藝術精神並沒有將審美與藝術的功利性對立起來，徐復觀反對的只是將藝術庸俗化，將藝術等同於意識形態的宣傳工具。他主張的藝術救治人心、反抗人的異化的功能是奠基在藝術的審美性之上的。他主張為人生的美學，或者是人生論美學，反對審美和藝術直接充當政治或道德的工具，而是要求審美和藝術內在地作用於人生境界的提升。將藝術作為提升人生境界的手段，可謂是藝術的功用。通過美與藝術，人實現了審美的自由，藝術因此成為人的心靈與精神的安頓之所，審美因而具有宗教式的精神療救功能。

2008/02，孫琪：《海外新儒學對中國生態美學的啟示──以杜維明的孟子解讀為例》，《陝西師範大學學報》（哲學社會科學版）。

該文在生態美學的開創溯源至徐復觀之《中國藝術精神》，是具有深度的探究。20 世紀 80 年代以來，現代新儒學成為如今學者探索如何建構中國本土的現代文論、美學、哲學等的典型個案。在這種闡釋的重建過程中，有一個值得當下美學界關注的現象，那就是三代新儒家學者已經自然且必然完成的「新儒家人文主義的生態轉向」：這種轉向最早體現在熊十力提出的發人深省的自然活力論，還有梁漱溟強調以調和折衷的態度對待自然。而後，港臺與大陸的三位領銜的新儒學思想家錢穆、唐君毅和馮友蘭不約而同地得出結論，即儒家傳統為全人類做出的最有意義的貢獻是「天人合一」的觀念。這一結論並非全新的發現，然而從他們對此觀念所作的闡釋來看，這種發現不是在復述傳統的智慧。如果說新儒學的生態轉向在一開始還不是有意識的，那麼到杜維明這裡，則已完全成為一面明確的旗幟。杜維明通過對孟子修身觀念的詮釋，意欲接著徐復觀的《中國藝術精神》往下講，發現其中所蘊涵的生態美學精神，進而提出了生態美學這一新的美學研究的方向和方法，將這一轉向帶進對中國美學的全新思考。

2008/02，陳才生：《從「心性」之學到「美地觀照」──徐復觀文藝思想初探》，《殷都學刊》。

該文將「心性」之學與「美地關照」作為研究對象，試圖釐清「心」的文化與藝術之間的構架。首先，「心性」美學為徐復觀之獨創。「心性」之學是中國當代新儒家哲學思想的核心，但將「心」的文化與「心」的藝術之間的障壁

打通卻是徐復觀的獨創。其次，其要點有二：一、「虛」「靜」「明」之心乃是精神自由的關鍵，亦是藝術價值的根源；二、「不為物役」不僅是莊子人生中「美地觀照」的關鍵，也是藝術創造的關鍵。再次，徐復觀從中國傳統文化中汲取現代化因子的方法實乃當代新儒學內聖而外王理路在藝術領域的反映。總之，他對文學藝術的研究更以其特異的治學理路獨樹一幟。徐復觀的《中國藝術精神》《中國文學論集》《中國文學論集續篇》等煌煌巨著，破古注今說，新穎獨到，引人注目。尤其是《中國藝術精神》一書，被稱作「傳統與當代、中國與世界的雙重對話」，是「最系統最獨特地挖掘中國藝術精神的專著，可說是填補了新儒學在文學藝術領域的空白」。徐復觀對「科技與商業連合」的社會追求感官刺激的「官能文化」的批判，對否定傳統、反對理性、追求「個人化創作」的現代主義的批判，至今仍具有深刻的現實意義。

2008/02，孫琪：《徐復觀對儒家藝術精神的新闡釋》，《佛山科技學院學報》。

徐復觀在《中國藝術精神》中對儒家藝術精神所作的新闡釋，始終沒有引起大陸學者的較多關注。該文通過三方面對儒家藝術精神展開論述：一是音樂與孔子藝術精神，二是孔子藝術精神的轉化，三是徐復觀對儒家藝術精神的「新發現」。該文指出，徐復觀解放儒學的努力和全面觀照的眼光，一方面，使儒學被遮蔽的潛能得以現身，進而讓儒學成為真正開放的儒學；另一方面，這也是他以現代語言轉換和重建傳統的嘗試，其精闢的闡發無疑對實現古典美學的現代轉型具有重要的參考意義。

2008/02，曾鋒：《論徐復觀之「由音樂探索孔子的藝術精神」的非歷史性》，《山西師範大學學報》（社會科學版）。

該文主要從徐復觀「誇大」音樂在上古社會的重要性、偏離孔子及「孔門」與音樂關係的實質以及徐復觀論孔門藝術精神時的寫作心態與話語方式三個方面，來剖析徐復觀詮釋孔子藝術精神的非歷史性。一、徐復觀所著《中國藝術精神》是海外新儒家的代表著作之一，他在探討音樂在中國上古社會中的地位，以及孔子、儒家與音樂的關係時，沒有嚴格遵循歷史科學的方法。二、徐復觀誇大了音樂在上古社會的影響力，沒有充分考慮到音樂在孔子和儒家思想中工具性的道德教化作用，將先秦音樂看作是純粹的、獨立的藝術形態。他在調和上古音樂的道德工具性與藝術獨立性時，常常陷入自相矛盾的境地。

三、為了重建中國思想的新道統,重建一個價值和信仰的權威體系,徐復觀對相關歷史材料進行重新編排和主觀闡釋,然而這並不符合歷史發展的事實。

2008/03,張重崗:《從熊十力到徐復觀:就本源而言的文藝定位》,《北京科技大學學報》(社會科學版)。

該文認為,熊十力闡揚先秦儒家的六藝之教,其玄思路數與文藝較為隔膜,視文藝為無根的情趣之談,但是他對文藝的本源性思考卻開啟了現代新儒家文藝之思的路徑。徐復觀嚴厲批判了熊十力的形而上學取向,他雖然把文學藝術看作是一種文化現象和生活經驗,但其立論則歸於心性本源,「心」為道德、藝術、認知的根源。一、徐復觀的文藝之思,雖然多取史學考據進路,然而他又力圖作一精神上的把握,從文學藝術的根源直追至人的具體生命的心性之中。二、儒道在人格修養上的相融相濟,合內外之道,合主客為一,這是中國文化的特色,也是徐復觀文藝之思的哲學基礎。只有在此意義上,經驗性的文學藝術才可能以一種新的方式納入其融貫性的學思整體之中。

2008/03,劉建平:《徐復觀與莊子精神》,《臺灣研究集刊》。

作為現代新儒學大家的徐復觀,何以在美學和藝術思想上獨鍾情於莊子並稱之為中國的「純藝術精神」呢?時人對此多有爭議。該文從徐復觀生活的文化背景和時代背景入手,結合徐復觀本人的性格、遭遇以及儒道思想的特點,從臺灣地區的歷史文化傳承、現實專制政治的壓迫、儒道思想的相通與相異、徐復觀的內心情感四個方面,來探討影響徐復觀歸向莊子精神的幾個因素。一、徐復觀「儒道互補」的美學思想是從「儒道分疏」開始的,只強調「互補」而不能看到「分疏」只能得到膚淺的平庸。二、徐復觀正是發現了莊子精神有著異於儒家藝術精神的獨立品格和追求精神自由解放的審美傾向,故而稱莊子精神是中國的「純藝術精神」。三、從莊子精神的視角去發掘和把握中國藝術精神,進而結合中國繪畫史梳理莊子精神的落實,體現了徐復觀對中國藝術精神的獨到理解。

2008/04,劉建平:《徐復觀論中國畫的現代意義》,《鵝湖月刊》總第三九四期。

該文就徐復觀對中國畫現代意義的闡釋進行評析。一、徐復觀認為莊子精神在現實生活中主要落實在中國畫上,他在 1961 年前後與劉國松、虞君質等臺灣地區的現代藝術家展開了一場聲勢浩大的「現代藝術論戰」。在這場論戰

中，他以莊子所代表的中國藝術精神作為批判的利器，對西方現代藝術反形相、反藝術美、否定生命、追求感官刺激等特徵進行了尖銳批判。二、徐復觀認為，中國畫正可作為現代社會種種疾病治療和挽救的重要手段。中國畫，在徐復觀美學思想中，不獨是作為一門藝術形式而存在，更是作為莊子藝術精神在現實生活中的落實、藝術的生活化和人生的藝術化的重要媒介，是莊子精神與現代世界、現代人類精神產生關係的重要紐帶。三、作為對社會反省性反映的中國畫，則是人在社會中，由世俗超越而向自然，以獲得精神上的自由，保持精神的純潔，恢復生命的疲困的重要手段。徐復觀對中國畫現代美學價值的詮釋，使其脫離了原初的鑒戒意義，從勸誡的傳統中解放出來，而成為現代的藝術理論。

然而，徐復觀對中國畫現代意義的展望也反映了他對藝術的理解還存在一定的「隔膜」，這種隔膜，不僅反映了藝術創作者和藝術評論家之間的不同視閾，也反映了徐復觀個人的時代局限性。一、徐復觀把藝術作為當代的一個文化現象來談，忽視了藝術畢竟有著不同於文化大概念的個性，有其自身的發展規律。二、只強調中國畫的反省性，而沒有看到中國畫同樣能與時俱進、反映現代社會與生活，例如吳冠中、劉國松他們所作的中國畫的現代創新嘗試，這說明徐復觀是持一靜止、僵化的藝術觀念來看待中國畫的，看不到中國畫同樣可以反映現代人的生活，表達現代人的情感，而不只是「發思古之幽情」。三、無論是對「虛」「靜」「明」精神的現代詮釋，使其不流於虛無或粗俗，還是將中國畫從私人書齋向社會大眾的推動，徐復觀均未找到合適的途徑，這亦是徐復觀與中國畫的共同困境。

2008/04，林柏宏：《〈莊子〉「遊」字析論》，《世新中文研究集刊》。

該文認為，「遊」是《莊子》全書的主題，《莊子》中「遊」出現了 101 次，在先秦諸子的典籍中極為罕見。《莊子》中的「遊」不僅有表述義理最高境界的形上層面，同時也有作為工夫修持的人生態度的意涵。「遊」的理想境界貫通了莊子思想形而上和形而下兩個層面，體現了對現實世界的合理解釋與辯證思維下達無所不「遊」的理想境界。該文試圖以「遊」為中心來重建莊子思想的義理架構，一方面，援引徐復觀「遊戲」概念的不同詮釋角度進行探討，大大豐富了「遊」的精神意涵；另一方面，也藉由對《莊子》文本原意的回溯和理解來修正、補充徐復觀論證「遊」作為藝術精神之不足。

2008/04，劉毅青：《中國藝術精神視野裏的畫與詩的融合──徐復觀論中國畫與詩融合的現代性意義》，《惠州學院學報》。

一、西方以萊辛的《拉奧孔》為代表的文藝理論長期強調詩畫之別，它代表的是一種建立在摹仿論基礎上的認識論美學，而中國文藝傳統則是繪畫與詩歌的融合。該文認為徐復觀的《中國藝術精神》是最早針對這一問題論述中國畫與詩歌、書法融合的現代性意義的著作。徐復觀所闡發的中國藝術精神，是對現代性批判性思考的結果，是對現代社會裏中國傳統藝術是否有現代價值的合法性論證。二、詩書畫的真正融合，最重要的因素是文人參與到繪畫實踐中。文人畫強調繪畫抒寫主觀情感的功能，繪畫與詩歌都重視情感表現，作品要有詩的境界，物象有活的精神，體現了強烈的個體自由和主觀意識。三、在徐復觀看來，中國繪畫與詩歌的融合，是一種打破藝術形式界限的藝術創造。中國的詩和畫都具有抒情性特徵，重視主體藝術精神的表現，藝術的審美具有宗教對人的心靈的療救作用，具有安頓人精神的現代性價值。

2008/04，陳才生：《從「性情之正」到「文」、「道」之爭──徐復觀文藝思想再探》，《殷都學刊》。

該文強調「心性」之學是中國當代新儒家哲學思想的核心，但將「心」的文化與「心」的藝術之間的障壁打通卻是徐復觀所獨創。一、徐復觀在闡明藝術價值的根源和藝術創造的關鍵基礎上，又從藝術創造主體的角度對藝術的真諦作出人性主義的闡釋。其要點有二：首先，藝術家人格修養的層級性決定藝術創造中價值、意味發現的層級性，藝術個性化的前提乃在作者能得「性情之正」而不僅僅是「性情之真」；其次，「文」與「道」之爭是一個常論常新的話題，而專制制度才是文藝發展的最大障礙。二、藝術精神本源在「心」，而創作主體欲得此「心源」，又絕非易事，「心的作用是由工夫而見，是由工夫所發出的內在經驗。」「工夫」來自作者的涵養，亦即「人格修養」，它是儒家「內聖」的核心。三、由「心」的文化到「心」的藝術，人格修養具有舉足輕重的作用。徐復觀在提出藝術創造中的人格修養問題的同時，又論述了道德與藝術的關係。他對這一問題的思考，同樣由儒道兩家的思想推衍而出。總之，該文認為徐復觀的文藝思想皆從審美發生學角度展開，他緊緊抓住儒道兩家思想中「美」的因素進行梳理，從人性論角度探討藝術精神的奧秘，將藝術之思回溯到文化之思，在藝術與人生之間把捉到一條隱現的脈絡，即「心」在藝術中的酵素作用。

2008/05，伏愛華：《徐復觀對莊子美學思想的再發現》，《安徽大學學報》（哲學社會科學版）。

該文從「道與藝術精神」「莊子的藝術精神對中國繪畫的影響」以及「如何看待徐復觀對莊子美學思想的再發現」三方面，對徐復觀闡釋莊子美學思想進行探析，並就以往學者對徐復觀美學思想的誤解、誤讀進行分析和反思。一、徐復觀在《中國藝術精神》中對莊子的美學思想進行了一系列的再發現，從而把「中國藝術精神主體之呈現」落實在莊子身上。二、徐復觀通過史論結合、中西對比的方法，對中國藝術精神進行了富有新意的再發現和再闡揚，從中顯現出中國文化的獨特精神，因此，我們應在文化的視野下討論徐復觀的中國藝術精神，況且這也是徐復觀對中國文化作現代闡釋的體現。同時，徐復觀對莊子美學思想的再發現有過度詮釋之嫌，寄望於莊子的藝術精神在現代社會依然有著教化、治療等重大意義，也只能是他至美至純而又天真的幻想。三、與其他新儒家不同，徐復觀摒棄了獨尊儒術、貶抑百家的狹隘心態，以一種更全面、更冷靜、更開放的眼光看待中國文化，不僅肯定了儒家思想對中國文化和世界文化的意義和貢獻，而且肯定了道家莊子思想對中國文化和世界文化的意義和貢獻。雖然其中難免存在偏頗之處，但卻是出於他對中國文化的護持和發展之心。

2008/05，熊呂茂：《人生藝術化：徐復觀對孔子藝術精神的解讀》，《湖南行政學院學報》。

該文分析了徐復觀對孔子藝術精神的新發現，把孔子「美」「善」統一的音樂思想與道德倫理觀念相結合，旨在解讀孔子的藝術精神並揭示孔子「人生藝術化」的理想與境界。一、在孔子看來，一個人的主觀意識的修養，要從《詩》開始，再用「樂」來完成。二、在徐復觀看來，樂與仁的會通統一，即是藝術與道德的融合統一。孔子的人格與人生本身就是一件音樂作品，即人與天地自然和諧圓融的境界，這便是「為人生的藝術」之真諦所在。

2008/05，孫琪：《唐君毅對「中國藝術精神」的新闡釋》，《齊齊哈爾大學學報》（存目）。

2008/06，馬耘：《「心」概念於莊子修養論中之意義與地位》，《止善》。

該文對牟宗三、徐復觀、唐君毅等關於「心」的相關論斷進行商榷，試圖證成莊子修養論之核心意義在於「心齋」「坐忘」等對「心」的妥當處理。一、

該文探討了莊子思想中修養的可能意義,並論證人處於造物者無所不宰制的「大化」中,毫無正面意義的活動可言。因此,所謂的修養,既不是外在世界之某種「人化」,也非內在境界之陞進,唯一可以稱得上是修養的,只在「終其天年而不中道夭」上。二、人之所以造成「中道夭」的情形,究其根源,在於「心」常常處於功利欲望的支配下妄動的結果。該文論證了莊子哲學之「心」具有獨立活動之能力以及此能力帶來的惡果,「心」的活動除了表現為種種追求意欲滿足的妄動,更將某種已然之具體狀態妄執為「自我」或「虛妄主體」,這就是人生困擾的根源。三、莊子思想中唯一可稱之為修養者,就是對「心」的處理方法,這就是通往「心齋」「坐忘」等修養作為意義的討論。

2008/06,張仁香:《中國藝術精神之本源──徐復觀與「莊子的再發現」》,《遼寧大學學報》(哲學社會科學版)。

該文將中國藝術精神作為研究對象,提出何為中國藝術精神之本源的問題,並進一步論證了徐復觀與「莊子的再發現」之間的緊密聯繫。一、徐復觀將中國的藝術精神視為不待外物的「純」精神,其突出表現於中國古代的山水畫中,因為自然山水最能釋放人的生命本性、精神的自由性,而這一點恰與老莊精神相契合。二、老莊思想中的「道」即是藝術精神的至高境界,莊子面對現實人生的主體修養工夫,被徐復觀視作藝術精神的主體,在這一發現背後隱藏著他試圖在現代文化語境下尋求中國藝術的本土話語和表達方式的努力,以對抗長期以來唯西方藝術和文藝理論為批評標準和價值尺度的文化霸權主義,進而由此療治現代科學技術下人文精神的虛無化和人性理想缺失的危機。

2008/06,王麗:《徐復觀中國藝術精神論》,西南大學碩士論文。

該文認為徐復觀的中國藝術精神論具有「內儒外道」的特點,從而揭示出徐復觀的精神實質仍然是儒家的。一、徐復觀之所以稱道家藝術精神是「純藝術精神」,是因為與儒家需要「轉換」相比,它是直上直下的。中國文化的基本性格仍然是儒家的,儒家和道家是「一體兩面」,前者是積極的,後者是消極的。二、徐復觀將道家藝術精神落實在藝術上,將儒家藝術精神落實在中國文化上,彰顯出中國文化中藝術、道德這兩大支柱的主體性、豐富性。該文對徐復觀的中國藝術精神論的闡述略顯粗疏,沒有擺脫非此即彼的思維束縛。

2008/06，謝小舟：《現代新儒家「自覺」意識下的文藝觀和美學觀——以徐復觀先生藝術理論為例》，四川師範大學碩士論文。

　　該文以徐復觀的藝術理論為參考，試圖揭示蘊藏在現代新儒家文藝觀和美學觀之中的「自覺」意識。現代新儒家充分發揚「自覺」意識，並應用於文化發展領域，著力研究中國文化之強大生命力的根源和外來文化種種值得借鑒的優點與經驗，形成了承前啟後的現代新儒家的文化自覺意識。此「文化自覺」意識上承中國儒學的千年演變史，是對儒家「自覺」意識的繼承和發揚。然而，該文泛泛而論，有視角而無明確的觀點，就此存目。

　　2008/08，楊曉玲：《當代山水畫家精神隨想》，《美術大觀》。

　　該文指出，徐復觀認為假如現代人欣賞到中國傳統的山水畫，必定能夠對緊張情緒、分裂的心靈起到療治的作用。然而，未必所有人看到山水畫都能產生心情愉悅、放鬆舒適之審美體驗，有時甚至會起到相反之作用。一、對現代社會充斥功利和欲望的心靈而言，很多山水畫只能帶來審美的擱淺，反而是那些充斥著各式花樣的「醜惡」的個性張揚的作品能讓人精神一震。空靈的畫境來自虛靜的心靈，如果沒有心靈的虛靜，山水畫的高妙意境不可能出現。二、該文通過榮格的「集體無意識」理論詮釋山水畫的創作過程。山水畫中那種帶有傳統烙印的先天的心靈「虛象」佔據了我們的意識世界，使本來可以「下筆如有神」，卻最終演化成「下筆如有繩」。三、趕潮流成為當代繪畫的重要特色，當代山水畫儘管在個人樣式上呈現出前所未有的豐富，但仍然掩蓋不了畫家精神上的浮躁與空白。我們這個時代最缺少的就是精神由得到淨化而生發出一種在純潔中的生機、生意，缺少「心齋」「心源」。而「心源」並不易得，需要很高的精神和心理條件：首先，需要畫家的藝術天賦，即感受自然與世界的資質；其次，需要畫家必要的本土文化修養；再次，畫家應有一顆「如如不動」的禪心來生活、創作。

　　2008/09，侯敏：《民族文化土壤中孕育出的現代新儒家文藝美學》，《東方叢刊》總第六十五輯。

　　該文指出中國詩學在其兩千年的歷史發展中，已經形成了獨具特色、自成譜系的詩學傳統。徐復觀認為，中國理論話語不是以推理為根據，而是以先哲們在自己生命、生活中的體驗所得為根據，只要精心探索，我們就能從散佈在各處的語句中，發現內在的思想關聯，即一個立體的完整生命體的內在關聯。

一、在「返本開新」中，現代新儒家用一種宏大的敘事來研討中國文藝美學的特色和方法。在新的歷史潮流前，新儒家努力挖掘中國美學中有歷史價值和世界意義的資料，從人性、心靈、生機、詩意方面鑄造出一種大境界美學觀。二、現代新儒家對這一體系是有所發現的，並且他們也在龐大的理論框架中建構了一種大美學體系，即人化（仁性）、心化（心性）、生化（生生）、詩化（品悟）。新儒家的文藝美學話語是由「人生之美話語─心性之美話語─生命之美話語─感悟之美話語」構成的大系統，是以人文之美為焦點、心性之美為旨歸、生化之美為祈向、詩性之美為體悟的大美學體系。三、在 20 世紀中國美學發展史上，現代新儒家美學確實表現了一種獨特的價值，即思想整體性、文化聯繫性和審美感悟性，具有豐富的文化內涵和意義，體現了廣泛而深入的思想建構性質。其重要的理論和學術價值體現為：首先，對於中國美學的現代發展過程有一個總結性的把握，從中發現現代中國美學在理論道路上的返本開新；其次，反思性地尋求中國美學的學科建設規律，在歷史的深入過程中獲得思想的創造性根據，構造新世紀中國美學的學術前景。

2009/02，劉建平：《不同世代的精神共鳴──「現代藝術論戰」中的徐復觀和劉國松》，《臺灣研究集刊》。

20 世紀 60 年代的臺灣地區的「現代藝術論戰」，是中國美術現代化的重要組成部分。雖然徐復觀和劉國松對現代藝術的態度、藝術的本質及藝術創新的方式上有著不同的理解，但是他們在中國畫的傳統、技術在繪畫中的地位、繪畫的社會功能、莊子對中國藝術的影響以及中國現代畫的路向等方面實有著諸多的精神共鳴。劉國松和徐復觀之間的論爭，體現了思想家和藝術家觀照藝術的不同視角。二者之間的共通性折射出了 60 年代臺灣地區社會的時代精神，而二者之間的差異性則反映了兩個世代在傳統社會向現代轉型過程中的不同價值取向，這需要我們進一步總結和反思。劉國松和徐復觀經過了波瀾壯闊的一生，用他們獨與天地精神相往來的磊落人格和自由精神，在無痕的時代浪潮中開闢出了一條航線。無論是中國文化的現代轉型，還是中國現代畫的路，徐復觀和劉國松開了一個頭，我們要擎起這把香火，接著走下去。

2009/02，呂銘崴：《由「節文」談先秦儒家道德與藝術的溝通》，《問學集》。

該文主要就徐復觀在《中國藝術精神》一書「由音樂探索孔子的藝術精神」

中所探討的藝術精神與道德精神的關係問題展開了深入探討。在傳統藝術理論中，藝術作品並非單純的形象、樣貌的勾勒，同時也扮演著一種人與人的精神世界、人與社會溝通的橋樑角色。該文在先秦儒家藝術精神的視域下，提出以先秦儒家的「節文」概念考察藝術究竟以何種形式，在精神世界與現實世界的聯繫上如何發生作用。通過對先秦的藝術，主要是青銅器的造型與線條的考察，探討「節文」精神與藝術形態之間的內在關係，並由此反思道德與藝術溝通的可能性，道德上的「節文」精神是否會對藝術的創造力造成影響以及究竟造成了哪些影響。

2009/03，孫琪：《「藏、修、息、遊」與中國藝術精神──唐君毅美學思想探析》，《宜賓學院學報》。

該文主要論述唐君毅發掘虛實相涵、婉曲含蓄的藝術傳統讓人的精神可藏、可修、可息、可遊，在不隔中獲得心靈安頓的中國藝術精神，也涉及到對唐君毅和徐復觀闡釋中國藝術精神的比較。相較於唐君毅的哲學和文化思想而言，其美學思想卻並未獲得同等重視，這一點和徐復觀是一樣的。事實上，唐君毅與徐復觀都熱衷於對中國藝術精神的探討和挖掘，他們在中國文化花果飄零的時代都堅守民族藝術精神傳統，彰顯中國文化的精神。然而，二者的研究路徑卻截然不同。徐復觀立足於挖掘以莊子為代表的道家思想與中國藝術精神的關係，標舉莊子精神為中國的「純藝術精神」，並在中國傳統繪畫中落實；而唐君毅則立足於各種藝術類型的綜合考察，以儒家「游於藝」的藝術精神為根基，在中西比較中凸顯中國藝術精神的特質。

2009/03，史忠平：《淺探徐復觀「書畫異系」觀──兼論中國古代書畫結合之關係》，《解放軍藝術學院學報》。

該文結合中國書法與繪畫藝術之間的關聯性，試圖釐清此關聯的歷史脈絡，並澄清歷史性的誤解。傳統對中國書法和繪畫藝術之間的關係論述頗多。徐復觀對二者的關係提出新的見解，將二者分為兩個不同的系統分而論之。一、徐復觀認為應該打破書畫同源或書出於畫的似是而非之說。二、徐復觀澄清了書畫在「藝術性格上的關聯」與「歷史發生上的關聯」的區別。三、徐復觀糾正了人們把書畫藝術性格關聯上「相得益彰的附益關係」說成「因果上的必然關係」的迷失。總之，徐復觀的「書畫異系」論和「書畫附益觀」，啟發我們從書畫結合樣式及其產生的原因等方面加以探究。從藝術的角度看，書法

與繪畫既非藝術品格上的必然關係，也不能確指二者在發生上的先後關係，而是一種「相得益彰的附益關係」。這種關係包括兩個系統：一是書畫結合的實用性系統，二是文人理念表達系統。前者包括書畫同體關係和互識性關係，在此關係中二者相互對照，相互識別，促進了理性認識的深入；後者包括筆墨互助性關係和意境互託性關係，二者相互滲透，相互拓展，給人以審美的聯想和愉悅。

2009/04，侯敏：《現代新儒家美學體系解析》，《廣西師範大學學報》（哲學社會科學版）。

該文認為，新儒家美學是從中國哲學的宇宙觀、人生觀、道德觀和價值觀中生發出來的。現代新儒家以「人化論」「心化論」「生化論」「詩化論」為中心來建構中國美學理論體系。「人化論」是新儒家高揚的「人文之美」，涉及人文精神、藝術人格和藝術人生化；「心化論」是新儒家強調的「心性之美」，涉及文藝的心靈化、心韻化和心齋化；「生化論」是新儒家建構的中國式的生命美學，涉及文藝的「生生之道」、生香活意和生命氣場；「詩化論」是新儒家崇尚的「詩意之美」，涉及中國傳統藝術的悟覺思維，包括興味之美、靈境之美和韻致之美。人格的化育、心靈的主宰、生命的創化、美感的體悟，是現代新儒家美學的總體框架。

2009/05，熊呂茂、肖輝：《「道」之純藝術精神：徐復觀對莊子藝術精神的解讀》，《湖南行政學院學報》。

該文主要介紹了徐復觀對儒道藝術精神的闡釋。由孔子所開出的藝術精神需要經過某種意味的轉化方能成就藝術，而由莊子所成就的「道」之藝術精神，則可稱為「純藝術精神」。徐復觀對「純藝術精神」的追尋，對於我們當今人文學科的反思和人文精神的提升具有深刻的啟迪意義。

2009/05，劉建平：《徐復觀與海德格爾藝術觀之比較》，《天津社會科學》。

該文認為，海德格爾的《藝術作品的本源》（1935 年）是 20 世紀西方美學史上最偉大的著作之一，這篇演講在當時就「引起了一種哲學的轟動」。海德格爾指出，「本源」（Das Ursprung）一詞指「一件東西從何而來，通過什麼它是其所是並且如其所是」，所謂藝術作品的本源就是使藝術作品成其為藝術作品並以藝術作品的方式而存在的本質之源。徐復觀的《中國藝術精神》（1966

年）是 20 世紀中國美學的代表著作，自問世以來也一直是學界爭論的熱點。它探討的是中國藝術作品（山水畫）的精神源頭，如果套用海德格爾的話語，此書也可名之為《中國藝術作品的本源》。鑒於這兩個美學文本在 20 世紀中西美學上舉足輕重的地位以及他們思考主題的相關性，該文結合《藝術作品的本源》及《中國藝術精神》的相關文本對海德格爾與徐復觀的藝術觀試作一比較，敞開且洞明這一豐富的對話領域，這無論對於海德格爾思想的理解與深化，還是對於中國美學的現代詮釋及合理轉換，都具有十分重要的意義。

2009/06，谷楊：《道家之道與藝術之美——徐復觀與方東美論莊子藝術精神之比較研究》，吉林大學碩士論文。

該文通過對徐復觀和方東美關於中國藝術精神的論述，探討如何理解道家哲學與藝術之間的關聯性。一、徐復觀在《中國藝術精神》闡明在中國哲學中道德和藝術是在心性中顯發的具有內在關聯性的兩種觀念；方東美從藝術的形上學基礎的角度同樣認為，中國哲學與藝術具有內在統一性。二、應從「境界論」的角度理解中國的形上學，對道家之「道」而言，「道」不是一個實有形態意義的「創造宇宙萬物的本源」，其存在是「境界論」意義的價值理境。道家哲學是通過對人生意境的追求而達到藝術的境界，其實質是對人類私欲偏見的超脫，對精神怡然自得的提升，「這是所有中國藝術的通性」。三、通過比較徐復觀和方東美的美學思想，揭示出藝術的本質就是以超越的意境作用於技藝的操作，進而在日常生活中化平庸為神奇。

2009/06，肖輝：《徐復觀對「中國藝術精神」的追尋》，中南大學碩士論文。

一、徐復觀基於維護中國藝術精神的立場，對現代藝術持非常鮮明的否定態度。徐復觀對中國藝術精神的疏釋，對西方現代文化的反思，以及對莊子「純藝術精神」的發現，都有著深厚的學術生命情懷，其美學理想正是要在廣闊的人生世界中根植一個安頓精神的家園。二、徐復觀以莊子思想來疏釋中國的藝術精神，但卻忽略了儒學、佛學和禪宗對中國藝術精神的影響，這也是其藝術思想中的疏漏之處。

2009/06，夏濤：《徐復觀藝術論研究》，湖南師範大學碩士論文。

一、徐復觀的藝術論是其思想史研究的組成部分，要想真正把握他的藝術思想就必須把他的藝術論放在思想史研究的視域中，通過其在思想史研究中

所使用的「追體驗」的方法，去探尋他系統且一貫的藝術論面貌。二、從「心」和「精神」發而為客觀的藝術存在，其中還需要「氣」作為必須的途徑。「氣」作為人的生理生命的綜合作用，一方面，將藝術精神承載向藝術品，從而使藝術品得到精神生命的生氣灌注；另一方面，又將藝術品所賴以存在的媒材承載向藝術精神，使得藝術精神得以根據媒材的特性選擇具體外化的方式，由此形成不同的藝術門類。

2009/11，劉建平：《儒道兩家美學在徐復觀藝術思想中的地位論辨》，《哲學評論》。

　　作為現代新儒學大家的徐復觀，何以在藝術思想上獨鍾情於莊子精神並稱之為中國的「純藝術精神」呢？該文從儒道思想的相通與相異、臺灣地區的歷史文化傳承、現實專制政治的壓迫及其內心情感的激發四個方面來探討影響徐復觀歸向莊子精神的因素，對學界盛行的「重莊輕儒」「根儒道華」「儒道會通」「儒學化的莊子」「仁美合一」等幾種看似中庸合理、實則膚淺重複的觀點提出批判，指出這些對徐復觀藝術思想的解讀脫離了臺灣地區的歷史文化傳統和現代藝術論戰的歷史背景，脫離了徐復觀個人的性情、遭遇及其內心情感，更忽略了徐復觀藝術思想的豐富性和差異性。一、徐復觀寫《中國藝術精神》，在他以儒家美學闡釋文化、音樂和文學之外，旗幟鮮明地標舉莊子精神為中國藝術精神的主體，是通過對「現代藝術論戰」和《中國人性論史・先秦篇》的沉思之後，發現了儒道美學之間存在極大的差異性，而這種差異性卻長期以來為人們所忽視。二、徐復觀洞察到了儒道藝術精神之間差異，從而突破了傳統的以儒家美學為主導的固有思維模式，從莊子精神的視角去發掘和把握中國藝術精神，體現了他對中國藝術精神的獨到理解。要把握徐復觀的藝術思想，只能從繪畫入手。以繪畫為主，而以他的文學、電影等論著論文為輔，這是必須注意的另一個關鍵點。三、把莊子精神作為中國藝術精神的主流，一是契合了徐復觀個性化的思想和性情，同時也符合臺灣地區的歷史文化傳統和時代精神。徐復觀正是通過對莊子精神的闡發來述說自己的胸懷、標明自己的立場、表達自己的愛憎的。

2009，韓振華：《現代新儒家美學、詩學思想概說》，《人文論叢》。

　　現代新儒家通過借鑒西方美學的相關理論、方法，發掘中國美學、藝術精神的現代意義，他們的美學、詩學思想有四個方面的特徵：一、注重美學、詩

學與文化的關係；二、重「生」（生命、人生、生生之德），重直觀、直覺，是一種生命美學；三、重視「心性」問題的探討，肯定真善美合一的人生境界、心靈境界；四、在美感上，重視「中和」思想。現代新儒家所建構的美學、詩學體系已經成為中國現代美學理論的重要組成部分。

2010/01，石了英：《徐復觀的「老莊藝術精神」闡釋》，《北方論叢》。

一、莊子的人性論可以通過莊子的「心性」結構來把握，其心性結構就是「體道」的心理體驗活動。二、徐復觀的「中國藝術精神」是一個極具建設性的範疇，在邏輯學上呈現「人性」的展開，立足於審美經驗的分析，落實於「虛靜之心」，在「工夫」與「境界」兩個大的層面論證了「近代藝術精神」與「老莊之道」的「不期然而然」的會歸。三、以老莊人性論為根柢建立的「老莊藝術精神」是其「中國藝術精神」的主體，通過修養工夫、精神境界和中國山水畫論史三個層面，老莊之道與近代藝術精神實現了溝通。

2010/02，石了英：《徐復觀「中國山水畫論史」視野中的「老莊藝術精神」》，《江西社會科學》。

該文認為，徐復觀把一部中國山水畫論史看作一部老莊接受史，通過梳理中國山水畫的流變、中國山水畫崇尚風格的流變這兩條歷史譜系中的老莊因素，使流淌其中的老莊藝術精神得以清晰彰顯出來。然而，徐復觀的這種闡釋呈現出單線化的傾向。作者主要圍繞以下三個方面展開論述：一、「老莊藝術精神」與中國山水畫論史，二、中國山水畫的流變與老莊的「潛在山水精神」，三、中國山水畫審美風格的流變與老莊藝術精神的落實。徐復觀所闡釋的「老莊藝術精神」是一種「片面的深刻」。相較於「全面的平庸」，「片面的深刻」更有助於學術的推進，這也是為何徐復觀的中國藝術精神招致諸多質疑，卻仍不影響其學術價值的原因。

2010/02，張坤：《徐復觀的「第二自然」概念新探》，《揚州大學學報》（人文社會科學版）。

該文指出，「第二自然」曾是美學、文藝學研究領域的一個重要概念。一、在徐復觀「第二自然」的中西來源辨析中，「第二自然」這一概念既非原創，也並非來自康德，而是徐復觀將奧德布李特「第二的新的對象」、莊子的藝術精神、中國傳統文論中關於「情景融合」與禪宗富有精神性內涵的境界說等中西思想融匯而成。更根本的還在於徐復觀「主客合一」的哲學思想及以之對上

述內容的鎔鑄和提煉。二、對「第二自然」的內涵解讀。徐復觀富有個性的「第二自然」雖然要依託於「第一自然」而產生，是主客交融的產物，但更多是指作為「風姿神韻」的精神審美狀態，這種境界必須要脫離「第一自然」的拘拌，從「現實現象中超越上去」，是只可意會、不可言傳的，體現並支持了「第一自然」審美價值。三、徐復觀「第二自然」的理論價值和方法論意義。徐復觀的「第二自然」是其「主客合一」「心的文化」兩大核心思想的結晶，是中西比較研究的成功範例，對於當今學人具有突出的方法論意義。

2010/03，張坤：《文藝美學視域中的「第二自然」論析》，《名作欣賞》。

該文考察了「第二自然」這一學術概念的發生史和建構史。一、「第二自然」是文藝美學研究領域中的一個重要概念，西方美學家達·芬奇、歌德、康德從各自的學術立場出發，賦予「第二自然」以不同的內涵。二、中國學者朱光潛、蔣孔陽通過譯介，對「第二自然」有新的闡釋和解讀，認為「第二自然」是藝術的最高理想，體現了理性理念的「審美意象」。三、徐復觀創造性地使用「第二自然」，貼切地解釋了中國藝術精神中的「靈」「韻」「神」，不失為中西比較詩學上的成功範例。

2010/03，石了英：《論徐復觀「老莊藝術精神」闡釋之儒道匯通視野》，《暨南學報》（哲學社會科學版）。

該文立足於「儒道會通」這一港臺現代新儒家們一貫的文化視野，探討徐復觀闡釋「老莊藝術精神」的得失。通過對「一、徐復觀的『形而中』儒家立場」「二、『人性論』闡釋之儒道匯通視野」以及「三、『老莊藝術精神』闡釋的儒家化傾向」的論述，該文指出，一、徐復觀認為儒學是一種形而中學，根源於人性、人心，他以新儒家的文化立場闡釋道家，消解了道家形而上學色彩，是一種立足現實人生的「形而中學」。二、經過徐復觀的「儒家之眼」過濾後的老莊藝術精神並不「純」，帶有明顯的「文以載道」化、儒家化傾向，強調藝術干預社會的功能。

2010/04，張俊傑：《一種基於藝術精神的「禮樂思想」——論徐復觀的「禮樂鄉愁說」》，《交響》（季刊）。

該文認為徐復觀的「禮樂之治」即是儒家藝術精神的「整體性」觀照，也就是「仁與音樂的合一」和「道德與藝術的統一」。一、徐復觀認為孔子高度強調人的道德自律，「仁」從根本上就是個體內在的主宰性和自由性。二、「仁」

是成為人的標誌與目的，「美善」統一是「仁」的內在要求，「樂」是實現這一內在要求的手段，其本質就是「和」。三、該文引入陳昭瑛的觀點，認為徐復觀是以「整體性」思維來概括儒家藝術精神的，徐復觀對儒家「禮樂思想」的分析是一種黑格爾「內在目的論」的分析模式，藝術與道德都是為「人」的實現而存在的。

2010/06，劉建平：《「中國藝術精神」問題研究》，武漢大學博士論文。

2010/06，石了英：《臺港及海外華人學者美學視野下的莊子闡釋》，暨南大學博士論文。

2010/06，鞏燕蘋：《現代新儒家境界理論的美學闡釋》，陝西師範大學碩士論文（存目）。

2010/06，張俊傑：《兩種目的論與兩種禮樂觀》，西安音樂學院碩士論文。

該文以徐復觀、蔡仲德、汪暉的「禮樂觀」作為研究對象，試圖從他們的知識背景、立論角度、發論體系出發，分析其「禮樂觀」的內涵和體系，以此梳理傳統「禮樂觀」在 20 世紀中國的延伸與發展。通過對徐復觀的「禮樂鄉愁說」、蔡仲德的「禮樂人本說」、汪暉的「禮樂共同體說」三個典型的觀點的比較，指出三者在對待「禮樂」的基本態度上呈現出了「正─反─合」的發展軌跡。就其深層內涵而言，實質是「禮樂」作為何種「目的論」的思考方式在作祟，由此引入了黑格爾在《小邏輯》中提出的「內在目的論」與「外在目的論」，作為一個基本的分析方式來介入三種不同禮樂觀的研究。

2010/06，李靜芝：《心靈與思想的碰撞──吳宓與徐復觀文藝思想之比較》，《樂山師範學院學報》。

該文從比較研究的視角出發，探究吳宓與徐復觀之文藝思想。吳宓與徐復觀，一位是學衡派的主將，一位是現代新儒學大家，二人都曾留學海外，吸收了西方的學術思想。從二人的學術立場看，他們又都是中國傳統文化的守護者和文化保守主義的代表人物。該文從「性情」和「載道」兩個重要的文論概念入手，比較二人的文藝思想，不僅彰顯了兩位學人各自的思想個性，更希望對當下被西方化思潮充斥的中國文藝理論界有一定的啟示意義。一、詩以「情真」為本──文藝思想的審美標準。表面上看，吳宓與徐復觀都在強調性情的純正，並且都把「性情」更多地理解為創作者的人格修養，但側重點卻有所不同。

吳宓側重於性情的外顯性,即性情之正是由於對事物真誠客觀的感觸而流露的情感;徐復觀則側重於性情的內在性,即本身思想的純正,由內在的秉性去體驗外物,以達到得性情之正。二、詩以「載道」為上──文藝思想的功利取向。吳宓把「載道」理解為直面人生、代民立言的工具,削弱了封建倫理道德的教化作用,使「載道」原本狹隘的政治功利觀更切近文學的本質特徵;徐復觀則將人性的光輝融入「載道」所載之「道」中,不僅突出了文學的社會責任意識,更強調對人性的發覺,使「載道」原本僵化的形式特徵達到更深入體察「人心」的境界。三、吳宓與徐復觀面對西方思想文化侵襲的現實,仍對中國傳統文化持繼承和發揚的態度,這對當代本土文化建設具有積極的、前瞻性的意義。

2010/06,劉依平:《「仁」、「樂」的會通與疏離──徐復觀藝術詮釋體系的衝突和建構》,《吉首大學學報》(社會科學版)。

該文梳理了徐復觀藝術詮釋體系的內在衝突與建構。一、仁(道德)與樂(藝術)在其極致處必然會通為本體的「樂」境,這是徐復觀對儒學藝術精神的基本體認。二、徐復觀對儒學藝術精神轉化與沒落的判斷,又表明他在事實層面承認了仁、樂關係的疏離。三、儒學藝術精神作為一個開放的、生成的過程,正在此衝突中不斷建構。徐復觀在本體義上確認了儒學藝術精神美善合一、仁樂會通的基本指向,然而又在經驗層面上否認了其可能性與必然性。

2010/08,李百容:《論道與藝──以〈莊子〉心齋「氣」觀念與「氣韻生動」之關聯性為考察核心》,《鵝湖月刊》總第四二二期。

該文通過《莊子》的心齋「氣」觀念與繪畫史上「氣韻生動」命題之間關聯性的考察,追溯莊子的「體道」精神如何契入中國繪畫藝術的發展歷程。一、「以藝為道」的繪畫思想,可能開始於唐代而形成於宋代,這與畫論「氣韻生動」命題契入莊子的修養工夫有關。二、宋代畫家追求「天機」的表現,其審美直觀的思維方式促成了莊子心齋之「氣」的境界與繪畫理論追求「氣韻生動」的藝術境界之間產生了關聯,並由此啟發了文人畫「由技進道」「以藝為道」「以天合天」的創作意識,這可以看作是莊子的「體道」精神成為中國藝術精神的一大助因。三、該文進一步解釋和論證了徐復觀在《中國藝術精神》中的看法,提出唐宋文人有意識地接受莊學以提升「藝」的境界層次,「氣韻生動」由鑒賞論趨向創作論之雙向發展,而創作主體「氣韻」說,也由「生而知之」

走向「可學」的理論建構。莊子「由技進道」的言說方式，而使「以藝為道」之藝術創作論產生實踐的可能性。「道」「藝」關係則由蘇軾的「有道有藝」「道藝兩進」而形成了文藝創作的自覺意識。

2010/10/12，陳昭瑛：《現代性藝術潮中重視傳統主義》，《中國社會科學報》。

該文以徐復觀所談到的孔子的音樂精神以及中國的山水畫和山水畫中的精神、哲學基礎作為反思對象。該文指出，除了道家和禪宗之外，中國傳統山水畫也受到了儒家思想的深刻影響。純粹以山水為題材而沒有任何人類活動和鄉村風情的山水畫，或許可以被稱作是道家思想的產物。然而，很多山水畫家在經營其構圖、畫意，反映出了非常多的農村和家庭生活，畫中有倫理有秩序，這正是中國傳統山水畫中的民族性。中國畫正是通過這種不同於西方繪畫藝術的獨特中國藝術精神，將原有的民族特性發揚出來。中國美術現代性之路也要堅守我們的特性，傳統主義在未來應該能夠得到更好的發展。由此，作者認為在中國現代主義的框架中，如果說現代性、現代主義是一條無可避免的道路，是一種已經確定的走向，那麼現代主義框架中的傳統主義要得到相當的重視，可以讓傳統主義得到更多的分量，或者說更可以平衡現代主義和現代性所帶來的衝擊。

2010/11，賴興才：《中國心文化和現代人物畫創作》，《藝海》。

該文指出現代社會人的生存狀況和生命意識發生著深刻的變化，功利思想、浮躁之風左右人的價值觀，進而論述了中國人物畫創作如何傳承「心」文化的文脈，表現現實生活的人。作者認為這是當下人物畫創作的重要問題，這一問題建基於中國畫的視覺性和圖式性，開始成為一種新的審美取向。該文從創作與藝術心靈、創作與生活、現代人物畫創作三個維度，主要圍繞人物畫的「寫心」精神、人物畫的「寫心」創作、人物畫創作實踐探析了現代人物畫創作，從而論證了中國繪畫的發展深受「心」文化，尤其是莊子之「心」的影響，這種影響構成中國畫藝術精神的精髓和畫種基因。一、在新的文化語境下傳承「心」文化的文脈，在人物畫創作中應重在堅持和發展「寫心」精神。二、「心」文化把人自身的生命和現實的生活緊密聯繫在一起，使人找到堅實的立足點，而不再感到漂泊、徬徨、無方向、無力量，從而尋到自己的方向、價值和歸宿。三、現代人物畫創作表現的正是生命和現實的聯繫，對「心」文化的傳承和解

讀可以指導人物畫進行更深刻的創作。

2010/12，楊華祥：《用文藝倫理紓解當代藝術困境》，《學習月刊》。

該文指出徐復觀站在儒道兩家文藝倫理的基礎上，闡發了中國藝術所蘊含的哲學精神，並以此來批判西方近現代文化，高揚東方文化的道德理性和藝術理性。雖然近幾十年以來，西方藝術發生了很大變化，但是就徐復觀所提出的問題而言，該文認為這對於中國藝術未來發展仍具有啟示意義。一、該文梳理了徐復觀有關中國藝術精神的觀點。在徐復觀看來，中國藝術精神主要在儒家和道家，儒家強調文藝要貫穿倫理精神，而道家則強調要體道，即用「虛」「靜」「明」之心去澄汰物慾，進行自我關照，進而達到馮友蘭所說的「天地境界」。此種精神，乃是「天人合一」的審美情趣，也是更高的生命倫理境界。二、在徐復觀看來，西方的文學藝術由於資本主義文化的腐蝕已經走向了墮落，西方文學藝術拋棄了藝術領域中的崇高，走向了單純的感官主義，頹廢主義色彩濃厚。徐復觀對西方文藝作品倫理觀墮落的批判是深刻的，中西文藝倫理觀的根本分歧還是基於對人性的不同理解而致。三、藝術一旦抽掉了其崇高的一面，那就不成其為藝術了。隨著中國經濟、政治等地位的提高，重建民族藝術美典的呼聲也日益高漲，中國藝術也應回歸到盡善盡美的藝術追求中。

2011/02，吳元嘉：《中國藝術精神初探》，《藝見學刊》（存目）。

2011/02，李淑珍：《自由主義、新儒家與一九五零年代臺灣自由民主運動：從徐復觀的視角出發》，《思與言》第 49 卷第 2 期。

該文並非是一篇美學、文藝學論文，但是其中談論的「自由」問題卻與徐復觀在《中國藝術精神》中所談的「精神的自由解放」有著重要的關聯。該文也通過徐復觀與胡適、殷海光等自由主義陣營的論戰，說明現代新儒家與自由主義者的思想分歧，在政治經濟議題上，有「左翼自由主義」與「古典自由主義」之不同；在哲學立場上，則有「理想主義」與「經驗主義」的扞格。而雙方對「自由」的理解、對政治與道德關係的看法，更是針鋒相對。自由主義者認為「自由」就是諸基本人權，如人身、財產、言論、思想、學術、結社、居住、行路、這類一項一項可以數得出來的自由權利。做「自由人」的必須條件是「自由精神」，亦即自主、自動、主導地尋求真理，確立實踐原理。而現代新儒家談的「自由」多是「內在自由」「心靈自由」。雖然唐君毅主張自由權利理論，但「自由權利」要依賴人文精神、內在自由、普通理性等價值才能完成，

也才能獲得「最後之保證」；徐復觀則認為「自由」是我的自覺、自作主宰，在不放棄個人權利和自由的前提下，他尋求自由與平等、個人與社群之間的平衡。

2011/02，石了英、顏崑陽：《臺灣地區的中國美學與文論研究——顏崑陽教授訪談錄》，《甘肅社會科學》。

該文是對臺灣地區著名學者顏崑陽教授的採訪。顏崑陽的學術觀點主要涉及三個方面：一、以徐復觀為代表的現代新儒家美學是「生命美學」。半個世紀以來，臺灣地區美學大體動向主要分為「生命美學」與「藝術美學」兩個流脈。方東美、唐君毅、牟宗三、徐復觀等學者的儒道生命美學影響很大，他們側重講生命美學、人格美，也就是從人本身的生命存在、倫理實踐或道德、情性來講美，例如徐復觀闡釋的「中國藝術精神」就是以「生命」和「人格」為根底，從主體講，而不只是直接講藝術，藝術只是延伸出去的產物。新儒家或新道家有不少追隨者，例如曾昭旭、王邦雄、沈清松、袁保新、蕭振邦、葉海煙等。藝術美學這個流脈又有兩個不同的分向：一是中國傳統藝術美學，從先秦的詩論、樂論、魏晉以後的書論、畫論等延續下來講，例如徐復觀等；二是從朱光潛、宗白華的中西美學論述接著講，但朱光潛、宗白華的著作被引進到臺灣地區較晚。

二、從徐復觀的學術思想個性來看，他是「博通型」的學者。牟宗三、唐君毅對文學都沒多少興趣，只是偶然談談，他們傾向於從哲學延伸出來講美學。而徐復觀的學術路數大致有三：首先，是中國儒、道；其次，是思想史、人性論史，他的思想史是走外部的社會文化學、史學路數，而牟宗三等人的中國哲學史研究則是走內在的心性學路線；再次，徐復觀對文學非常感興趣，例如著有《中國文學論集》《中國文學論集續篇》，其獨特成就不是從純哲學去講儒、道，反而表現在討論文學和美學的部分。《中國藝術精神》正是徐復觀融通了哲學思想和文學藝術的體會以後，發現了值得去做系統性論述的「中國藝術精神」。他借用西方理論來解釋中國思想，西學中用，例如他引用胡塞爾、卡西勒或希臘古典美學等，有些中國式的「格義」，即中國文化主體性沒有喪失掉，不同於今口很多人挪用西方理論而變成西方的「格義」，即以西方觀點解釋中國的文化經驗及思想。

三、徐復觀美學思想對顏崑陽的影響。從徐復觀《中國藝術精神》可知，莊子並不是直接講藝術，而是講人生。徐復觀從莊周夢蝶、庖丁解牛等有關生

命存在的寓言，進行創造性詮釋而轉化出美學意義，這就成為他詮釋莊子美學的基本觀點，再應用到了對藝術美學的闡釋。徐復觀對莊子美學，為後學提供了一個基本觀點、一個詮釋進路與框架，顏崑陽的《莊子藝術精神析論》就是在此基本觀點與詮釋進路、框架下，探討一些更細部或他沒有處理到的議題。徐復觀在《中國藝術精神》中講老莊的部分只有一章，而這一章也只有概要，顏崑陽則延續了他這一章所開顯的議題進行細部、深入的討論，對真、虛、和、美、道的性相作出精細的詮釋，也探討了就「工夫論」而言「主體」如何朗現「藝術精神」的問題。

2011/03，程美信：《從徐復觀的〈中國藝術精神〉說開去》，《藝術·生活》。

該文以徐復觀對中國藝術精神的闡述作為立足點，主要圍繞「水墨精神」與「藝術精神」、「水墨精神」的民粹主義實質以及水墨藝術與現代精神三方面展開論述。一、徐復觀認為莊子學說是中國藝術精神的主旨，把山水畫作為落實老莊精神的媒介。作者認為此處有所偏差，因為魏晉士人的藝術主體是文學、音樂、書法，繪畫也以人物畫為主，以山水為文人畫形態則而後的事情。二、一方面，一切文化現象均滲透著人的意識存在，「水墨精神」也不例外，它代表了中華民族文化的新歷史訴求，但「水墨精神」存在著違背藝術普遍本質的內容；另一方面，民粹主義文化訴求的最大矛盾在於，它竭力強求世界文化的多元性、包容性，而其自身則保持一元的原則。三、傳統藝術追求一種避世的、回歸的、懷舊的精神寄託，如果當代水墨藝術繼承了這一精神貧血症，那便意味著它仍像夢魘一般纏繞著每一個活生生的藝術家，他們的人格個性、才華智慧和思想感情都無法獲得自由的展現，而僅僅作為既定歷史的一個充數。

2011/03，齊安瑾：《論現代新儒家對〈樂記〉的美學詮釋──以牟宗三、唐君毅、徐復觀為中心》，《河北學刊》。

《樂記》是中國儒家美學最早的理論文獻之一，該文將牟宗三、唐君毅、徐復觀等現代新儒家對於《樂記》的美學詮釋進行比較分析。牟宗三認為，《樂記》是一種完美的宇宙論；唐君毅認為，《樂記》在本質上表現了一種陶養性情的禮樂之道；徐復觀則認為，《樂記》代表了儒家兼具美善的禮樂之教。三人對《樂記》的不同思路的詮釋，揭示出《樂記》作為儒家美學生命原點的兩

個根本內涵：一是禮樂既是形而上之道，又是形而下的現實世界之倫理價值的體現；二是禮樂是情感、心靈、精神的安頓之地。儒家的禮樂文化作為一種精神性、宗教性的美學傳統，奠定了現代新儒家美學的總體思路。

2011/04，吳玉紅：《純藝術的人生何以確立──徐復觀之莊子藝術人生範型確立的另一種解讀》，《學術界》。

該文從道家藝術化人生的「心性論」以及藝術精神主體的確立兩方面，對徐復觀的「純藝術精神」加以闡述，從而確立「純藝術」的人生態度。一、徐復觀在《中國藝術精神》一書中對莊子「遊」之人生開啟了獨特的詮釋視域，認為莊子的「純藝術」人生建立在心性論的基礎上，具有道家意義上的道德，也即是超道德的，是物物各安其性的大仁大德，通過人格修養工夫後形成大美、至樂、天樂、大情的超拔、永恆的審美。二、徐復觀通過康德的審美判斷的無功利性和無目的性以及胡塞爾現象學的純粹意識，批判性地考察了莊子的藝術精神，說明「遊」是審美的，「遊」的人生就是一種審美的人生、藝術的人生，並闡明「虛靜」之心能夠產生美的觀照，最終將「虛靜」之心確立為藝術精神的主體。

2011/04，汪頻高：《瞥見莊生真面目──徐復觀〈中國藝術精神〉中的莊子觀評析》，《江漢大學學報》（社會科學版）。

該文旨在就前人對徐復觀的中國藝術精神的誤解加以回應。一、徐復觀對莊子的「再發現」並沒有誤讀莊子，而是「瞥見莊生真面目」，這有著極為重要的價值。只有瞭解徐復觀對中國文化所作的「現代的疏釋」的整體理路，才能進入徐復觀的文化語境和思想世界。二、徐復觀對莊子的「再發現」的實質，是將莊子所成就的「虛靜的人生」推進到「藝術的人生」。他準確把握到莊子追求精神的自由解放這一實質，通過會通莊子精神與藝術精神而悟到莊子之「心」就是藝術精神的主體，莊子之「道」的精神正是徹頭徹尾的藝術精神，莊子之所「成」實乃藝術的人生。

2011/04，袁建軍：《解釋學視野下的徐復觀音樂思想研究》，《交響》（季刊）。

該文認為徐復觀的《中國藝術精神》對中國藝術和音樂有獨到的見解，基於整個文化的視角探討中國藝術精神和中國音樂，對孔門樂教、音樂與政治、音樂與人格修養、美善仁樂、無聲之樂等音樂問題作出了分析。一、就樂教而

言，音樂以潛移默化的方式陶冶人，也是一種修養工夫的方式，其目的在於人格的提升。二、樂教中的「中」「和」藝術精神境界與「仁」的道德精神境界可以打通，生命由音樂得以藝術化和道德化，成就「為人生而藝術」。三、「無聲之樂」具有「樂」的最高存在形式和「樂」的價值根源的特徵，突破了有聲的限制，而呈現為「樂」與「仁」的合一。四、徐復觀大談禮樂之治，認為人所追求的應該是一種藝術的、道德的精神生活，這不過是一種文化懷鄉和政治烏托邦的建構。五、徐復觀的闡釋方式如下：首先，知人論世，即事言理；其次，史蹟思跡，相關相契；再次，主客合一，內外交匯。

2011/05，李公明：《論臺灣現代藝術論戰中的徐復觀》，《文藝研究》。

該文研究徐復觀藝術思想中與現代藝術思潮直接相關的部分理念和言述，以 20 世紀 60 年代初臺灣地區的「現代藝術論戰」中的徐復觀為中心論題。作者之所以選擇這一論題，是因為在徐復觀的思想研究中，雖然他的《中國藝術精神》備受學界的重視，但是對其現代藝術思想的研究則相對薄弱。實際上，徐復觀的藝術思想固然比較集中在該書中，但是他關於現代藝術的思考和所參與的有關論戰同樣構成其藝術思想的重要組成部分。正是在這一部分中，他要為中國藝術尋求穩固的精神根基並由此實現藝術作為人類文化三大支柱之一的理想，完全落實在中西文化相激蕩、相衝突的現代精神生活的層面上。因此，這個研究論題的重要性並不亞於研究他對中國古代藝術思想的闡釋和發揚。以 60 年代初臺灣地區的「現代藝術論戰」中的徐復觀為中心論題，還因為在這一個案中可以相對集中地討論他對政治與現代藝術關係的理解，他對堅持中國傳統藝術精神與引入西方現代藝術所引發的價值衝突及現實變化的估計，他對中國現代文化精神的發展倡導以及當代儒學如何面對時代危機的挑戰等一系列問題。

2011/07，汪頻高：《徐復觀〈中國藝術精神〉中的儒道關係解析》，《咸寧學院學報》。

該文認為，徐復觀是以「儒道會通」的視野來調和儒家仁義道德與莊子心齋逍遙的精神旨向。在徐復觀看來，生命的藝術境界實為儒道兩家共同推崇的最高人生境界，「為人生而藝術」實為儒道兩家藝術精神的共同本質。而莊子「虛靜」之心，也是儒家仁義道德可以自由出入之地。在此意義上，徐復觀打通了孔子的道德心與莊子的審美心。

2011/11/16，李維武：《從心到畫：徐復觀〈中國藝術精神〉的思路》，《中華讀書報》。

　　該文論述了徐復觀《中國藝術精神》的思路。一、徐復觀對現代新儒學在20世紀下半葉的開展作出了獨特的思想貢獻，他一方面認同熊十力所開啟的現代新儒學的心學路向，認為中國文化最基本的特性就是「心的文化」；另一方面，他又不贊同熊十力、唐君毅、牟宗三諸師友重建中國哲學本體論的形上追求，致力於從中國傳統的哲學、史學、文學、繪畫中發掘出中國文化的人文精神，並使之再生於當今世界，《中國藝術精神》正是以這種對「心的文化」的理解為出發點的。二、徐復觀通過對中國思想史和中國繪畫史圓融於一體的考察，對莊子藝術精神的深遠影響作了深入論析。他指出，莊子的藝術精神，尤其是在繪畫方面，通過魏晉玄學的影響結出了豐碩的成果。而魏晉玄學的影響，是通過人物畫與山水畫兩方面表現出來的。《中國藝術精神》一書的主旨詮釋了「由心到畫」的思路及中國繪畫的現代意義。

　　2012/03，劉建平：《論徐復觀的藝術思想》，《孔子研究》。

　　該文一反學界對徐復觀美學與藝術思想研究的膚淺現狀，旗幟鮮明地辨析、論證了其思想主旨與結構。一、對流行的「重莊輕儒」「根儒道華」「儒道會通」「儒學化的莊子」等貌似中庸的陳詞濫調提出批判，指出徐復觀洞察到了儒道藝術精神之間差異，從而突破了傳統的以儒家美學為主導的固有思維模式，對莊子美學作出了富有創造性和現代性的詮釋，在儒道互補之外看到了儒道分疏，可謂別開生面。二、對徐復觀藝術思想的內在脈絡進行分析。學界很多對徐復觀美學與藝術思想的研究從文學入手，該文指出這是捨本逐末，繪畫才是徐復觀藝術思想的研究主體。落實於繪畫的莊子美學，是徐復觀藝術思想的核心，而落實於音樂和文學的儒家美學則起著重要的補充作用。三、闡釋徐復觀建構藝術思想體系的現代價值。徐復觀以莊子美學為主體、儒家美學為補充來建構他的「中國藝術精神」體系，就是力圖建立一個與西方文化藝術系統不同的美學「範式」。

　　2012/06，孫琪：《從「中國藝術精神」到「文學欣賞的靈魂」——現代新儒學美學話題的批評轉向》，《孔子研究》。

　　該文從史的視角觀照現代新儒家美學思想的流變，闡述了「中國藝術精神」作為現代新儒學美學的核心問題，最早由唐君毅提出並作初步闡釋，繼而

由徐復觀深入探討,至劉述先以《文學欣賞的靈魂》完成話題的批評轉向,貫穿此一過程的線索乃是三位學者對精神自覺和人的主體性的重視。二、從唐君毅的安頓心靈的「遊」,到徐復觀的直透物我本質的「虛靜之心」,再到劉述先的「人性的光輝」,現代新儒家美學的主體性傾向漸趨明顯。三、劉述先之「文學欣賞的靈魂」即是對主體性的堅持,也是所有現代新儒家學者共同追尋的生命本質和終極價值。

2012/06,萬東亮:《藝術應當求真——徐復觀〈中國藝術精神〉探微》,南昌大學碩士論文。

關於中國藝術精神的爭論,學界多是集中在儒道關係的探討上,主要分為:儒家主導派、道家主導派、儒道互補派。該文迴避了這一宏大的爭論,而是著力於從真善美這個角度,用「真」這一審美的、藝術的屬性,把徐復觀的中國藝術精神貫穿起來,強化《中國藝術精神》標舉莊子精神的內在邏輯的合理性。一、徐復觀在《中國藝術精神》中提出,孔子和莊子都是為人生而藝術。然而,莊子的道的精神成為中國藝術精神的主體,孔子的仁的藝術精神卻在藝術上走向了沒落,轉向文學。究其原因,在於兩家藝術精神的本質屬性的不同。莊子的藝術精神在於求真,而孔子的藝術精神在於求善,求真更貼近人本真的性情。二、藝術最本質的屬性也在於真。求真的精神貫穿於徐復觀的中國藝術精神始終,也是莊子精神的本質。徐復觀對現代主義藝術觀進行批判,現代藝術之所以不可取,就在於這種藝術扭曲形相,背棄了真與善,甚至還有美。三、真善美是人類一切文化價值的屬性。就真善美的關係而言,真是善和美的前提和基礎,離開了真,就沒有善和美。總之,徐復觀的《中國藝術精神》可以揭示藝術發展的基本法則,同時也指明了藝術的前進方向,即藝術應當求真。

2012/06,伏愛華:《鄧以蟄與徐復觀釋氣韻生動之比較》,《商丘職業技術學院學報》。

該文是就鄧以蟄與徐復觀對「氣韻生動」的闡釋所展開的比較研究。一、徐復觀更注重從中國藝術精神的角度對「氣韻生動」這一命題進行抽絲剝繭式的考察和疏解,而鄧以蟄更注重從中國藝術發展的角度把握「氣韻生動」的意義和價值。二、關於「氣韻生動」的理論基礎,徐復觀將莊學、玄學看作是「氣韻生動」的理論基礎,而鄧以蟄將道家的氣論視為其理論基礎。相較而言,徐復觀比鄧以蟄有更為細緻的闡發和解釋。三、關於「氣韻生動」的意義,鄧以蟄與徐復觀都

將「氣韻生動」作為評判藝術家及其藝術作品價值高下的重要標準。

2012/08，邵華、陳勇：《徐復觀詮釋傳統藝術精神的基本方法》，《南陽師範學院學報》。

該文主要考察了徐復觀詮釋傳統藝術精神的基本方法。一、論述「追體驗」形成的淵源。徐復觀之所以提出「追體驗」的方法，與他自身的人生經歷、對時代學風的敏銳洞悉、對西學思想的汲取密切相關。二、闡釋融入情感和精神的「追體驗」過程。具體到對傳統藝術精神的研究，徐復觀將「追體驗」看作是一個讀者鑒賞作品的過程，所謂藝術精神的「體驗」，則是要透過作品看到其背後作者的內心情感與思想精神。三、從藝術作品的鑒賞看，作者、讀者和作品構成了重要的三極。作者、讀者和文本三極相感融合，達於生命精神之境的合一，共同建構一種意義上的存在。

2012/11，張汝虎：《張懷瓘書畫理論與「逸品」、「逸格」觀念的發生》，《美與時代》。

徐復觀在《中國藝術精神》中專門論述「逸格地位的奠定」一章，最後得出結論，「超逸是精神從塵俗中得到解放，所以由超逸而放逸，乃逸格中應有之義……自元季四大家出，逸格始完全成熟，而一歸於高逸清逸的一路，實為更迫近於由莊子而來的逸的本性。所以真正的大匠，便很少以豪放為逸；而逸乃多見於從容雅淡之中。」該文認為，徐復觀以元四大家為「逸的正宗」並不妥當。一、蘇軾、黃休復乃至徐渭、石濤、八大山人所言所作之「放逸」風格與元四大家之所謂「高逸清逸」相比，其審美品格與價值是否相對較低，此為藝術價值評判標準之不同，且值得商榷。二、「逸」與「逸品」的審美內涵，除宋元以後形成的「從容淡雅」外，在唐代審美視野裏卻有著迥然不同的境界。三、該文從唐人張懷瓘的書畫理論入手，分析唐代之「逸」的內涵及其對後世的影響。徐復觀雖強調中國藝術精神以莊子精神為內核，但在對「逸格」的審美內涵的理解上，顯然依然秉承著近代文人畫的欣賞習氣，回歸到了一種士大夫式的傳統審美觀念。而張懷瓘的書畫理論是盛唐藝術的理論結晶，代表著盛唐藝術的審美理想。

2013/01，劉毅青：《徐復觀對西方現代藝術批判的美學理路》，《中國社會科學院研究生院學報》。

該文認為，徐復觀寫作《中國藝術精神》是他對現代藝術表徵的現代性

困境所作出的回應，由此論述了徐復觀對西方現代藝術批判的美學理路。一、作者從現代性出發，論述了徐復觀對現代藝術的批判乃是現代性的反思，現代藝術折射的感性結構被其視作現代性的表徵。二、徐復觀認為，現代藝術是非理性的產物。莊子美學以工夫論為脈絡展開的精神修養，能夠對主體哲學的偏枯起到治療的作用，從而在實現精神自由的同時，避免導向虛無主義。三、徐復觀對中國藝術精神的闡發，集中在其對人性的自由和解放功能。在他看來，審美所包含的道德和人生的價值與中國傳統藝術精神存在著內在的互通性。中國傳統繪畫所蘊涵的藝術精神之所以能夠為人們提供精神的安頓之所，就在於中國傳統美學從根本上來說乃是一種以修養工夫為核心的美學。正因如此，徐復觀才並行不悖地提出了「為人生而藝術」與「為藝術而藝術」。

2013/01，伏愛華：《徐復觀對孔子樂教的闡釋與發揮》，《溫州大學學報》（社會科學版）。

該文圍繞「樂的本質：和」「樂的根源：心（性）」以及「孔門藝術精神的沒落及轉化」三個方面，探析了徐復觀對孔子樂教的闡釋與發揮。該文指出，雖然樂教古已有之，但在徐復觀看來，及至孔子才有對音樂的最高藝術價值的自覺，而在最高藝術價值的自覺中，建立了「為人生而藝術」的典型。春秋時期，一般貴族把禮的文飾發揮得太過，致使徒有形式而缺乏內容，因而孔子樂教的宗旨就是在禮樂並重的同時，將樂置於禮的上位，認定樂才是人格完成的境界，正所謂「興於《詩》，立於禮，成於樂。」（《論語・泰伯》）這不僅體現了孔子對古代樂教的傳承，更重要的是孔子對樂的藝術精神的新發現。在孔子看來，禮樂如同仁，不是外在的、客觀的形式，而是內在的、生命的自覺。正是這一思想，啟發我們思考現代藝術的意義和價值。

2013/03，徐承：《方東美、徐復觀美學思想對觀──兼論海外華人中國美學研究的兩種模式》，《文藝理論研究》。

該文將方東美、徐復觀的美學思想加以比較，認為二人理想中的審美機制同為天人的同情共感，但對於此交感過程中天與人的主從關係卻各執一端、意見相左。一、方東美以天為價值預設的中心，提出一套建基於形而上學的天賦價值論；徐復觀則以人為價值預設的中心，提出一套建基於人性論的價值自覺說。二、從方法論上判斷，之所以造成兩家學說的歧異，主要緣

於方東美欲以《易傳》統攝儒道，而徐復觀則採取了「以孟釋莊」的策略。三、方東美和徐復觀在思想上的對立，為後來者的中國美學研究提供了兩個基本的模型：一種是在天人關係中立足於自心，然後由內向外、由人向天推擴，通過心化、內化來實現人情的對象化；另一種是在天人關係中立足於天，然後由外向內，由天到人地順延，承接天地本身所具足的「大美」。我們可以稱前者為徐復觀模式，後者為方東美模式。這兩種模式得到了當代海外華人學者的繼承與發揚，在重建中國美學的主幹道上，分別開出了「抒情美典」的傳統和現象主義的兩條進路。

2013/06，馬林剛：《現代新儒家文藝美學思想探論》，《雲南社會科學》（存目）。

2013/06，洪雅琳：《徐復觀的〈莊子〉研究》，南京大學博士論文。

2013/06，馬鈺瀅：《李澤厚近二十年美學思想的變化與堅守》，暨南大學碩士論文。

20 世紀五六十年代「美學大討論」中，李澤厚首次將「實踐」範疇引入美學研究中，成為中國「實踐美學」學派的開創者。該文將李澤厚作為成名於國內後寓居國外執教的海外華人學者群體的代表，與古代文論家王文生、現代新儒家徐復觀進行對照，在比較的視野下探討李澤厚近二十年的美學思想的意義，肯定其對中國美學建構的重要貢獻，同時批判其存在的局限。

2013/06，梁穎穎：《徐復觀心性美學研究》，廣西師範學院碩士論文。

該文以徐復觀的「心性美學」為主要研究對象，探究其「心性美學」的理論來源，闡述其「心性美學」的具體內涵和美學價值，進而探尋「心性美學」在當代美學發展中的批判和啟發意義。一、徐復觀的「心性美學」主要受到中國哲學中「心性」思想的影響，尤其是現代新儒家的「心」哲學思想的影響，而中國古代美學的心性傳統所形成的心靈化、人文化、生命化美學思想，也為徐復觀的「心性美學」提供了豐富的理論支持。二、徐復觀對以「心」為核心、莊子所開啟的藝術精神的闡釋，呈現出「本體—工夫—境界」的心性哲學思考理路。該文通過對「情」與「性」的關係作細緻準確的考察，揭示出「情」是徐復觀「心性美學」的重要因素，並通過實際的文本分析對美學中「情」的作用及表現作出恰當闡釋。三、從創作者以及欣賞者兩方面探討人格修養的重要性，指出「人格修養」是徐復觀「心性美學」的思想基礎。

2013/08，劉毅青：《莊子道藝觀的修養美學闡釋──以徐復觀為中心》，《哲學研究》。

該文認為，將文藝創造與欣賞作為一種精神修養的過程，這是中國美學的一大特徵。相較於從藝術技巧上師法造化，中國藝術家更重視「心源」的開掘和昇華。造化的意義和發現是由主體心源的深度與廣度決定的，「工夫」修養論由此成為中國美學最具特色的理論。徐復觀所說的中國藝術精神的「精神」本質上就是通過虛靜修養以明，修養的主體就成為「虛明」的主體。一、徐復觀所謂的「工夫」在「由技進於道」的過程中，身與心的關係是關鍵，身心合一就是工夫修養的目的。人需要用「精神」調控自我，技藝通過身體與心發生密切的關聯，而技藝需要身體的工夫以實現藝術創造。所謂身心一致，就是通過「心」的修養使身心合一，這是身與心距離消解的過程。二、徐復觀意識到莊子之技應該區分為藝術性與純技術性的不同，認為庖丁之技具有「由技術所成就的藝術性的效用」。徐復觀特別凸顯了從物到手、手到心的兩端，心與物的合一，而輕輕帶過了手的技巧操作在整個過程中的位置。技藝活動者需要運用自己的身體，由身體的運用而牽動心靈，身體在心的主宰之下行動。三、技藝的身心交融使意識具有不透明性，而修養的方法恰恰是使意識更為通透，能夠覺察身心的微末之處。莊子的修養的根本目的是要發揮人的內在創造潛能，這種潛能在莊子那裏就是「樸素」「本真」「自然」「天性」。這種自我的身心轉換乃是一種「工夫」修養，這種「工夫」的目的雖然是技藝的，卻也通向「道」的境界。

2013/11，馬林剛：《現代新儒家文藝美學的特點和價值》，《中州學刊》（存目）。

2014/01，曾春海：《和諧美與和諧社會──以徐復觀〈中國藝術精神〉為論述主軸》，《長安大學學報》（社會科學版）。

針對當今人類社會各種差異激化而可能造成的社會衝突，倫理道德、宗教對於維護社會穩定具有重要作用，但美感和審美的作用卻較少為人關注。通過分析徐復觀《中國藝術精神》中孔子音樂的倫理美學以及莊子《逍遙遊》的精神美學，該文認為超越主客二分、基於天人合一的審美意識和精神，對於消弭人際衝突、營造多元和諧社會具有重要的作用。一、就社會衝突與和諧這兩種相反狀態而言，作者認為前者是造成社會不安和痛苦的負向價值，後者則起於

營造安定與幸福的正向價值。二、在論音樂的中和之美與和樂社會中，徐復觀認為孔子樂教的人格教育的精義，在於以中正平和的音樂和諧美來陶冶人的情性，潛移默化人格精神，融洽人心。三、論莊子齊物逍遙的和諧美。該文認為藝術的和諧美是實現人「與人和」「與天和」的重要途徑之一，其更積極的意義在於營造幸福人生，逐步實現和諧社會中「人樂」「天樂」的終極價值理想。總之，莊子虛靜無執的平等心、開放心，以有機的和諧心靜觀萬物皆自得，這一價值心靈的人生態度可潛在遷移於社會生活中，培養出社會大眾共同的相互欣賞、肯定的和諧心，有助於社會意識的轉化和提升。

2014/02，馬林剛：《徐復觀心性美學對莊子哲學的超越》，《求索》。

該文主要從「徐復觀心性美學的『心』與莊子哲學之『心』的感應」「徐復觀對莊子哲學中『心』的承繼和超越」「心性解放——自由與審美的『融會貫通』」和「心性美學——中國藝術精神的現代追求」四個方面，就徐復觀心性美學對莊子哲學的超越展開論述。徐復觀的心性美學思想扎根於傳統儒家思想和人文精神，得益於他對莊子哲學的承繼和超越。所謂「承繼」，主要表現在他發現了莊子之「心」，創造了有虛靜而沉潛的「遊心物外」的心性美學追求；所謂「超越」，主要體現在他通過對莊子精神的把握，找尋到中國藝術精神的本質和內涵。

2014/02，朱立國、何靜：《論徐復觀藝術精神的本質及範疇》，《山西師範大學學報》（社會科學版）（存目）。

2014/06，林成文：《徐復觀的藝術美學思想研究》，廈門大學碩士論文。

《中國藝術精神》一書作為徐復觀最重要的藝術美學論著，其寫作緣起於徐復觀對西方現代主義繪畫藝術的批評。該文以《中國藝術精神》一書為考察核心，以徐復觀的藝術美學為議題，剖析其藝術美學的產生背景、主要內容、深層意圖以及內在困境，並挖掘其中潛在的自我修正維度，以探討徐復觀的藝術理想與其現代新儒學思想立場之間的關係。一、將這一批判與徐復觀的時代危機意識以及新儒家思想立場相聯繫，以此作為其藝術美學思想的發生背景。二、逐層辨析徐復觀所謂的「純藝術精神」，剖析「純藝術精神」的實質並與徐復觀對西方現代藝術的批評及其整體思想立場相聯繫，進而理解這一藝術理想的核心意圖及其內在困境。三、將目光拓展至《中國藝術精神》全書及徐復觀的其他作品，力圖從徐復觀的整體思想出發挖掘其中所顯露出的自我修

正維度，即修正既有的「藝術精神」和人性理解而還原其社會性、歷史性、主體間性等內涵，並由此展開探討徐復觀思想的現代意義及其有限性。

2014/08，**歐陽秋敏、景海峰：《徐復觀的〈莊子〉藝術精神闡釋》，《人民論壇》**。

一、徐復觀對莊子藝術精神主體的發現是從「心」的發掘開始的，只有那種用宇宙的眼光注視社會、人生的心靈，才能得「道」，也即是說「道」是心靈至境的顯現，而使心靈達到虛心凝淡狀態的過程。二、徐復觀的中國藝術精神的邏輯主線，主要是從「美」「樂」「巧」「遊」四個維度展開的。他通過「逍遙遊」所追求的人生，正是一個典型的藝術人生範型，這種人生以精神狀態得到自由解放為象徵，又以追求人生的和諧、統一為基本性格。

2014/11，**李春娟：《新儒家美學的現代性特質》，《學術界》**。

現代性是一場以理性精神、主體性原則作為內在支撐的啟蒙運動，它有兩個基本精神理想：理性精神和主體性原則。啟蒙理性帶來了物質和科技的極大進步，為工業革命提供了智力支持和文化保障，但科技的進步反過來卻刺激了工具理性的發展，使人對科技的依賴性不斷被強化，由此造成人的異化；而主體性原則的發展，造成了知識分化和人性的分裂。現代化和工業化是不可逆轉的社會現實，這是現代人的審美經驗和藝術理想賴以確立的基礎，對其逃避只能導致美學建構的虛無主義。現代新儒家從西方的現代性危機出發，一方面著力倡明中國美學的主體性原則、自律意識和理性精神，以創建中國美學的現代特質；另一方面，又以傳統美學的整體性思維，對抗西方的惡性二分法，彰顯了中國美學的民族性與世界性的雙重性品格。現代新儒家美學的現代性特質體現在三個方面：一、現代新儒家的美學建構始終圍繞著中國美學主體性意識的開發展開，心性論是現代新儒家確立中國美學主體性意識的基本方案；二、現代新儒家美學的建構以人的心性與情感為中心定位人與美的關係問題，在道德感和美感生成中強調由感性情感體驗向理性價值塑形轉化；三、現代新儒家將審美的獨特價值定位於人性的統一性中，用綜合的方法與真善美整體重建的方案，考量了中國文學和藝術中審美精神和道德精神，從整全人格的意義上把握美與藝術在人的精神境界中所佔據的位置與比重，將美視作內在於生命的先驗價值，從形而上學的角度確立了美與審美的先驗合法性。現代新儒家的美學建構應正視近代以來中國人審美經

驗的構成因素，堅持前現代、現代與後現代的視域融通，在堅守文化主體性的同時與馬克思主義文化價值觀積極互動，如此才能開創出現代民族美學的價值體系。

2014/17，林豪：《徐復觀思想中的莊子之道》，《學理論》（旬刊）。

在文化產業日益發達的時代，對文化的根性尋求日益彰顯其價值。該文認為，在現代新儒家發展的歷史進程中，徐復觀無論是其文學思想或美學思想，都以獨到和深刻的見解詮釋著中國文化的根源性命脈。一、作者通過自然之思來體認徐復觀思想中的莊子之道。徐復觀對莊子之道的闡釋即體現了「物化」就是對自然的真正歸屬。化之物與物本身的特性即自然的雙重屬性，二者之間的轉化就是莊子之道的真正內涵，自然就是其中的支柱，而文化鄉愁的表達和皈依也正需要自然所提供的根源之地，這也正是中國的文化生命和生存景觀。二、作者通過美善之思來體認徐復觀思想中的莊子之道。徐復觀在對莊子之道的探尋中，對莊子的宇宙觀、人生觀、生死觀、政治觀的觀照都融入了美善之思。他對莊子的美的觀照，呈現出了「洞見之明」。總之，徐復觀以中國傳統文化中莊子的自由思想為理論起點，以弘揚中國的傳統文化尤其是道家文化為主要內容。他把政治自由放在德性自由與知性自由的基礎上，努力挖掘了現代西方政治自由主義和中國傳統文化相通的思想。

2015/01，羅茜莎、葉當前：《技巧與精神——鄧以蟄和徐復觀繪畫理論之比較》，《曲靖師範學院學報》。

該文圍繞鄧以蟄和徐復觀的繪畫理論展開比較研究，試圖探討繪畫之技巧與精神的關係。一、從二人的繪畫理論來看，鄧以蟄的繪畫理論注重筆劃，由筆劃論氣韻生動；而徐復觀圍繞藝術精神論中國繪畫中的人生。二、從在用墨著色上的不同理解來看，在色彩上二人都主張水墨渲淡，但鄧以蟄和徐復觀分別從藝術效果和繪畫者的審美意識角度來論證。三、從書畫關係的不同認識來看，鄧以蟄從形式構造上認為書源於畫，徐復觀則認為書畫是完全不同的系統。四、在構建中國繪畫史的不同視角中，兩人用「氣韻生動」的發展來構建體系，但鄧以蟄的理論以筆劃為基礎，徐復觀的思想則以老莊思想為主導。綜上，鄧以蟄重筆劃的同時，高度評價「氣韻生動」；徐復觀主張精神和技巧兼修，更重視審美。在此意義上，鄧以蟄和徐復觀的畫論相生互補，充實了中國現代藝術理論，堪稱中國現代美學史上的雙子星。

2015/02，陳火青：《論莊子美學的弔詭性》，《武陵學刊》。

該文闡述莊子美學所存在的「弔詭性」特點。一、通過「大美無美」的弔詭來論證莊子美學的弔詭性。莊子思想中有兩個層次的美與藝術：一是在現實世界中的美與藝術，一是在「道」的層次上的美與藝術。莊子的弔詭在於，一方面否定世俗之美，而另一方面肯定形上的大美。二、從莊子的「非美性」論證莊子美學的弔詭性。三、從「道」是不美來論證莊子美學的弔詭性。四、「大美」是自然無為之「道」的一種品格，具有「後效美學」的價值。一方面，莊子哲學肯定了道德精神意義上的美學；但另一方面，莊子思想本身又並不成為審美意義上的美學。

2015/03，沈燕：《徐復觀與中國藝術精神》，《理論建設》。

該文從儒家藝術精神、道家藝術精神和徐復觀對中國藝術精神現代疏釋的意義三個方面透視徐復觀的美學思想。一、儒道兩家都是「為人生而藝術」，但儒家藝術精神立足於仁義，為政治服務，是真正的「為人生而藝術」；而由莊子所顯出的道家典型，則是徹底的「純藝術精神的性格」。二、徐復觀有著強烈的現實問題意識，他通過《中國藝術精神》關注的是中國傳統藝術面對西方文化藝術的挑戰將如何重建傳統的問題。三、作為「勇者型的大儒」，徐復觀希望用中國傳統藝術精神來解決全球性的時代危機，體現出其作為儒家學者的擔當，同時也為我們探索了一條在回歸原初生命的心性中溯求中國藝術的根源與靈性之路。

2015/03，陳火青：《莊子美學建構的樣式及反思》，《聊城大學學報》（社會科學版）（存目）。

2015/04，嚴藝：《論「氣韻生動」》，《廣西職業技術學院學報》。

該文指出，自六朝謝赫提出「氣韻生動」這一概念以來，中國古代畫論的創作與鑒賞便以其作為標準。隨著時代的變化以及畫論的發展，「氣韻生動」這一概念從哲學拓展到文論、畫論及其他藝術領域，內涵也愈發豐富。該文通過對比宗白華、鄧以蟄、徐復觀及葉朗等幾位大家對「氣韻生動」的闡釋，進一步梳理其內涵、歷史演變及其在近現代語境中的地位。一、關於「氣韻生動」的歷史演變問題，「氣韻生動」以「氣韻」為主，「生動」是指畫面因有「氣韻」而有生氣，呈現出一種靈動的狀態，且「氣韻生動」的演變主要指「氣韻」的演變過程。二、「氣韻生動」的內涵主要表現在「氣」與「韻」的關係、「氣韻」

與「生動」的關係以及「氣韻」與「形似」的關係等三個層面。

2015/05，李春娟：《論徐復觀對中國藝術精神的心性詮釋》，《河北學刊》。

該文圍繞「仁心與儒家藝術精神」「虛靜之心與道家藝術精神」「為人生而藝術──中國藝術精神的正統」和「徐復觀心性美學建構之反思」四個方面，對徐復觀中國藝術精神的心性觀作出詮釋。一、徐復觀認為中國文化是「心」的文化，並將儒、道兩家藝術精神的主體都歸為人之本心，以「仁心」為儒家藝術精神的主體，以「虛靜」之心為道家藝術精神的主體，在中國文化重視心性修養和人格塑造的特質的基礎上，提出以「為人生而藝術」作為中國藝術精神的正統。二、從中國現代美學的建構路徑來看，徐復觀美學的心性走向不同於王國維的審美境界論和宗白華的形上生命藝境論，他從「形而中」的「心」出發，透過對中國藝術精神的考察，開拓了中國現代心性美學的建構方向。

2015/05，熊均：《新世紀以來中國大陸〈中國藝術精神〉研究述評》，《貴州大學學報》（藝術版）。

該文認為，新時期大陸學界對《中國藝術精神》的研究已經從書評式的研究轉向了正式的學術性研究，這主要體現在五個方面：一是徐復觀對「中國藝術精神」體系的建構，二是對莊子的再發現和重新闡釋，三是「追體驗」和中西比較的研究方法，四是對傳統美學之現代轉換的典範作用研究，五是對徐復觀界定現代和傳統藝術作用上的討論。

2015/06，徐國萍：《論徐復觀畫論史視野中的「老莊藝術精神」》，《藝術教育》。

該文從現代新儒家的代表人物徐復觀眼中之山水畫的「老莊藝術」出發，剖析與解讀老莊藝術精神對山水畫發展起到的作用。一、徐復觀眼中之山水畫的「老莊精神」。老莊之「道」本身就是一種藝術精神，這種「道」是一種對精神解放的追求和嚮往，體悟「道」的過程和畫作創作的心理是同步的。二、中國繪畫史曾經歷過兩次變革，分別是山水畫和水墨畫的產生，這都是在老莊精神的影響下出現的。三、在中國山水畫的發展進程中，老莊思想起到了舉足輕重的作用，這不僅體現為一種繪畫表現形式的抒發，更是一種對人文精神的追求。釐清二者之間的內在聯繫，對於探究我國傳統藝術文化具有積極作用。

2015/06，汪頻高：《港臺新儒家之道家觀研究──以唐君毅、牟宗三、徐復觀為中心》，武漢大學博士論文。

2015/06，朱立國：《徐復觀藝術思想研究》，東南大學博士論文。

2015/06，李冉：《徐復觀融善之美藝術思想研究》，河北師範大學碩士論文。

該文集中探討了徐復觀中國藝術精神的「美善圓融」問題，分析了藝術思想的形成背景以及美善融合的理論內涵、深層意圖以及價值意義。徐復觀將藝術與道德視為傳統文化的兩根擎天柱，在「中國藝術精神」論中，更是強調美與善的融合。一、從音樂「和」的特質出發，道德之善與藝術之美在最高境界達到了圓融，即「仁者渾然與物同體」的最高道德境界與「大樂與天地同和」的最高藝術境界融為一體。二、從樂的生命本根出發，將樂立足於心性中，以道德精神進行澄汰，達到藝術與道德的融合。三、在梳理儒道藝術精神的過程中，該文著力發掘出道德之善的內涵，即責任感和超越性，著力於考察美與善的融合問題。徐復觀構建的道德與藝術相融的藝術精神，在重樹民族文化自豪感、重視生命價值、追求理想人格上具有重要意義。

2015/07，牛晴：《從「臥遊」到「四荒」看畫山水的源起》，《蘭州教育學院學報》。

宗炳的《畫山水序》是中國最早的關於山水畫的理論文獻，確立了山水畫研究的範式和話語模式。徐復觀在《中國藝術精神》中將宗炳的《畫山水序》的哲學觀歸結為莊子的影響，將魏晉時期人對自然的追尋歸為超越世俗的「隱逸」性格。該文認為，《畫山水序》的哲學觀並非只有一元隱逸的莊學，玄學與佛學對其產生的影響也不容忽視。

2016/01，殷曉蕾：《20世紀港臺地區中國古代畫論研究》，《中國書畫》。

該文主要介紹了20世紀50年代到80年代港臺地區有代表性的畫論研究大家及其思想，如溥儒、徐復觀、饒宗頤、姜一涵、高美慶、高木森等，其中介紹了徐復觀的《中國藝術精神》和《石濤之一研究》。1966年出版的《中國藝術精神》是享譽臺灣地區的代表性成果，體現了徐復觀對中國文化、中國哲學和中國藝術獨到而深刻的理解，尤其是對於歷代畫論的解讀令人耳目一新。1968年出版的《石濤之一研究》從「一畫」的解釋入手，批駁了以往有關石濤畫論的錯誤觀點，如石濤的生年、晚年棄僧入道的問題等，堪稱石濤研究的專論。

2016/01，王一川：《論中國藝術公心——中國藝術精神問題新探》，《藝術百家》。

中國藝術精神曾是中國現代藝術理論中的一種思想傳統，宗白華、方東美、唐君毅、徐復觀和李澤厚等各有其看法，其共識在於相信中國文化心靈在其本性上就是藝術的，以及這種藝術本性流注於各種不同藝術類型間而成為其共通本性，如此顯示出與世界上其他民族藝術的獨特性。一、「藝術公心」在當前條件下主要是指中華多族群共通的文化心靈在其創造的各種藝術類型中的有著公共性的相通共契體，它們在其本性上就是藝術的，這一傳統問題在當今藝術公共性問題域中應當刷新或更新為中國藝術公共精神。二、中國藝術公心是中國藝術在文化與藝術之間、不同藝術類型之間、人的心靈與藝術之間、藝術與異質文化之間具備的公共性品格，表明中國藝術在當今時代全球多元對話中應當為全球文化公共性建設做出獨特貢獻。三、中國藝術公心的主要要素有感覺方式、鑒賞體制、族群結構、宇宙圖式和理想境界。

2016/01，耿波：《徐復觀心性觀念的局限與中國藝術精神觀之反思》，《文化與詩學》。

該文認為徐復觀藝術思想的根基是其心性觀，即外在的、經驗的道德向內「回轉」為人之內在的、超驗的道德，心性是作為人生究竟義而提出的價值根源。一、徐復觀指出孔儒之藝術精神的含義正是在道德的「最深的根底」中，在「生命深處」的「良心」中找到了藝術的價值根源所在，而此「最深根底」意義上的道德，正是內在、超驗、自律的「心性」。徐復觀以「無」為內涵的心性根源，這在莊子思想中即是「心齋」。二、「心齋」之心乃是「藝術精神的主體」。徐復觀不僅在理論上疏通從莊學「心齋」如何開出藝術之境，而且更將其落實在中國山水畫史的縱深展開上。然而，徐復觀所提出的以「無」為本體的心性畢竟沒有脫離內在超越的邏輯，心性觀上的局限同樣造成了其中國藝術精神觀念的局限。他承續了傳統儒學心性觀的主客相對、對象化的局限性，以虛靜之「無」為心性闡釋老莊之學雖然極大地拓展了傳統心性觀的思想視野，但同樣難脫以「無」為對象的主客相待之局限。三、徐復觀對中國藝術精神的探索在最終意義上沒有抵達藝術世界的根源之地，他的起點是心性主體，終點也是心性主體，他所理想的「根源之地的根源性關係」只是發生在主體「對象化」意欲統攝下的、想像中的主體對客體的投射遊戲。

2016/02，王一川：《現代藝術理論中的「中國藝術精神」》，《東北師範大學學報》（哲學社會科學版）。

　　該文將「中國藝術精神」命題放在近現代文藝理論中加以觀照，追溯其思想史。「中國藝術精神」論可以追溯到黑格爾的「時代精神」論和斯賓格勒的「文化心靈」論及其「基本象徵」分析模式的精神感召。而在中國，抗戰時期的特殊激勵作用使現代知識分子的文化自覺意識被凝聚和提升到現代藝術理論中至高無上的地位。他們提出「中國藝術精神」命題並據此生發出對這一問題的多元思考，而這些多元思考可以看作是歐洲「時代精神」及「文化心靈」論等思想資源在中國的理論旅行所產生的創造性變體。

2016/02，趙子賢：《善美諧和：徐復觀對孔子藝術精神的解析》，《新鄉學院學報》（存目）。

2016/02，朱立國：《徐復觀與臺灣現代藝術》，《貴州大學學報》（藝術版）（存目）。

2016/03，姜東昭、張劍清、姜春雷：《宗炳〈畫山水序〉研究比較──〈中國書畫文獻學〉課題三級文獻專題研究》，《藝術百家》。

　　該文是對《畫山水序》的比較研究，評析了20世紀具有影響力的幾位美術史、美學史學者對宗炳及其《畫山水序》代表性的見解。20世紀50年代王伯敏從政治角度論述《畫山水序》中涉及的「畫道」，遵循封建倫理觀念，符合士大夫階層多數人的審美要求，導致山水畫的主題思想向著消極遁世方向發展，有其局限性和偏頗之處。徐復觀運用訓詁學、考據學與西方現象學、比較學互相融合的方法，論述了中國山水畫及山水畫論的獨特民族特色所顯示的藝術精神，肯定了宗炳的《畫山水序》的主要貢獻：一是中國山水畫論的最早創始者；二是《畫山水序》中的畫學思想，全部是莊子的藝術精神；三是論述了山水畫成立的精髓，山川形質由有限通向無限的性格，可以滿足人類精神上自由解放的要求。李澤厚、劉綱紀運用東西方美學對比的宏觀論述，認為以佛統領儒、道是宗炳的根本思想，也是其《山水畫序》的根本思想。李、劉指出宗炳對精神地位的強調，以物質為精神的表現，具有重要的理論意義，但對宗炳的佛教觀點則持嚴厲的批判態度，認為「宗炳的全部理論是一種相當粗陋的佛教唯心主義」。陳傳席結合考據、校勘的文獻學方法對此作出全面論述，他認為宗炳雖崇佛教，但其人生哲學為老莊的道家思想所左右的成分還是居多，他本人也是一個忠實的道教徒，其中也有時代精神的影響。

2016/03，樊勝軍：《藝術化的莊子人生——試析徐復觀〈中國藝術精神〉中之「莊子的再發現」》，《新疆廣播電視大學學報》（存目）。

2016/06，黃兆強：《徐復觀先生論中國藝術精神：莊子的再發現》，《當代儒學研究》。

該文認為，《莊子》這部在中國美學史和藝術史上產生重要影響的著作主要是想傳達這樣一個觀念，即教人如何成就「虛靜的人生觀」。一、莊子虛靜的人生觀表面上看是消極的，但此人生觀未嘗不可以轉出積極義或兼涵積極義。老、莊所說的「道」契合於近代的藝術精神，此即藝術的人生觀，老、莊所追求的「道」，雖契合於近代的藝術精神，或「道」的本質就是藝術精神，但不能將二者等同，因為「道」的涵蓋面比較廣，徐復觀對此已作過重要辨析。二、徐復觀的偉大發現是指出道家的修養工夫正是「一個偉大藝術家的修養工夫」，「體道」的途徑有三：一是靠名言思辨；二是靠現實人生的體認；三是靠當時的藝術活動，乃至有藝術意味的活動。三、徐復觀認為在「庖丁解牛」的過程中，行為人（主）和行為所施的對象（客、物）的對立完全消解了，行為人的手和行為人的心可有的對立也完全消解了。這兩層對立的消解使得行為人庖丁獲得了大解放，而這個大解放、大自由，即同時提供庖丁獲得充實感的一個絕佳的保證。這個大解放、大自由和充實感正是道家的「道」在人生中所追求實現的情境，藝術追求的最高對象，便是人格。

該文結論如下：首先，莊子所說的藝術精神，乃直接從人格中流出。其次，莊子與孔子一樣，都是為人生而藝術。再次，儒、道兩家乃中國傳統思想，乃至中國傳統文化中最重要的兩根支柱。由此而言，兩家所呈現的藝術精神必然係中國藝術精神之最具代表性者。而兩家不期然而然的皆係為人生而藝術，則為人生而藝術的思想必然係「中國藝術的正統」無疑。另外，道家雖然也是為人生而藝術，但不直接牽扯道德，成就德性，而只是希望從現實沉濁的人生中獲得解脫。最後，視道家所開出者為「純藝術精神」，是就這種藝術精神的本質來說，即就其本身的性格來說。

2016/06，張華勇：《港臺現代新儒家的莊子哲學研究》，武漢大學博士論文（存目）。

2016/06，趙鷹：《徐復觀的藝術風格論探析》，中南民族大學碩士論文（存目）。

2016/06，劉曉迎：《〈中國藝術精神〉中徐復觀人文主義美學思想研究》，蘇州大學碩士論文。

該文圍繞徐復觀的《中國藝術精神》一書，試圖構建出徐復觀探討中國古代傳統藝術文化（主要是音樂和繪畫）所蘊涵的人文主義美學思想理論體系。緒論部分簡要概括了徐復觀的生平、《中國藝術精神》的主要內容、國內外對於《中國藝術精神》的研究現狀以及本課題的創新內容和研究方法。正文部分圍繞徐復觀對儒家「為人生而藝術」的音樂人文精神的闡釋、徐復觀對莊子「純藝術」精神的闡釋以及對中國傳統繪畫理論的影響三個方面，來提煉徐復觀《中國藝術精神》中所彰顯的人文主義美學思想，並總結了徐復觀人文主義精神的研究意義。

2016/07，馮翰林：《〈富春山居圖〉子明本印章再討論》，《榮寶齋》（存目）。

2016/09，王一川：《如何看待窄而純的中國藝術精神——讀徐復觀的〈中國藝術精神〉》，《人民論壇》。

一、在中國現代美學展史上，明確標舉「中國藝術精神」並展開深入學理論證研究的，徐復觀是第一人。徐復觀認為，中國文化中的藝術精神，只有由孔子和莊子所顯出的兩個典型，而正是在道家代表人物之一的莊子那裏，中國藝術精神才有了最純粹而又集中凝練的表達，「徹底是純藝術精神的性格」。二、徐復觀的「中國藝術精神」論既不同於宗白華融合儒道禪的寬厚路線，也不同於方東美道德與藝術並通的路線，還不同於唐君毅的統合儒道的路線，而是單獨標舉以莊子精神為代表的道家路線。三、這樣的狹窄而又純粹的中國藝術精神道路選擇，其目的是什麼呢？徐復觀毫不掩飾他對道家的特殊喜好立場，明確標舉崇莊抑儒的觀念，開創了一條破除儒家獨尊的中國藝術精神探索路線。崇尚道家而非儒家，即從中國文化中提煉出一種淨而純的藝術精神作為現代中國人的精神標本。四、徐復觀的邏輯漏洞是明顯的，單說把魏晉玄學僅僅歸結為莊子的影響的產物，這本身就是過度簡單化了，是站不住腳的。

2016/10，朱立國：《論徐復觀的「一般藝術學」思想》，《雞西大學學報》。

該文從徐復觀對於中國藝術精神的詮釋——將其視為「一般藝術學」，由此展開作者對徐復觀的「一般藝術學」思想的論述。徐復觀試圖在形式和精神

兩個層面，打破各門類藝術之間的壁壘，將各門類藝術最終統一到「中國藝術精神」的大範疇之下，從而確定適用於各門類藝術的基礎性認識。雖然徐復觀沒有明確提出「一般藝術學」的概念，但他的嘗試無疑對「一般藝術學」理論的研究提供了很好的借鑒。

2016/11，朱立國：《從徐復觀藝術思想看當今中國藝術教育的核心》，《雞西大學學報》（存目）。

2017/01，朱立國：《從徐復觀的藝術思想看當代中國藝術標準》，《臨沂大學學報》（存目）。

2017/01，陶小軍：《論中國藝術精神的本質》，《藝術學界》（存目）。

2017/04，朱立國：《先秦儒家人性文化中的藝術精神——徐復觀的儒家人性論》，《文化藝術研究》（存目）。

2017/05，朱立國：《從徐復觀的藝術思想看「藝術終結」》，《湖北師範大學學報》（哲學社會科學版）。

該文指出，中國藝術依靠人文意識的豐富，圍繞「善」的經營，體現出不同時期對「質」的追求，因其「玄」的特質而未能終結其使命。從徐復觀的視角來看，「藝術終結」不具有普適性，西方藝術的追求和軌跡注定其「死的本能」，而中國藝術在對「玄」的完善中又讓人看到了「生的希望」。

2017/05，石了英：《高友工與「中國抒情美學」的海外建構》，《武漢理工大學學報》（社會科學版）。

臺灣地區學者曾守正於 2012 年在《融合與重鑄：高友工與當代新儒家》一文中，[註1] 曾提出現代新儒家是高友工文藝思想的來源；劉建平在《東方美典——20 世紀「中國藝術精神」問題研究》一書中，[註2] 將第四章「現代轉型——『中國藝術精神』問題的新時期」第二節命名為「抒情『美典』：高友工論中國藝術精神」，把高友工對「抒情美學」體系的建構看作是「中國藝術精神」問題在新時期的新發展。該文也正是在此一視域下，把高友工「中國抒情美學」的論述當作「中國藝術精神」議題下的一個典範個案。徐復觀立足

〔註1〕 曾守正：《融合與重鑄：高友工與當代新儒家》，《淡江中文學報》2012 年第 6 期。

〔註2〕 劉建平：《東方美典——20 世紀「中國藝術精神」問題研究》，北京：人民出版社，2017 年 1 月。

於審美經驗的分析，聚焦於「虛靜之心」，在「工夫」與「境界」兩個大的層面論證了近代「藝術精神」與莊子之「道」的「不期然而然」的會歸，並勾勒出一部「中國山水畫論史」，說明以莊子為代表的中國藝術精神落實於中國藝術的效果。高友工曾自述學術研究深受徐復觀思想的影響，他將「中國藝術精神」落實在了「抒情美典」這一更具體的說法上，他的「中國抒情美學」深化了學界對「中國藝術精神」這一現代美學命題的認識。

2017/06，郭曉春：《徐復觀文化哲學研究》，河北大學碩士論文（存目）。

2017/06，吳淑華：《徐復觀的藝術創造思想研究》，陝西師範大學碩士論文。

該文指出，徐復觀藝術創造思想的理論根基是「美善圓融」的精神，表現方式是「藝術形相的生成」，審美理想是「藝術心靈的開闢」。該文結構較完整，但研究尚淺，至於將「虛靜之心」與「體驗之心」並列，在邏輯上也說不通。

2017/06，楊雅婷：《徐復觀〈中國藝術精神〉中儒家思想與山水畫關係的探析——以沈周作品為例》，深圳大學碩士論文。

一、徐復觀在《中國藝術精神》一書中，將中國藝術精神歸結為以儒家孔子和道家莊子為代表的兩個典型，孔子藝術精神主要體現在音樂方面，而莊子藝術精神才是真正純粹的中國藝術精神，中國山水畫則是莊子藝術精神的最佳落實。整本書可以說是一部探討莊子哲學與中國山水畫藝術關係的著作。二、在學界以往關於中國畫的研究中，人們大多從道禪的角度進行解讀，而很少提及儒家。該文以明代畫家沈周的繪畫作品為例，通過感生命於生活、寓天和於人和、寄平淡於平實、體廣大於幽微、見崇高於平凡這五個維度，對沈周作品中的儒家因素進行梳理和探究，總結沈周繪畫背後所蘊涵的深層次的儒家思想意識，進而重新審視中國山水畫中儒家思想的體現和表達。三、以傳統的儒家視角賞析中國畫是一個獨具價值的新路徑，這不僅有助於清晰認知儒家思想在中國傳統藝術中的重大意義，而且對於重新認識傳統藝術精神和建設當代文化都有著積極的促進作用。

2017/09，朱天曙：《「氣韻生動」與徐復觀先生的研究》，《中華書畫家》。

謝赫在《古畫品錄》中沒有明確界定「氣韻生動」，魏晉六朝人的語言注重修辭，常將字句作象徵性使用，以至於這一命題語意模糊。然而，徐復觀在《中國藝術精神·釋「氣韻生動」》中對其作了詳細的分析和疏解。一、他對

這一概念出現的時代背景進行梳理，確定了「氣韻生動」所包含的豐富內涵。二、他所論述的內容包括：字與畫的關係、玄學的推演及人倫鑒識的轉換、由人倫鑒識轉向繪畫傳神與氣韻生動、謝赫在畫論中的地位、「氣韻」與「生動」的關係、「氣韻」與形似問題、「氣韻」在創作中的先後問題、「氣韻」可學與不可學的問題。三、其結論是：「氣韻生動」是「傳神」觀念的具體化、精密化。謝赫所謂之「氣」，實指表現在作品中的陽剛之美；所謂之「韻」，則實指表現在作品中的陰柔之美。「氣韻」觀念的出現是以莊學為背景的，莊學的清、虛、玄、遠，實為「韻」的性格和內容。以「虛」「無」見「氣韻」，這是山水畫的高妙，也是人物畫所沒有達到的微妙處。所謂「無意之韻」，是莊子的心與物忘、手與物化的境界，這是「技進乎道」的高境界。在徐復觀看來，「氣韻」是主，「生動」是從，深入於對象之「形」以得其「神」，得到「氣韻」與「形似」的統一。「氣韻」不僅是筆墨技巧上的氣韻，而且是自身融入自然的精神；「氣韻」是作者的人品、人格問題，人格不是技巧的學習，而是靠修養的工夫，是對心靈的開擴與涵養。

2017/12，劉建平：《東亞視域下的「中國藝術精神」問題》，《東亞人文》。

百年來，中華美學或者東方美學在世界美學圖景中只是一種資源型、背景性的存在，它成為以德國、美國、英國等掌握世界學術話語的強勢文化的「應聲蟲」和文化殖民地。然而這一切在 20 世紀發生了翻天覆地的變化，美學在 20 世紀的中國社會，隨著幾次社會思潮和政治運動發揮著思想啟蒙、精神解放的重要作用，「中國藝術精神」問題成為 20 世紀中國哲學、美學的核心問題，徐復觀無疑在此問題上具有重要的貢獻。傳統的研究大多局限於文本和「中國視域」探討這一問題，從而不能把握中華藝術精神的實質。事實上，徐復觀是站在東方美學視域下思考什麼是科技發展的目的？什麼樣的生存狀態是美的狀態？什麼樣的美是東方文明所追求的理想境界？並由此發掘出生命精神是東方藝術的精神本質、心靈直覺是東方藝術的欣賞方法、優美之境是東方藝術的審美理想等特徵。徐復觀在全球化的時代，積極肯認東方藝術精神的現代價值，並希望以中國藝術精神為代表的東方文明能為人類的未來做出更重要的貢獻，這無疑對於目前東亞因為意識形態、政治軍事對立而造成的國家分裂、政治對峙、社群對立具有重要的啟示意義。徐復觀於此背景下重構中國藝術精神可以看作是建立一個回應西方、重振民族美學和創造東方美學理論

範式的嘗試，同時也為世界美學中心的東移提供了一個典型的例證。

2018/01，曾肖：《氣韻範疇在現代化進程中的多維闡釋──以宗白華、鄧以蟄、錢鍾書、徐復觀為例》，《學術研究》。

謝赫將「氣韻生動」列為六法之首，這一概念逐漸成為中國古代繪畫、文學以及美學領域中重要的藝術準則和核心範疇。該文以宗白華、鄧以蟄、錢鍾書、徐復觀諸大家對「氣韻生動」的闡釋為例，澄清對這一概念的誤解，揭示其核心內涵。一、最早對「氣韻」進行現代闡釋的是以金原省吾為首的一批日本學者，豐子愷結合立普斯「移情說」來分析「氣韻生動」，另有餘紹宋、胡佩衡、岑家梧、滕固、劉海粟等人也對「氣韻」概念進行了獨到分析。二、對「氣韻」範疇進行深入而系統的研究，以宗白華、鄧以蟄、錢鍾書、徐復觀的學術成就最為矚目。宗白華認為「氣韻」是宇宙中鼓動萬物的「氣」的節奏、和諧，「氣韻生動」即「生命的節奏」；鄧以蟄認為「氣韻」即「一氣運化秘移之節奏」；錢鍾書提出「氣韻」是「生氣遠出」；徐復觀指出「氣韻」的根本義是「傳神之神」，其「傳神論」是從「書畫的結緣─藝術精神的自覺─玄學的影響─人倫鑒識的藝術化─人物畫的傳神─氣韻生動」，一步步論證得來的，「氣韻生動」就是「神」的觀念的具體化、精密化。三、徐復觀以玄學、莊學作為「氣韻」範疇的哲學基礎，推衍出「氣韻即是傳神」的觀點，肯定了作者的氣韻與作品的氣韻合二為一，「氣韻的問題，乃是作者的人品人格問題」，從而推舉人格修養的工夫，重視人格的修養和精神的解放。

2018/01，孫琪：《中國大陸現代新儒家美學研究回顧與反思》，《陝西師範大學學報》（哲學社會科學版）。

該文是一篇研究綜述性的文章，指出現代新儒家美學對大陸學界的影響主要是以徐復觀為中心和重心，現代新儒家美學實際上影響了中國美學史的當代書寫，這體現在三個方面：一、對「莊子」的闡釋。二、美學研究方法。三、從主體闡釋藝術精神的視角。

2018/02，劉建平：《人生體驗與生命安頓──現代新儒家的美學精神》，《西北大學學報》；《新華文摘》2019 年第 5 期（數字版）全文轉載。

該文的旨在打破學界闡釋現代新儒家美學是「家國美學」「心性美學」「內在超越美學」的諸多誤解，以及由此產生的「空疏」的美學、「書齋型」美學家等說法。這類說法要麼是為了迎合現實宣傳的需要，對現代新儒家美學作片

面的肢解而得出「一孔之見」；要麼只看到了現代新儒家在內在心性修養上的開拓，而忽略了其美學最終目的是要在人生中實踐、現實生活中落實。一、在20世紀初「西學東漸」的背景下，以王國維為代表的中國學者對西方美學還主要持「拿來主義」的態度。隨著中西交流和對話日益頻繁，不少學者試圖整合中西方的美學思想以創造中國美學理論體系，這是中國美學現代轉型思潮的源頭。在這個思潮形成的過程中，現代新儒家有啟蒙、奠基之功。與宗白華、朱光潛、李澤厚等在大陸學術界的顯赫聲名形成鮮明對照的是，唐君毅、牟宗三、徐復觀、方東美等現代新儒家由於定居海外而不為大陸美學界所熟知。即便是研究現代新儒家的學者，也大多是從哲學、思想史著手，而對他們在中國美學的理論建構及現代轉型方面的重要貢獻知之不多，這與現代新儒家在20世紀中國美學史上的地位是不相稱的。二、現代新儒家從現實生存體驗和個體感性生命出發去思考美學問題，這種立足現實的視角在生活改造和生命安頓這兩個層面都取得了豐碩的成果，他們的美學思想契合了20世紀中國美學發展的潮流，成為中國現代美學發展史頗具特色的一個重要組成部分。現代新儒家的美學思想與王國維、梁啟超、蔡元培、朱光潛、鄧以蟄等幾位重要美學家相似的地方就在於，它不是單純學科意義上的理論性建構，而是直面人的現實生活及其價值問題，這種立足現實生存的美學理論在人生體驗、生活改造和生命安頓這幾個層面都取得了豐碩的成果，尤以現代新儒家在這方面的成就最為引人注目。三、現代新儒家美學源於地理疏離、情感疏離和文化疏離。作為體驗之學，審美是對人生意義普遍性的發現；作為生命安頓，審美是對工具主義方法論的超越。由「感」而「信」，則彰顯了儒學的超越向度。現代新儒家以審美來重塑中國人的生活品格和精神世界，這正是儒學在現代社會「創造性轉化」的一個重要向度，也即是在一個文化主體「坎陷」與「藝術終結論」思潮塵囂甚上的時代，中國美學必須承擔起人性反思和價值重構的時代責任。

2018/02，朱立國：《傳統與現代之間的藝術探索──徐復觀藝術思想的西方文化背景》，《唐山師範學院學報》（存目）。

2018/04，周寒千、彭麗：《徐復觀對中國藝術精神的訴求與重構》，《中國文學研究》。

一、在徐復觀看來，中國藝術精神「只有由孔子和莊子所顯出的兩個典型」，因為兩家思想均源自於生活的反省又落腳於現實生活，而且直接指向主

宰具體生命的「心」或「性」。他對於中國藝術精神的重構，正是源於他對孔子和莊子文化藝術精神的疏釋，並通過批判、引證西方文化來擴大對兩家藝術精神的疏釋空間。二、徐復觀將中國文化的基本性格定位於儒家文化，把中國藝術精神定位於道家文化，並尋找兩家之間的互通之處。他認為兩家均以人為本，精神實質都是「為人生而藝術」，並由此建構了中國藝術精神的基本內核，彰顯了中國藝術與文化的基本特點和精神實質。

2018/06，王楊：《徐復觀〈中國藝術精神〉莊禪觀獻疑》，《新疆大學學報》（哲學·人文社會科學版）。

該文認為，有關徐復觀對禪宗的誤讀學界鮮有涉及，僅有劉建平曾撰文辨析徐復觀誤讀禪宗的原因。該文認為徐復觀對禪宗與中國藝術精神之關係的誤讀首先源自於他的佛學知識的匱乏以及對禪宗的偏見。一、徐復觀在《中國藝術精神》一書中提出中國藝術精神的主體是莊子精神，繼而認為中國藝術中的禪學意境實為莊學意境。其主要理由在於禪宗因「胸無丘壑」而無法產生美的意識來生成藝術作品，對「無念」「無住」這兩個範疇以及「本來無一物」的誤讀使徐復觀堅信虛空的禪境安放不下藝術。二、徐復觀將莊子精神視為中國藝術精神的核心是有其合理性的。然而，莊子精神與禪宗原本具有相通之處，在藝術領域更是相互交融，因而對於藝術家的藝術精神或其作品的藝術境界不應該強行去分辨莊子精神或禪學思想。三、重視「直覺觀照」與「親身體悟」的禪宗思想，正是要讓學禪者在日常生活與自然萬物之中去領悟佛法妙理，因而禪宗安放不下藝術之說也是不成立的。

2018/16，陳元幸子：《徐復觀「逸品論」之我見》，《大眾文藝》（存目）。

2019/02，劉建平：《當代新儒家「中國藝術精神」問題合論——以方東美、唐君毅、徐復觀為例》，《哲學與文化》。

該文認為，方東美、唐君毅、徐復觀是 20 世紀當代新儒學的大家，他們在「中國藝術精神」問題的探索和解決上，取得了很大的影響和成就。方東美被稱作「詩人哲學家」，他善於用抒情的筆觸，採用東西方的詩詞來象徵、比喻中國美學意境上蘊涵著的同情交感、天人和諧之神韻，尤其是長篇論文《中國藝術的理想》，把中國藝術精神的源頭追溯到「生生之德」；唐君毅在 1953年出版的《中國文化之精神價值》一書中以兩個專章來論述中國藝術精神，並將之歸結為孔子的「遊」；而在「中國藝術精神」問題上影響最大者則非徐復

觀莫屬，在臺灣地區「現代藝術論戰」後的 1966 年，徐復觀出版了傳世名作《中國藝術精神》，把莊子美學及其所創造的藝術化的生活態度及生存方式作為中國藝術精神的主體，在海峽兩岸產生了巨大的影響。探究這三位新儒學大師在這個問題上的異同，對於我們把握時代精神、深入瞭解當代新儒家的藝術思想及文化理念具有重要的學術價值。該文從「中國藝術精神」問題出發，評述方東美的生命精神、唐君毅「遊」的藝術精神和徐復觀的莊子精神之間的共通與差異，剖析三者的思想要旨及各自在此一問題上的建樹，並反思其局限性。作者指出，三人對「中國藝術精神」問題的思考都是把儒釋道融為一爐而提煉出不同的回答，但他們對儒釋道的態度卻不盡相同，唐氏重儒，徐氏重道，方氏重佛。三人都注意到了「中國藝術精神」反專制、追求精神自由解放的價值傾向，但卻忽略了老莊的自由與西方自由主義的根本差異，更與現代意義上的自由概念大相徑庭。方氏、唐氏、徐氏對「中國藝術精神」的概念界定也有所不同，這也給學界詮釋現代新儒家的美學造成了諸多混亂。「中國藝術精神」應既能體現時間上的承續性，又要呈現空間上的普遍性，即既能體現藝術的本質，又能在時間流逝中恒常不變、具有普遍性的意義，並在跨文化對話中為人類共同的困境提供原則，提出方法，提煉價值。

2019/03，陶水平：《20 世紀「中國藝術精神」論的歷史生成與當代發展》，《文藝理論研究》。

該文認為「中國藝術精神」是 20 世紀中國美學和文藝研究的一種綿延百年的重要美學思潮和文論傳統，「中國藝術精神」論是一種以中國美學史和藝術史研究面貌呈現的中國現代人生美學和文藝美學理論建構形態。該文幾乎是劉建平《東方美典——20 世紀「中國藝術精神」問題研究》（人民出版社，2017）一書的縮微版：思路是照搬的，觀點是拼貼的，引用和注釋也不嚴謹。作為學術論文，創新點很少，是一篇集膚淺研究、過度「借鑒」和注釋不規範之大成的庸作，詳情見本書「附錄三」。

2019/05，龔鵬程：《美學在臺灣》，《衡水學院學報》。

該文介紹了宗白華、朱光潛的美學以及藝術心理學美學在臺灣地區的發展，指出人文美學才是臺灣地區的美學主流。「人文美學」不是一個學派，也沒有固定的理論，只是一種傾向、一種態度，重視美與人的關係，遵循人文學科的研究方法。現代新儒家唐君毅、牟宗三和徐復觀的美學都是人文美學的代

表。徐復觀認為「道德意義與藝術精神是同住在一個人的情性深處」。他在論述「心齋」「坐忘」的工夫成就的是一美的觀照時，援引的並非是康德的思想，而是現象學；另一方面，他又主張美善合一，儒道兩家的藝術精神都是「為人生而藝術」。現代新儒家都不太討論一般的藝術與審美原則，而是直接就藝術與生命、價值存有、方法等處申論，他們的美學可以稱之為「人文美學」「人格美學」或「生命美學」。

2019/08，謝鶯興：《試從〈莊子的祈向自由王國的人性論〉與收入〈中國人性論史〉第十二章的差異，看徐復觀教授對〈莊子〉研究的演進》，《東海大學圖書館館刊》總第四十四期。

《莊子的祈向自由王國的人性論》一文發表在《民主評論》的第 12 卷 9 期、10 期（1961 年 5 月 5 日及 20 日），副標題為「中國人性論史初稿之八」。編成專書的《中國人性論史‧先秦篇》，則已置於第十二章（若第一章《生與性——中國人性論史的一個方法上的問題》，視為書之「緒論」，也是屬第十一章），標題改為《老子思想的發展與落實——莊子的「心」》。篇名的設定已經進行調整，從想表達莊子「祈向自由」，轉而論莊子的「心」。例如談「心」的段落，論述「莊子主要的工夫，便在使人的心，如何能照物而不致隨物遷流，以保持心的原來的位置，原來的本性。」引《天地》：「其心之出，有物採之」。徐復觀在論文中認為，「莊子並不主張與物隔絕，而只是要不隨物轉以生是非好惡」，並說：「這種工夫他稱之為虛，靜，止。虛是心不藏物，靜是心不為物所擾動，止是心不因引誘而向外奔馳。」但收入專書時，則先解釋「出」字，「是離開原有位置，向外奔馳，心之所以出，是因為有物加以勾引（採）。」再增加約三百字來解釋，「心不隨物轉，以致生出是非好惡，這種工夫，是適應於心的本性的虛、靜、止。」他指出《莊子》書中很多「皆是對於由虛靜的工夫所呈現出的虛靜地精神境界的描述」。作者認為，從論文到《中國人性論史‧先秦篇》的修改可以看出徐復觀重在闡述莊子的「心」，並把莊子的「人性論」落實在「祈向自由王國」上。

2019/09，劉紹瑾：《道家美學的現代境遇與意義生發》，《暨南學報》（哲學社會科學版）。

在中國學術現代化的歷史背景下，考察道家藝術精神的現代闡釋及其參與中國美學現代建設的路徑就成為一個極富學術價值的論題，道家思想不僅

為中國現代美學建設提供了極豐富的傳統資源，還是中西比較視野下接受、引介西方美學理論的「前在視野」、傳譯中介，以及中國美學走向世界的「形象大使」。20世紀的中國美學有兩個時段（或區塊）特別富有建設意義：一是20世紀前半期，一些中國現代美學的奠基者們不自覺地以道家的思想、語言來翻譯、理解他們所接受的西方美學概念，中國美學的現代建構中富有藝術精神的道家思想實現了和西方現代美學觀念「不期然而然的會歸」；二是60～80年代的臺港及海外華人美學界，這一時期最重要的標誌是出版於1966年的《中國藝術精神》一書，它所引發的話題，既是此前美學傳統的延續，又對其後整個大中華美學界產生了重大影響。如果說前一時期現代美學接受道家影響還處在潛在的、不自覺的狀態的話，那麼徐復觀等開創的「中國藝術精神」則是明確的、有意識的理論建構，他們的美學建構實現了道家藝術精神與西方現代美學的會通。該文以王國維、朱光潛、宗白華、徐復觀、葉維廉、李澤厚等現代最具影響力的六大美學家為例，既以道家影響之眼看中國現代美學，又從中國美學的現代建構看「道家美學」的歷史展開。

　　該文有三個觀點值得重視：一、批判了學界空洞地泛泛而論「中國藝術精神」問題，而是明確指出應該從現代新儒學的問題域中去把握、理解這一問題，我的《東方美典》（人民出版社，2017）一書也是以此為邏輯起點的；二、把徐復觀放到20世紀中國美學史的脈絡中加以分析，認為徐復觀深入揭示中國「純藝術精神」，就抓到了中國藝術精神的精髓和根本，從而把現代新儒學話題中的中國藝術精神，校正到了王國維、朱光潛、宗白華所代表的中國現代美學傳統，這也是我寫作《東方美典》一書的初衷；三、從學術史角度看，明確指出嚴格意義上的莊子美學研究，開始於徐復觀之《中國藝術精神》。

　　2019/11，廖宇、陳星宇：《魏晉玄學與山水審美的關聯性分析》，《美術文獻》（存目）。

　　2019/19，邵媛：《徐復觀儒家藝術觀的當代價值》，《藝術評鑒》（存目）。

　　2020/02，劉青雲：《情味入興：從徐復觀的心性美學看「興」與「情」的關係》，《北方文學》（存目）。

　　2020/02，孫凌宇：《徐復觀善、美圓融意義世界的生成邏輯》，《江淮論壇》。

　　一、徐復觀思想以「心的文化」為核心，以此為出發點開出了儒家仁義之

心和道家虛靜之心。「二心」均從優患意識出發，前者「以我觀物」，指向外在的現實人間，致力於社會良序的建立；後者是「以物觀物」，返回人內在的自我之「心」，著重建立人內心的秩序。二、「以我觀物」與「以物觀物」同發端於「心的文化」，形成兩個不同價值向度和邏輯的「心」路。該文探討了由「虛靜之心」通向藝術精神和「自由社會」的可能性，並由此構建了善、美並融的完整的意義世界。三、徐復觀所構建的善、美圓融意義世界生成邏輯的理論，對於新儒家返本開新，創建「新外王」和生存世界的自由氣象所作的努力，對於中國傳統文化的研究與復興，都具有很大的啟發意義。

2020/05，謝鶯興：《徐復觀教授〈中國藝術精神〉手稿前三章展示說明》，《東海大學圖書館館刊》總第五十一期。

徐復觀《中國藝術精神》全書共有十章，有初版、再版、三版等三種版次。館藏《中國藝術精神》手稿，根據各篇標題，包含「目錄」「自序」，共有 12 篇。「自序」最早發表在《徵信新聞報》上，題為《〈中國藝術精神自敘〉——為創建中國美學重奠書史基礎而作》，後以《中國藝術精神自敘》為題刊在《民主評論》；第二章《中國藝術精神主體之呈現——莊子的再發現》，現存手稿有兩種。單篇論文發表於 1964 年，分別在 6 月 5 日、20 日、7 月 5 日刊登於《民主評論》第 15 卷第 11 期至第 13 期，以《莊子藝術精神主體之呈現》（上）（中）（下）三次發表。篇名亦有更動，手稿一題為《莊子的藝術精神主體的呈現》，手稿二題為《第二章中國藝術精神主體的呈現》。手稿是研究該學者治學演變的最佳佐證，徐復觀寫在稿紙上的文件，無論是草稿、修改稿或清稿等，皆可呈現學者對該議題思考的方式與遞進。

2020/06，王浩：《「無聲之樂」與「大音希聲」——兼論儒道關係視野下的徐復觀及其〈中國藝術精神〉》，《藝術評論》。

徐復觀在《中國藝術精神》中用了九個章節談莊子精神及其呈現，而只用了一個章節談「由音樂探索孔子的藝術精神」，這引發了學界不同的解讀和批評。該文從中國古代的音樂理論出發，揭示了儒家的「無聲之樂」和道家的「大音希聲」兩個命題所體現的儒道關係的微妙性和複雜性，並且在「儒道互通」的視野下觀照儒家藝術精神與道家藝術精神的關係。一、「無聲之樂」並非孔子及儒家的獨特發現，「仁」與「樂」的會通統一，與孔子的樂教思想也正相契合。二、徐復觀並不認為道家的「體道」工夫與儒家的「仁德」修養對立難

容，而是認為「虛靜之心，是社會、自然大往大來之地，也是仁義道德可以自由出入之地。」「為藝術而藝術」往往會導向「獨善其身」的「為人生而藝術」，而「為人生而藝術」自然更當勉力追求「兼濟天下」了。三、徐復觀所謂「為人生而藝術」，這才是一種通徹的「內在目的論」。

2020/06，邵媛：《從〈中國藝術精神〉看徐復觀的儒家藝術觀》，浙江理工大學碩士論文（存目）。

2020/09，陳惠美、謝鶯興：《試從〈由音樂探索孔子的藝術精神〉的兩件手稿，略論徐復觀教授「不憚改」的治學態度》，《東海大學圖書館館刊》總第五十三期。

學者的手稿是研究該人治學演變的最佳佐證，徐復觀寫在稿紙上的文件，不論是草稿、修改稿或清稿等，皆可呈現他對該議題思考與文字表達的遞進以及治學方法。現存於東海圖書館的《中國藝術精神》手稿部分篇章留存兩種不同時期的手稿，本文即從手稿一與單篇論文內容的差異，手稿二對單篇論文的增刪修改，並略及手稿二與彙編為專書間的關係進行比對後的討論，得以略見其治學「不憚改」的態度。例如論文題《孔子「為人生而藝術」的藝術精神》，手稿二則改題為《第一章：由音樂探索孔子的藝術精神》，強調要從音樂來探索孔子的藝術精神。第一章第十節「孔門藝術精神的轉化與沒落」，首段開頭，論文僅作「由上面的陳述」6個字，手稿二則改為「這裡尚不能不解答一個問題：即是孔門如此重視音樂，何以它畢竟沒落得這樣快，沒落得這樣徹底呢？這當然不是一個單純的原因。首先，就儒家自身說」，共補入61字，引入下文探討儒家樂教的沒落。此種學思變遷及治學態度，頗值得吾等後生晚輩效法。

2020/12，鍾隆琛：《關於「莊子美學」研究進路之省思——以李澤厚、徐復觀的研究為線索》，《慈濟通識教育學刊》總第十三期。

莊子有美學嗎？若莊子有美學，應該如何研究才是合適的？諸如此類的問題，一直在學術界爭論不休。改為旨在對此提供「初步的」釐清。由於「莊子美學的研究」是近現代才有的議題，因此該文的省思，將從「近現代學者研究進路的檢討」切入。該文選擇兩位最具代表性的學者李澤厚與徐復觀，檢討兩位學者的研究進路，並以《莊子》一書作為適切與否的判準之後，獲致關於如何才是「莊子美學」合適的研究進路。一、李澤厚認為，要把握莊子的哲學，其研究的唯一進路只有從審美的觀點，「道」的本質就是美的本質。李澤厚認

為聯結的核心點主要在於，二者皆追求「個體的無限自由」。二、徐復觀並不把「莊子哲學」與「莊子美學」視為「渾然一體」，他採用「追體驗」的方式走進莊子的世界，結合現實人生的體驗，而發現「道」其本質是「藝術性的」。就體道的工夫而言，莊子所追求的「道」與一般藝術家所呈現出的「藝術精神」在本質上則是完全相同的。徐復觀、李澤厚是由於在主觀「前理解」的心理背景下，才形成了對「莊子美學」的討論。但形成「莊子美學」的討論歸形成，能否從美學上真正掌握莊子的精神又是另一回事。三、該文結論是：首先，要研究的是莊子「道」的境界所開顯的特殊審美意象，而不是以「美學」概念去把握莊子。我們絕不可執一相（藝術精神）以概共相（道體），即不能視「藝術精神」為「道」的全稱名詞。簡言之，視「美學」或「藝術」為手段，欲以此為掌握莊子哲學，這種以偏概全或輕率概括的進路是不能採取的。其次，研究者的「前理解」要與《莊子》一書不斷往來，向著新的意義內容開放。在求「同」明其「異」後，尚要由「異」回到「同」，再由「同」到「異」繼續不斷地兜圈子，而不是存在於某個地方的一個固定的一點。當我們原來認為對《莊子》之「道」的概括化原理確實不符合實際時，是可以突破的。

2021/01，謝乙德：《徐復觀〈釋氣韻生動〉續探》，《藝術評鑒》（存目）。

2021/02，劉玉雪：《從〈中國藝術精神〉看徐復觀的知識分子批判》，《海峽人文學刊》（存目）。

2021/02，譚凱：《中國藝術精神與知識分子的反專制傳統──徐復觀對中國藝術精神之闡釋》，《懷化學院學報》（存目）

2021/03，吳詠絮：《莊子的「逍遙空間」與山水畫──宗白華、徐復觀對莊子與山水畫關係的讀解》，《寧夏大學學報》（人文社會科學版）。

宗白華、徐復觀以莊子的「逍遙空間」為基點，揭示了莊子「道─藝」會通的壯偉心靈與山水畫在精神意旨、審美傾向、核心技法等層面上千絲萬縷的關聯。一、宗白華、徐復觀透過莊子的文辭把握他更本質的藝術心靈，憑藉「體道」的人格境界開闢具有超越性、無限性的「逍遙空間」及對現時代國民的精神、生活的影響。二、就莊子與山水畫之關係的讀解而言，宗白華、徐復觀以莊子的「逍遙空間」為基點，勾連出莊子哲學對山水畫這一空間藝術所發生的重大而深遠的影響。三、宗白華、徐復觀從藝術語言及藝術技法的運用上，揭示了郭熙《林泉高致》中提出的「三遠」法在「道─藝」會通之藝術境界的完

成中所發揮的關鍵作用。

2021/06，於佳燕：《結合〈中國藝術精神〉探討靳埭強設計中的水墨風格》，《明日風尚》（存目）。

2021/06，楊俊寧：《徐復觀藝術欣賞思想研究》，東南大學碩士論文（存目）。

2021/06，陳永寶：《論徐復觀「三教歸莊」式的宋代畫論觀》，《中國美學研究》總第十六輯。

徐復觀對宋代美學的理解存在一定的偏見，這種偏見表現為對莊子美學的過分重視及對理學美學的漠視。因此，這種偏見導致了他對中國藝術精神的過分曲解，由此引發了學者們的廣泛批評。一、徐復觀是從儒家、道家和禪宗三個方面來研究宋代的文人畫論精神，尤其是北宋的文人畫論精神。在徐復觀的理論中，他認為宋代文人畫論的研究應以蘇軾為中心，畫論精神的要點集中在蘇軾的「要妙」「象外」之上。他以歐陽修、黃庭堅為例，將宋代藝術精神歸結到莊學的影響上，此即「三教歸莊」。二、徐復觀把禪宗對藝術的影響也歸之於莊學，認為禪學與莊學有相同的面相。首先，「老莊之所謂純，所謂樸；這也是禪與莊相同的」；其次，莊子以鏡喻心，禪家亦以鏡喻心；再次，莊與禪的相同只是全部工夫歷程中的中間一段，因而在「歸結上便完全各人走各人的路」，這幾乎從根本上否定了禪對藝術的作用。三、徐復觀認為宋代畫論中的「理」應該詮釋為「自然的生命，性情」，雖然他極力避免理學美學對其理論的干擾，然而其詮釋也難逃有宋明理學的味道。在宋代美學中，莊學只是其中一脈，而不是北宋、南宋美學的全部。至少范仲淹、司馬光「經民致用」的美學觀念和朱熹、陸九淵的「理學美學」思想不應該被其忽視。

2021/09，梁青青：《徐復觀的山水美學思想研究》，中國計量大學碩士論文（存目）。

2021/09，陳惠美、謝鶯興：《徐復觀教授〈釋氣韻生動〉手稿整理心得》，《東海大學圖書館館刊》總第五十九期。

該文通過對《釋氣韻生動》現存的三件手稿在撰寫與修改時間以及內容上的差異的比較，揭示了徐復觀在論文寫作過程中的思維方式和認識的變化。徐復觀在本章要把出現「氣韻生動」這一觀念的時代背景弄清楚，在廣義、狹義

的時代背景中來確定此語所含的內容。該文以《中國藝術精神》的章節內容為底本，分別進行三件手稿的整理比對。例如書中內容是將手稿一的「加以陳述」四字之中，增入「謝赫加以陳述」等字，亦即是從謝赫《古畫品錄》的「六法中的氣韻生動，乃最重要，而又最不容易理解的」的觀點，引起以下各節的討論等。通過窺察二者的區別，可以瞭解徐復觀著作的取材範圍、材料組織方法、思想形成過程、謀篇修辭技術等。

2022/01，趙崇華：《多元文化語境下中國傳統藝術精神的現代闡釋》，《藝術管理》。

該文圍繞哲學基礎、學術譜系和當代詮釋三個維度深入挖掘中國藝術精神的內涵。一、在哲學基礎上，「天人合一」思想深刻影響了中國傳統藝術的發展軌跡，對中國傳統美學和傳統藝術產生了重大的影響，它也成為藝術創作者的自我修養和人格超越的目標。二、在學術譜系上，該文非常贊同劉建平創建的中國藝術精神體系，即從藝術發生學的角度來看，中國藝術精神是以「觀」為中心的「觀物取象」為開端；從藝術本體論的角度來看，中國藝術精神是以「意境」為中心來崇尚「境生象外」的精神體系；從藝術審美的角度來看，中國藝術精神是以「味」為中心的「澄懷味象」的品評過程；從藝術境界論的角度來看，中國藝術精神追求的是一種以「和」為中心的「和合」之美。三、在當代詮釋上，在當前語境中重新把握和闡釋那些仍然活躍在中國藝術潮流中並且至今能帶給我們啟迪的中國藝術的精粹和品格，這是闡釋中國藝術精神的重要立足點。

2022/05，王玨：《論徐復觀「氣韻生動」釋義中對主體的發現——兼談中國傳統畫論的兩條現代闡釋路徑》，《中北大學學報》（社會科學版）。

「氣韻生動」是中國傳統畫論的核心範疇，自謝赫首提以來歷代學人對其義理皆有闡發，20 世紀現代新儒家代表人物徐復觀通過對「氣韻生動」命題的闡釋，將主體的地位放到了突出位置。首先，藝術作品中的「氣」因主體精神的融入而得以完整現出，並呈出生生之動的「氣韻」之貌。「氣韻」是藝術作品呈現內在精神「生動」之貌的基礎，「生動」是藝術作品中「氣韻」流動的狀態，此之為徐復觀「氣」生乃至「韻」動的「氣韻」觀。其次，徐復觀從「氣韻生動」範疇生成的角度，探出一條以主體的發現為潛藏脈絡、以「藝術性的人倫鑒識—傳神之『神』—『氣韻生動』」為內在發展理路的歷史線索。

徐復觀對「氣韻生動」範疇的現代闡釋不同於鄧以蟄、宗白華等人，為中國傳統畫論的現代闡釋開拓了一條新的路徑。

2022/06，常鳴宇：《徐復觀〈中國藝術精神〉的山水畫美學思想研究》，河北大學碩士論文（存目）。

2023/02，劉建平：《從人性論到「心性美學」——理解徐復觀思想的兩個維度》，《中國美學研究》。

該文認為，人性論和心性美學是把握徐復觀思想的兩個維度，然而學界很少分析二者之間的聯繫和區別，這對於從整體上深入理解徐復觀的學術思想非常重要。徐復觀從《中國人性論史‧先秦篇》對人性論的發掘到《中國藝術精神》「心性美學」體系的建構都貫穿著他對西方現代文明危機的思考，二者之間從創作動機、思想淵源及詮釋方法等有一個明晰的思維脈絡。徐復觀對先秦人性論的詮釋奠定了其「心性美學」體系的哲學基礎，而《中國藝術精神》中對「中國藝術精神」的現代詮釋可以看作是其人性論思想在文藝上的落實，前者的詮釋方法也為《中國藝術精神》《石濤之一研究》所沿用。同時，立足於人性論的詮釋視角也給徐復觀的美學闡釋造成了思想、視野上的遮蔽，有頗多值得反思之處。

2023/03，劉建平：《儒家美學的「大時代」——現代新儒家與中國美學的發展》，《首都師範大學學報》（社會科學版）。

該文認為，現代新儒家美學是宋明理學美學之後中國美學發展的又一個高峰。考察方東美、唐君毅、牟宗三、徐復觀等人與 20 世紀中國美學之間的關係，尤其是他們和時代思潮之間的互動、激盪和相互影響，比任何單個美學家的思想更能呈現出 20 世紀中國美學理論發展的完整脈絡和精神風貌。「人生藝術化」是 20 世紀中國美學具有廣泛影響的代表性理論，然而，若以此命題來硬套現代新儒家在美學理論上的貢獻和對 20 世紀中國美學的影響，則無異於見木不見林。一、現代新儒家深刻洞察到「人生藝術化」思潮具有「前現代」的價值傾向，他們在藝術和審美賦予生命以光華和詩意的旨向之外，更進一步站在反省現代性的視角，思考現代工業的發展導致鄉土的消逝、消費主義泛濫引發全球性「人的危機」問題並創造性地提出了「意義治療」的方案。二、現代新儒家對「中國藝術精神」問題的思考本質上體現了中國美學家們在全球化時代回應世界範圍內「藝術終結論」思潮、建構「民族美典」的努力。方東

美、徐復觀、唐君毅等通過對「中國藝術精神」問題的現代詮釋,揭示了民族審美心靈的本質和中國藝術的現代價值。三、現代新儒家認為不能棲身於西方文藝理論的闡釋方法下求得幾句敷衍的客套或自我滿足,只有建立闡釋的主體性,才能在中西對話中把中國美學和藝術的現代價值揭示出來。他們對以「感通」「會心」為核心的中國文藝闡釋主體性建構及其路徑的探索,可說是中國傳統訓詁考據的注釋方法向現代闡釋學邁進的典範。四、現代新儒家引入現象學「懸置」的方法論,試圖把「認識論上的可能」轉化為「本體論上的意義如何可能」,為中國當代美學的興起提供了豐富的話語資源和發展路徑。現代新儒家美學與當代生命美學、生態美學和生活美學有著緊密而內在的思想關聯,凸顯了儒家美學的「大時代」特色。現代新儒家在美學問題上的多維思考和探索也為中國當代美學走出西方審美殖民的困境和現代轉型提供了豐富的思想資源和方法論啟示。

三、中國文學精神研究

1988/04,袁金剛:《曹丕「文氣說」涵義新探》,《寶雞師範學院學報》(哲學社會科學版)。

該文對曹丕「文氣說」的涵義進行新的闡釋,試圖通過對「氣」的新探來回應學界對「文以氣為主」的理解所產生的分歧問題。一、學界分歧點主要是對於「氣」有不同的理解:首先,把「氣」理解為我國古代唯物主義哲學的一個重要的概念。「氣」是構成宇宙萬物的原始的物質基質,自然也就是支持人的生命活動的物質力量。其次,「氣」雖然指的是人的一種物質性力量,但並非與人的精神因素毫不相關。此理解中的「氣」就如同徐復觀所說的「生理地生命力」,也可以看作是王充「精神本以血氣為主」思想在文學創作理論中的具體運用。二、作者指出曹丕以「氣」論文,主要強調個性化的創作主體對於文學作品的意義與當時的社會生活、人物品評之風以及文學發展等都是相關的。因此,曹丕以「氣」論文,強調個性化的創作主體之於文學作品的決定作用,正是當時文學發展變化的最基本的規律在文學理論上的概括。三、對於曹丕的「文氣說」涵義,作者主要是以徐復觀和王充等人的觀點進行闡述與理解,指出「文以氣為主」中的「氣」主要就是「精神本以血氣為主」,或者是說人的形體內部物質性的「氣」的產物。

1989/05，劉夢溪：《擁擠的紅學世界——紅學論爭與紅學公案（續）》，《文藝爭鳴》。

該文全方位梳理了有關紅學之爭的幾大主題。一、近年來的三次爭議。首先，潘重規與徐復觀的筆戰，強調在研究紅學的態度與方法上應當誠實與全面，而不能斷章取義、有失偏頗。其次，趙剛與余英時討論《紅樓夢》的「兩個世界」的爭論。余英時在香港中文大學舉辦的學術報告會上，以「《紅樓夢》的兩個世界」為題作了講演，然後撰寫成《近代紅學的發展與紅學革命》《紅樓夢的兩個世界》兩篇論文，刊載於《香港中文大學學報》1974 年第二期，《明報月刊》和《幼獅月刊》曾分別轉載。而後趙剛在《明報月刊》1976 年 6 月發表商榷文章，題目為《「假作真時真亦假」——紅樓夢的兩個世界》，針對余英時提出的「兩個世界」的真假進行分析。再次，唐德剛與夏志清之間的「紅樓風波」。二、總述紅學的九大公案：釵黛優劣、《紅樓夢》後四十回的評價問題、《紅樓夢》有沒有反滿思想、六十四與六十七回的真偽問題、甲戌本《凡例》出自誰人之手、《紅樓夢》的版本系統問題、曹雪芹的籍貫問題、曹家的旗籍問題、靖本「迷失」問題。學界雖各持自我立場與觀點，但應牢記做學問應當持誠實、嚴謹之態度。三、對紅學的四條不解之謎（元春判詞、《紅樓夢曲》中的《好事終》一曲、《紅樓夢》第一回「出則既明」之前的四個書名、明義的二十首《題紅樓夢》絕句）和三個死結（脂硯何人、曹雪芹係誰子、續書作者為誰）作出總述。

1992/12，薛順雄：《李義山〈錦瑟〉詩剖析》，《東海大學徐復觀學術思想國際研討會論文集》。

關於李商隱的《錦瑟》詩的主題，千百年來學界有多種說法，有「自傷身世」之說，有「愛妻悼亡」之說，有「自題其詩以開集首」之說，有「感唐朝命運而傷唐玄宗」之說，有「情場懺悔」之說，有「詠瑟」之說，有「主情詩」之說，有「令狐家小妾」之說等。徐復觀曾在 1963 年 5 月撰文《環繞李義山〈錦瑟〉詩的諸問題》對此進行澄清。該文採用「以詩論詩」和「以詩證詩」兩種方式直接切入以剖析此詩，認為《錦瑟》詩乃李義山目睹其愛妻生前所喜愛而善彈的遺物錦瑟時，無限傷感而作的悼亡詩。他在詩中不僅感傷其愛妻的早逝，更感傷其所經歷的一切人生遭遇，人世無常。該文通過莊生夢蝶、明珠有淚、良玉生煙等關鍵意象論證了以上觀點。

2003/12，胡曉明：《中國千年文學的守靈人》，《「徐復觀與 20 世紀儒學發展」海峽兩岸學術研討會論文匯編》。

該文以「心的文學」來概括徐復觀的文學思想，提出徐復觀的「心的文學觀」主要有三個方面的特徵：首先，性情純正。這即是沒有讓自己的私欲薰黑自己的心，因而保持住了性情的正常狀態。純化的心，即是道德化的心，這是徐復觀觀照中國文學現象的一個根本性看法。其次，品格偉大。偉大是中國文學的一個重要品質，是徐復觀在文學中開掘出來崇高的美感、豐厚的思想力量和價值關懷的源頭活水。再次，「工夫」的文學。中國文學不單是反映社會，而是立足於精神生命的心靈活動，因而是一種將就人性修養工夫的文學。這種文學觀具有「光源」的價值，「五四以來的文學思想，比較著重突破傳統，有茅盾、魯迅的『為人生而藝術』的文學觀，有周作人的『人的文學』，有梁實秋的『人性的文學』，這些似乎都與徐復觀『心的文學』的思想是相通的。」都是在五四啟蒙思潮的刺激下弘揚人性、人生、人道的旗幟，這具有重要的意義。四、就文學批評的視角而言，為人生而藝術，雖要照亮人生，卻並不能真的解決光源的問題，最後成了為思想而文學。而梁實秋的「人性的文學」，只是反對浪漫主義的放縱感性，主張以理制欲。他的理性，只是古典理性、倫理理性，而將情感排斥，於文學而言已經少了很多精彩。同樣是以人性為中心的文學觀，徐復觀比魯迅、茅盾更有價值篤定，更明朗樂觀；相較於周作人，更能真的正視人生，也較有道德理想；相較於梁實秋，更深刻、嚴肅、寬闊、純正。該文指出，徐復觀的「心的文學觀」對於當下的文學發展能夠提供諸多的啟發性思考：首先，古今是否可以不變？中外是否能夠互通？其次，文學是否只是一種工具？還是有其自身的價值？再次，文學只是一門關於語言的技術嗎？

2003/12，張思齊：《徐復觀〈文心雕龍〉研究中的比較意識》，《「徐復觀與 20 世紀儒學發展」海峽兩岸學術研討會論文匯編》。

該文認為，徐復觀的《文心雕龍》研究在文學方法的運用、文章的體貌與風格、《文心雕龍》的內部結構、中國文化的基型和基線等方面，別開生面，提出了很多新的見解，這與他的比較意識直接相關。一、徐復觀在方法論上的突破表現在兩個方面：一是對於《文心雕龍》系統性的認識，二是對於中國文學文類紛繁的追本溯源。徐復觀揭示了《文心雕龍》體系的四大特點，認為中

國文學分類的重要性遠勝於西方文學。二、徐復觀對體貌與風格進行了區分，指出文類與文體的關係是正確理解《文心雕龍》的關鍵。三、徐復觀以「文體」來統率整個《文心雕龍》，以兩分法建立了《文心雕龍》的結構模式，上篇是歷史性的文體研究，下篇是普遍性的文體研究。這不僅從本質上抓住了這部重要的文藝理論著作的主題，而且對這部著作的宏大結構進行了細緻的剖析，超越了以往所有《文心雕龍》的研究，推動了龍學在當代的發展。綜上，徐復觀揭示了《文心雕龍》的系統性，並運用比較文學的方法提出了很多為人們所忽視的問題，這不僅需要卓越的識見，還需要非常大的勇氣，他在龍學方面具有重要的貢獻。

2003/12，張晚林：《大地的兒子與上帝的選民──徐復觀、牟宗三對杜詩的不同評價的成因探析及其啟示》，《「徐復觀與 20 世紀儒學發展」海峽兩岸學術研討會論文匯編》（《湖南科技大學學報》2004 年第 3 期）。

該文論述了徐復觀和牟宗三對杜詩的不同評價及其成因。徐復觀和牟宗三是 20 世紀中國著名的思想家和哲學家，他們因人生經歷和生命形態的不同以及此條件下學問的觸發之「機」的差異，而對杜詩分別持頌揚和貶抑態度，但這兩種不同評價在終極意義上是相通的。一、徐復觀對杜詩的評價，是他在探討詩詞創作中的「隔」與「不隔」的問題時帶出的。「隔」與「不隔」是王國維在《人間詞話》中提出的詩詞藝術上的問題；牟宗三對杜詩的評價，表現在其早年的文章中，後來他雖然再未論及杜詩，但綜觀他後期的著作，恐怕他對杜詩的這一評價不會改變。二、相較而言，徐復觀對杜詩的頌揚表現了他對感性生命的形下關懷；牟宗三對杜詩的貶抑，則表現了他對理性生命的形上觀照。徐復觀以「投入式生命體驗」對杜詩進行頌揚，體現了他對現實世界的關懷；牟宗三以「觀照式生命體驗」對杜詩進行貶抑，體現了他對形上世界的嚮往。三、然而中國文化向來是天地人相貫通的，因而我們無論是對歷史的考察抑或是對文學的評價，這兩種生命體驗皆不可偏廢。

2003/12，王守雪：《生命與理性的合一──徐復觀「心的文化──心的文學」論》，《「徐復觀與 20 世紀儒學發展」海峽兩岸學術研討會論文匯編》。

該文從對徐復觀學術思想的兩種偏頗的詮釋方式談起，一是籠統地把新儒家稱為「心學弟子」，二是認為新儒學根本上缺乏超越的關懷。該文認為，徐復觀「心的文學」是在回應西方文化的困境下提出的，「心」不僅有作用義，

還有本體義，是「生命與理性的統一」。這主要體現在兩個方面：就基本人性而言，在生命中發現理性的根源，那麼理性就從邏輯上灌注了生命之義；就創作心理而言，「反省」的理智因素促使思想的澄明，形成理性與生命合一的狀態。在此意義上，「心的文學」又可以說是「工夫的文學」，也即從生命精神中發出的文學藝術，自然會流露出其生動與精彩。而「工夫」的理論，提示了生命通過涵養與醞釀實現精神境界的提高，支持生命根源的顯發，同時也落實到創作能力、創作效果，這無疑增加了其理論的多層面、多維度的特點。

2004/06，王守雪：《心的文學》，華東師範大學博士論文。

2004/06，余金龍：《有關徐復觀〈環繞李義山錦瑟詩的諸問題〉之探討》，《通識研究集刊》。

該文就徐復觀《環繞李義山錦瑟詩的諸問題》一文中的主要觀點提出商榷。徐復觀認為李商隱仕途不順，主要是王茂元從中作梗，並不是娶了「李黨」王茂元之女後受到「牛黨」排擠的結果。因此，李商隱一生的不幸，其根源是受到王家的攻擊構陷並加以污名化的結果。該文詳細考證了李商隱周邊的關鍵人物如王茂元、令狐綯、王茂元之女，以及主要事件如「牛李黨爭」、李商隱與王茂元之女成婚的時間等，作者認為李商隱與王茂元關係良好，並不存在「翁婿不合」的情況，因而推翻了將李商隱的悲劇歸之於王家的論斷。該文還針對徐復觀提出的《九日》《無題》以及《臨發崇讓宅紫薇》等詩的繫年並以此作為「翁婿不合」的「以詩證事」的說法進行了辨析說明，為我們理解李商隱的生平及詩歌提出了一個新的思考方向。

2005/06，張晚林：《徐復觀藝術詮釋體系研究》，武漢大學博士論文。

2005/08，朱洪舉：《追體驗、解碼、暗道之尋找──對徐復觀《環繞李義山（商隱）〈錦瑟〉詩的諸問題》一文之發微》，《名作欣賞》。

該文認為徐復觀的《環繞李義山（商隱）〈錦瑟〉詩的諸問題》體現出一種文史打通的追求，他在此文中著力凸顯文學中的「人格」要素，並使之與儒道傳統相結合，與現代化學術體制中的文學研究形成了一種鮮明的對峙。該文針對「追體驗」「解碼」和「暗道」之尋找，來論證通過我們的「解碼」「追體驗」以及對「暗道」的尋找，我們和另外一個已經失去的世界建立了聯繫，我們和詩人建立了私人關係。因而在此意義上，我們原來所面對的沉默的文本，現在可以與我們對談，這個文本因為被我們的「鑰匙」打開，因而其所護庇的

又一次得到復活。也就是說，其「作者」已經隱遁，所存的只有「文本」。如果我們在這個時代仍想與其建立關係，那只有使其文本和我們每一個個體建立起真正的「私人關係」，和那些原典性文本打交道，而不是把這種尋找「暗道」和「密碼」的權力讓渡給他者，這樣就無法建立起個人的「體驗」，談論傳統也成為一個空洞的姿勢。總之，徐復觀受文學研究現代化的影響不大，其研究沒有因為現代意味的啟蒙革命而同傳統中斷，在《環繞李義山（商隱）〈錦瑟〉詩的諸問題》中談到的「追體驗」之精神，對已同傳統中斷的我們開展文學研究具有重要的啟發意義。

2005/08/19，賀照田：《徐復觀的晚年定論及其思想意義》，《中國圖書商報》（存目）。

2006/04，劉洪生：《走出中國文學研究的困境——〈人心與文學——徐復觀文學思想研究〉讀後》，《商丘職業技術學院學報》（存目）。

2007/06，劉桂榮：《生命境界的會通——徐復觀文學精神的美學闡釋》，《名作欣賞》。

該文通過對文學精神的命脈疏通、文學精神的生命迴響來詮釋徐復觀之生命境界。一、徐復觀從人之生命存在的根源和歸結之地來把握中國文化的命脈，他以心性作為人的生命的根源之地，以此作為自己理論的基點，會通儒道，融合藝術與道德，從而構建人生的意義世界。二、個性與社會性是相感通的。詩人所展示出來的個性的美本身也就是社會的美的體現，這種社會的美彰顯著人性本善的意旨，體現了徐復觀美善合一的人生指向。三、徐復觀會通儒道，融合藝術與道德，將「成己成物」、個性與社會性涵攝於人的生命之中，以此開掘出中國文學藝術精神中特有的內涵，從而回應了「五四」以來以及現代文藝派的文學偏向，彰顯了生命的審美之境。

2007/06，史愛兵：《仁善之音——徐復觀談儒家藝術精神》，《內蒙古師範大學學報》（哲學社會科學版）。

該文簡要介紹了徐復觀的儒家藝術精神論。徐復觀認為中國的文化歸本於「心」，「心」是一切文化的價值根源，亦是道德、藝術的價值根源。他對中國藝術精神的探索也是根源於他對中國文化哲學的思考。一、中國文化最基本的特性，可以說是「心的文化」。心之所出即為性，心的作用指人的生命中恒定的人性。二、徐復觀對中國文化的考察首先落實於中國的人性論史上。他說：

「人性論不僅是作為一種思想,而居於中國哲學思想史的主幹地位,並且也是中華民族精神形成的原理、動力……文化中其他的現象,尤其是宗教、文學、藝術……只有與此問題關聯在一起時,才能得到比較深刻而正確的解釋。」三、徐復觀認為中國文化中的藝術精神,窮究到底,只有孔子和莊子所顯出的兩個典型。該文所要談的是以孔子為代表的儒家藝術精神。孔子所代表的儒家心性是仁善,以此心性為基礎的儒家的藝術精神則為美善合一。儒家的藝術精神主要體現於音樂上,樂由中出,即樂由性出,所以有樂合同,有仁善之音。而儒家藝術精神是道德與藝術在最高境界中的合一。

2007/06,林合華:《徐復觀對莊子的現象學詮釋──以〈中國藝術精神〉為中心》,《文化中國》(存目)。

2007/08,孫琪:《徐復觀論儒、道藝術精神之會通》,《貴州社會科學》。

該文旨在闡釋徐復觀對儒、道藝術精神的會通。一、徐復觀以新的眼光和方法對中國藝術精神(包括儒、道藝術精神)的闡釋觸到了中國文化之根深處,他的《中國藝術精神》的突出貢獻即在於它所闡發的儒道美學思想之間的會通。二、徐復觀以「心的文化」為前提、背景和哲學基礎,對儒、道藝術精神展開詮釋。分析、提煉徐復觀關於儒、道藝術精神之會通的觀點,有利於總結儒、道兩家在人格修養、工夫、境界、為人生而藝術四個方面的相通相和。

2007/09,翁文嫻:《〈詩經〉「興」義與現代詩「對應」美學的線索追探──以夏宇詩語言為例探研》,《中國文哲研究集刊》總第三十一期。

該文以徐復觀、陳世驤、葉嘉瑩、蔣年豐等四位學者對《詩經》「興」概念的不同詮釋為研究對象,試圖在現代的視野下,尤其是站在詩歌創作的體驗層面,發掘「興」的核心內涵,並探討「興」「應」的思維狀態在現代詩歌語言中的審美效果。夏宇是臺灣地區後現代詩歌的代表,對年輕一代詩人的創作有很大的影響。以臺灣地區詩壇最能表現出「興」「應」模式的詩人夏宇為例,依其四冊詩集的藝術變化,可分析出三種與《詩經》中「興」的概念相關的特徵:首先,顛覆了詩壇前輩的虛擬語言,遙應《詩經》的實物寓意傳統;其次,詩歌內的事物相互之間的興應關係及互相指涉的豐富性;再次,「興應」關係的變體表現為不斷移動的真相。該文試圖將《詩經》這一古老文本中的「興」概念轉化成一個現代評論觀念,並以此觀照夏宇 *Salsa* 等詩集,為後現代詩學提供一個嶄新的角度。

2007/09，顏崑陽：《論「文體」與「文類」的涵義及其關係》，《清華中文學報》。

徐復觀於1966年提出了「文體」與「文類」之辨，批評明清選文混淆了「分類」與「分體」，這種混亂的狀況至今依然存在。徐復觀將「文體」與「文類」截然分為二，卻又不闡明二者之間的關係，這就造成了一些問題。該文試圖從文學批評史的脈絡，即回歸到古代文論家對文體之論述與文章分類的語境中，重新探討「文體」與「文類」的內涵，並進一步釐清二者之間的關係。一、文章分析了「體」與「類」兩個詞的「辭典性含義」與「一般概念性的含義」，將其還原到古代「文體」論述的語境中分析二者的「理論性涵義」。二、依據「體」這個詞的理論性涵義，運用大量「文體」論述的史料，辨析體裁、體制、體式、體格、體要、文體等幾個關鍵詞的理論性涵義。三、探討「文體」與「文類」之間的關係。在形式邏輯上，「文體」是「文類」內涵的概念限定，「文類」是「文體」外延的概念限定；在具體的文藝作品中，「文體」是「文類」之形構與樣態的實在限定，「文類」是「文體」的關係限定，二者相互依存，不可分割。

2007/10，劉毅青：《紅學考據：失去想像的文學——徐復觀對文學史研究中考據學的檢討》，《蘭州學刊》（存目）。

2008/02，姚愛斌：《論徐復觀〈文心雕龍〉文體論研究的學理缺失》，《文化與詩學》。

該文認為，徐復觀《文心雕龍》的文體論研究存在諸多明顯的學理缺失，如對「文體」與style含義的錯解、以「文體」特徵和構成代替「文體」本身、將「文體」構成層次與「文體」生成和發展層次相混淆、對有關概念的隨意使用等。徐復觀對「文體」的解釋及其理論缺失，同時也是中國古代文體論研究界長期以來的問題所在，學界至今未能細辨其所以然。一、根據中國古代文體論原始文獻的細讀以及「文體論」與stylistics的比較，「文體」的基本含義應是指具有豐富特徵、構成和層次的文章整體存在，「文體」與style之間是文章整體存在與語言表達方式的區別，古人對「文體」的諸多描述是指文體的某種特徵和構成，並非指文體本身。二、「文體」的生成和發展包含文章的基本文體、文類文體與具體文體三個基本層次。三、《文心雕龍》雖然沒有明確提出文體發展和創造過程中的體用關係，但是其思想方法完全與體用論契合，在此

基礎上可以建立起更加合理的《文心雕龍》「文體論」及中國古代文體論的闡釋框架。然而，該文沒有注意到「文體」與「文類」的辯證關係，對徐復觀「文體」概念三個層面及其昇華關係也存在一定誤解。

2008/05，劉毅青：《比較語境與中國文學研究的自我意識——徐復觀文學研究的本土性訴求》，《人文雜誌》。

該文在比較語境下對徐復觀在中國文化與藝術研究中的本土性訴求加以探析。一、徐復觀力圖在比較語境中對古典作出現代的闡釋和研究，他反對用西方的文學體系作為標準來衡量中國文學。徐復觀強調文學研究要走出進化論的觀念，採取歷史的整體視角，以中國文學自身的傳統為脈絡來建立研究的基點，避免那種以西方某種理論概念為先在體系的研究方法。二、基於這種學術的自覺意識，徐復觀提出了中國文學的實用性，將其作為文學傳統的主要特徵加以彰顯，進而構建出與一般從純文學角度出發建立的中國文學史觀。三、徐復觀強調文學的中西差異，這是中西空間性的歷史文化差異，從來不存在一種普遍的文學和一成不變的文學觀念。徐復觀重視中國文學本土性特徵，他關於文學研究「歷史的動態」的觀點，實際上構成其中國文學研究自覺的本體意識。因此，徐復觀並沒將傳統與現代對立，也沒有將中西之間對立起來。在《中國藝術精神》以及中國文學的研究中，他大量運用西方美學文學的理論進行中西的比較互釋。然而，於他而言，西學只是作為參照系而存在，通過與西學的比較，使中西二者之間可以互相發明，從而使中學獲得新的意蘊。他對五四以來文藝研究的反思體現了他強烈的中國自我意識。他認為中國文學史的建立必須回到中國文學本身，把文學放回到歷史語境當中，恢覆文學的「中國」意義，才能發現中國文學的自身特性，而那種以西方文論模式來格式化中國文學的做法，往往讓我們喪失了自身的文學傳統。只有當我們恰當地理解了中國文學傳統，才能從這一傳統中獲得有生命力的東西、一種活的文學精神。

2008/12，許又方：《楊牧〈陸機文賦校釋〉述評》，《東華人文學報》。

楊牧的《陸機文賦校釋》是在其師陳世驤的《文賦》英譯本 Literature as Light Against Darkness 以及徐復觀的《陸機文賦疏釋初稿》基礎上，參考了唐朝以降及至當代人所作的各種注疏，斟酌中西方文學批評的重要觀念，試為比類校勘、轉益闡釋之作。它既是第一部結合《文賦》的英譯本與中文傳統的訓釋並融匯西方文學理論以比較、剖析、判斷乃至會通的學術著作，又是在充分

評述陳世驤、徐復觀對陸機文學理念的理解基礎上的獨到之作，具有比較文學的意義。許又方這篇文章評述了楊牧的《陸機文賦校釋》所涉及的四位文學大家（陸機、陳世驤、徐復觀、楊牧）對於文學觀念的理解，擴展了學界對《文賦》的理解。

2009/06，張美娟：《徐復觀、龔鵬程與顏崑陽〈文心〉「文體論」詮解之探討》，《臺灣觀光學報》。

該文通過徐復觀、龔鵬程和顏崑陽對《文心雕龍》「文體論」的不同詮釋，對三位學者的《文心雕龍》「文體」觀的詮釋進行比較分析。徐復觀所謂的《文心》「文體」，包含「體裁、體要、體貌」等三個基本要素；龔鵬程的「文體」是「語言形式的文體」及「由此文體所表徵出的美學體式」；顏崑陽的「文體」指統合屬於材料因的「情」「風」「事」「義」與形式因的「體制」「文采」。通過對徐復觀、龔鵬程與顏崑陽《文心》「文體論」詮釋的辨析，可以看出三人的《文心》「文體」觀念雖各不相同，但以他們所定義的《文心》「文體」，最後所形成的「文章」，其情感內容均是一樣的，都是出自「作者的主體性情」。依據《文心雕龍》的《序志》篇中「唯文章之用，實經典枝條」一段話的深層討論，指出劉勰的文學觀將文章看作是「經典枝條」，文章其所蘊含的情感亦應來源於此一根源，來源於對經典之道的體驗和理解。在徐復觀、龔鵬程和顏崑陽對《文心雕龍》「文體論」詮釋對照的基礎上，該文對文章的觀念、情感的來源及其與「經典」之間的聯繫進行了補充、梳理和論證。

2009/06，郭豔珠：《林杉、徐復觀關於〈文心雕龍〉文體觀之比較》，內蒙古師範大學碩士論文。

該文指出，關於《文心雕龍》的文體觀，林杉和徐復觀提出了各自的看法，主要分歧在於：首先，就《文心雕龍》是何種性質的理論著作而言，林杉認為它是一部寫作學專著；徐復觀則認為它是一部文學理論批評專著。其次，林杉提出的「文體」被徐復觀稱作「文類」；徐復觀的「文體」在林杉那裏大致相當於「格調」或「風格」一類的義界。再次，林杉把「文體論」當作《文心雕龍》的局部或一個方面的理論；徐復觀則從廣義上理解，認為《文心雕龍》全書可視作中國古代文論的「文體論」著作。兩位學者在此問題上各執一詞，原因肇自劉勰在文體觀的兩方面的訴求，即形而上的本體論訴求與形而下的方法論訴求。唐代古文運動興起之後，文體論逐漸向後者傾斜。到明代文章選家

那裏，熱衷於文體論方法論的探究。而明代文章選家對文體學的樹功，給近現代中國古代文體學的研究提供了範本。指明了方向，包括對《文心雕龍》的研究也以它為依歸。林杉的文體觀也庚其餘緒，表現出重法術、重寫作實踐的特徵；徐復觀則堅持《文心雕龍》的形而上學一路，把探討其文體的文學本體論當作終極目標，這一選擇與他固守漢魏六朝文體論的理論陣地、新儒學的學術背景以及深受西洋文論濡染的學養密切相關。林杉和徐復觀二人的文體觀各有其合理性，也都有其片面性。我們既要看到其對立的表面，又要看到其能夠共存、可以兼取的潛在可能性，兩位學者的文體論皆構成中國古代文體學研究不可或缺的組成部分。

2010/04，劉毅青：《王國維中西詩學會通的現代檢討——以徐復觀為中心》，《文學評論》。

徐復觀認為，王國維在中西比較語境下，用西方詩學體系對中國詩學的改造、建構造成了內在分裂，強調「以西釋中」而忽視其建立在具體作品鑒賞基礎上的傳統詩學特徵。這表現在：首先，將「造境」「寫境」提高到「理想與寫實二派之所由分」的層次，未免因體驗與觀念的尚欠分曉而言之近於誇張。其次，王國維境界說採用了「情景二分」的模式，是以西方詩學的二元思維為基礎，實際上是以犧牲古典詩歌的內在統一為代價，這造成了其詩學建構中一個難以避免的矛盾，即直觀與想像的對立。再次，西方詩學是建立在嚴格概念定義基礎上的，而王國維採用的是格言、札記的形式，其內容編排和秩序也沒有邏輯層次，並沒有發展出一套自己的話語體系，沒有提出一整套的概念系統表達自己的思想。傳統對王國維的研究多集中在對「意境」概念的梳理，並試圖按照西方理論結構來建構王國維詩學體系。該文認為，對王國維以及中國傳統詩學的研究，應回到中國詩詞的鑒賞實踐，中國詩學的現代轉型不能建立在對自身傳統割裂的基礎上。

2010/06，王守雪：《心物關係解析中的曲折——徐復觀、錢鍾書、郭紹虞、王元化論〈文賦〉》，《人文雜誌》。

該文認為，在中國古代文論的發展史上，《文賦》具有繼往開來的重大意義，它涉及到中國文論的根本觀念——心物關係問題。徐復觀、錢鍾書、郭紹虞、王元化等學者都對此一問題極為重視，從心物關係入手探索如何突破現代話語對傳統觀念的宰制與割裂，以達到真正的返本開新，使中國文論煥發出獨

特的生命力。四人都是在「中外結合」的方法論下展開中國文論研究的,但在對心物關係的理解、把握上,他們出現了分歧。該文圍繞《文賦》之「意不稱物,文不逮意」「佇中區以玄覽,頤情志於典墳」和「應感之會,通塞之紀」三句展開論述,提出一種方法,即注重理論範疇研究的同時兼顧「史」的意義,並讓一般的理論範疇系統有所歸屬,在此基礎上探究其背後思想家、理論家人格心靈的活動意義。該文認為,如果在中國文論研究中適當地借用西方文論來對中國文論加以闡釋,並兼顧中西理論背後的哲學基礎、思想基礎的契合,不但是可行的,而且是極為理想的境界。如此一來,中西文論的比較不但是浪花與浪花的交流,而且可能是「河床」的交會。

2010/06,孫慧蓮:《徐復觀〈文心雕龍〉研究辨要》,內蒙古師範大學碩士論文。

該文從徐復觀的《文心雕龍》研究入手,圍繞「文體」觀念的「復活」、「風骨」的詮釋等方面進行辨析。一、以徐復觀的「風骨」研究和「文體」論的發掘為切入點,在與大陸龍學家研究的比較中發現徐復觀研究的獨特價值和特殊貢獻。二、徐復觀認為「風骨」是「氣」在作品中「柔」與「剛」的兩種不同作用,是為文者生理的生命力在文章中的體現。三、徐復觀「復活」了文體觀念,尤其以「風的形成是由虛字的錘鍊,骨的形成是由實字的鑄造」為其新意所在。「文體」是文學藝術性的形相,是情性的顯現。

2010/07,齊亞敏:《詩人‧性情‧詩歌——談徐復觀的〈傳統文學思想中詩的個性與社會性問題〉》,《美與時代》。

該文針對徐復觀在《傳統文學思想中詩的個性與社會性問題》一文所談到的詩人性情、個性與詩之創作乃至整個文藝創作的某種關係進行分析。一、在詩歌表現詩人個性與傳達社會性的問題上,徐復觀認為「一個偉大的詩人」是「覽一國之意,以為己心」,那麼普通詩歌是否也如此呢?如何判定普通詩歌和偉大詩歌呢?自古以來都很難有一個絕對的評判標準。二、如何「以一己之音發眾人之聲」呢?徐復觀認為這在於詩人的性情修養,要「得性情之正」,即保持住性情的正常狀態,因為做人的境界與作品的境界是分不開的。但這種看法似乎也因人而異。三、詩人的性情之「真」的問題。性情之「真」對於詩人來講幾乎是一種共性,詩人們可以說是世界上性情最為真實的人,他們的真實是他們的靈性的源泉,也正是他們的真實才使得其詩擁有足以蠱惑人心的

力量。徐復觀將性情之「真」作了性情之「正」的補充，認為「真」是達到了「正」的要求。實際上，「正」也必得出於「真」，是由己之心而起的好惡的信念，才能達到詩歌的詩情。

2011/03，李建中：《龍學的困境──由「文心雕龍文體論」論爭引發的方法論反思》，《文心雕龍研究》第 10 輯。

該文是對「文心雕龍文體論」引發的學術論爭的反思。「文心雕龍文體論」的學術論爭，在時間上跨世紀（從 1950 年代延續至 2010 年代），在空間上跨海峽（從臺港地區波及內地），實乃「百年龍學」的一件大事。這場學術論爭，從徐復觀的「主觀情性論」文體觀，到龔鵬程的「客觀規範論」文體觀，再到顏崑陽的「辯證性的文體觀念架構」，以其革命性、批判性、辯證性和建構性，對《文心雕龍》的文體論研究乃至對整個中國古代文論研究產生了較大影響。該文旨在導出一個問題：這場學術論爭在給現代龍學帶來繁榮和啟迪的同時，是否也留下了缺憾和警示呢？就後者而言，似可從方法論層面導引出關於「龍學困境」的反思。一、就「哲學的邏輯的方法與詩性文論本體的格格不入」來探討儒道之反思性思考。二、在「當下理論判斷及體系建構對歷史複雜語境及變遷的忽略不計」中論述龔文與徐文，標題雖同，論點卻相異；論點雖異，方法卻相似。三、在「用他山之石攻本土之玉時的事與願違」這一節中，顏崑陽稱徐復觀的文章「無疑地具有革命性的創見」，又稱龔鵬程的文章是對徐文的「革命式地批判」，而「鵬程之革命是否成功，仍有待於將來學者之繼續的討論」。

2011/04，姚大勇：《實事求是，多作反省──徐復觀治文學思想縷敘》，《古典文學知識》。

一、「追體驗」揭示了文學研究的一大規律，也是徐復觀諸多治文學思想中的一個重要概念。「追體驗」為讀者根據作品，發揮想像，追溯、回復作者創作時的心理狀態。讀者只有真正追溯到作者實際創作時的心理狀態，才能夠真正對作品進行欣賞。二、徐復觀標舉文學的社會性，也重視文學的藝術性，文學的藝術性是社會意識的要求。個性與社會性的統一，正是中國文學自《詩經》以來的一個偉大傳統。三、徐復觀認為只有先把文學理論、文學批評中的基本概念，結合具體材料加以實際的檢驗解析，並融會貫通，才能真正掌握。概念的辨析、語詞的疏釋、史實的考訂，是徐復觀治文學的基點，也貫穿他文

學研究的始終。

　　2011/11，李添富：《「詩教」理論的現代意義與實踐》，《南陽師範學院學報》。

　　《禮記・經解》云：「孔子曰：『入其國，其教可知也。其為人也，溫柔敦厚，詩教也。』」有關「溫柔敦厚」的意涵，學者各有說解。徐復觀在《釋詩的溫柔敦厚》中說道：「所謂的『溫』，就是『不太冷，也不太熱』；所謂的『柔』，指的是『有彈性，有吸引力，容易使人親近的柔和感情』。至於『敦厚』則是『富於深度、富有遠意的感情。也可以說是有多層次、乃至無限層次的感情。」該文認同徐復觀的解釋，取以為釋。並依序分為溫柔敦厚、思無邪、興觀群怨、不學詩無以言、經世致用，五項論述之。今世變日亟，提倡並實踐「溫柔敦厚」之詩教理論能夠起到振衰起弊、正人心、厚風俗的作用。

　　2012/03，胡立新：《〈文心雕龍〉「體」、「文體」範疇簡析——兼評姚愛斌對「文體」的定義》，《長江學術》。

　　姚愛斌在《協和以為體，奇出以為用——中國古代文體論的方法論》和《論徐復觀〈文心雕龍〉文體論研究的學理缺失》中，從中國古代體用論出發，闡述《文心》「文體」範疇的含義及其關係，從根本上否定徐復觀《〈文心雕龍〉的文體論》關於「文」和「文體」的界定。該文認為：一、姚文對《文心》中概念運用的複雜性、多義性缺少統計學上的梳理和辨析。二、對「文體」範疇基本含義的確認缺乏唯一性。三、用遞進或包含關係代替了並列關係。四、定語和中心詞之間關係的倒置。《文心》中「文體論」的「文體」範疇具有以下義項：第一，體用關係中的體，是指事物的內在構成和內在本體；第二，指經過作者創作從而形成一定形態的文章整體存在，包括所有文章或個別文章，可對應《文心》中的文、文章、體、文體、互體等概念；第三，指具有文章形態上的共同性和差異性關係的文類集合體，如詩、賦、傳、記等，可對應《文心》中的體、文體、文筆、類，以及現代的文類、體類、體裁等概念；第四，指文章的主要組成部分或主幹內容，如骨、骨鯁等，可對應《文心》中的體、篇、章、大體、體要等；第五，指一類文章或個別文章表現出來的個性化特徵，如典雅、精約、壯麗等，可對應《文心》中的體、體性、風、風骨，以及古代的體格、體貌和現代的風格等概念；第六，指典範文章形成的製作範式、規則等，可對應《文心》中的體制、體統、體式、位體等概念。

2012/03，霍偉：《徐復觀文氣觀特性探析》，《文學界》。

該文從徐復觀研究中國文化時所持的消解形而上學的觀點入手，分析其文氣觀的消解形而上學特性，指出其兩點表現：生命基底與現實品格。這兩個特性相互聯繫，體現了徐復觀文氣觀的審美之維。一、消解形而上學性主要分為「生命基底：文氣的物質性」和「現實品格：文氣的實踐性」兩方面，徐復觀的文氣觀帶有消解形而上學的特性。二、德性主要分為道德意識的滲透和藝術境界之培養兩方面，徐復觀的文氣觀的德性體現在他對文氣培養的要求上，落實在對人格修養的培養方面。三、人格修養中的「虛靜」之心使文氣在生理生命力轉換成精神境界的過程中有了切實的方案，為道德的存有提供了廣闊的場域。

2012/06，霍偉：《徐復觀文氣觀研究》，蘇州大學碩士論文。

該文認為，學界對徐復觀文藝思想的研究主要集中在「心性」思想、藝術精神論以及「追體驗」的文藝研究方法上，對他所論及的古典文論中的某些重要範疇未給予足夠的重視。事實上，對範疇的探討是徐復觀中國古典文藝思想研究的重要組成部分，也是研究徐復觀文藝思想的一個重要視角。該文選取了徐復觀中國古典文論研究中的範疇「文氣」作為研究對象，指出其文氣觀的形成主要是古典文論的薰陶和個性氣質的影響綜合作用的結果。徐復觀文氣觀的特性有兩點：一是消解形而上學性，二是道德性。在此基礎上，該文揭示了徐復觀的理論貢獻，並探索其對當下創作的指導意義。

2013/03，劉毅青：《讀者理論的重建──以〈錦瑟〉的闡釋為例》，《文學評論》。

一、徐復觀在對李商隱的闡釋中提出「追體驗」的解釋方法，這啟示我們，對經典文本作者意圖的探求並沒有限制經典的解讀空間，反而是促成經典解讀的動力。二、與西方哲學解釋學與解構文論的理解觀不同，探求作者意圖過程中的考證並不是要求將文本作者與作者本人等同起來。對作者意圖的尊重可以防止「過度詮釋」，使得各種解釋成為在一定範圍內互相補充的解釋，這防止了後結構解讀對作者意圖背棄之後，對文本的任意解釋帶來的流弊。三、與傳統的疏釋考證不同，對文學作品而言，對作者身世作「知人論世」的考證，其目的在於從內在的情感與精神層面走進作者的心靈，這樣的閱讀乃是從審美層面走向精神層面，這是文學閱讀的理想境界。

2013/03，王遜、趙培軍：《文學史與思想史的融合：論徐復觀的文體論研究》，《當代文壇》。

該文認為，徐復觀對「文體」與「文類」進行區分，揭示了被人誤解已久的「文體」的內涵，強調和凸顯了「文體」背後蘊含著的生命意識。從方法論上看，徐復觀的「文體論」研究是文學史與思想史交融的一個範例。

2014/02，李明陽、喬川：《「臺灣古典詩歌新解論爭」評議——以葉嘉瑩、夏志清、徐復觀、顏元叔為考察中心》，《漢學研究通訊》。

上世紀 70 年代初，顏元叔曾在《中外文學》上發表過援引西方文論闡釋中國古詩的論文，大力倡導從英美新批評到現在的解構主義，葉嘉瑩、夏志清、徐復觀等學者紛紛發表意見，一場波及全臺灣地區的關於文學批評標準與方法的學術論爭由此開始，並涉及了文學批評創新的問題。葉嘉瑩認為，中國舊詩研究必須瞭解並尊重創作傳統，而不能僅憑一己之想像任意評說；夏志清批評了顏元叔以「方法至上」辯護無知的態度；徐復觀認為，顏元叔對中國文學缺乏必須的常識，對西學的重視遠超過對中國文學，將西方文論生搬硬套至中國文學之中。三位學者對顏元叔的批評代表了三個不同的層面：葉嘉瑩立足個案，強調傳統的價值；夏志清思考學術範式，挖掘文學研究內蘊；徐復觀則針對學術現象，探討治學的方法與態度。這場論爭可以看作是當引用西方文論闡釋中國舊詩的可行性達成普遍共識後，對借鑒西方文論進行文學批評具體方案的探討。

該文探討了三個問題：首先，顏元叔為何執意引用西方文藝理論，這種做法又反映了怎樣的社會思潮？其次，文學理論對文學批評實踐究竟產生了何種影響？二者之間存在著怎樣的關係？再次，外來學術觀念在融入中國文化的過程中經歷了怎樣的過程？一、「新批評」旗幟鮮明地標舉反對「歷史主義」和「印象主義」的傳統文學批評方式，給人以清新、簡約之感，因而「新批評」被看作是一種有效改變中國傳統詩文批評範式的有效手段，這場論爭反映了臺灣地區「科學主義」與「現代主義」思潮的空前高漲。二、顏元叔試圖用西方文論指導文學批評實踐；而葉嘉瑩則將西方文學理論作為具體分析文學現象的立說依據；夏志清將西方文學觀念作為估定文學作品價值的衡量尺度；徐復觀雖然承認借用西方理論補充中國文學研究空白的可行性，然其文學批評卻並不涉及西方文論的問題。那麼文學理論與文學批評實踐之間究竟是什麼

關係呢？「文學理論」可以啟示「文學研究」，卻不能指望其指導文學批評和文學創作。三、顏元叔為實現文學批評的科學化、系統化與精密化而套用西方文學理論闡釋中國古典詩歌，其反對傳統僅以直覺、印象、體驗來解說詩歌。顏元叔基於西方「純文學」觀念對中國傳統文學進行批評，存在著批評的「錯位」，這種治學途徑未能實現建立當代中國文學批評範式的目標，反而揭示了在「科學主義」「現代主義」思潮影響下文學批評實踐脫離創作活動、遺失內在價值的現實境遇。

2014/06，王俊傑：《試論徐復觀的李商隱研究》，中國社會科學院研究生院碩士論文。

該文在對李商隱詩集、文集、李商隱生平事蹟等整理與詳細分析基礎上，對徐復觀的研究成果進行評述。徐復觀在《環繞李義山（商隱）〈錦瑟〉詩的諸問題》中，一反傳統觀點，認為李商隱非「李黨」，一生和令狐綯維持了較為親密的交誼，並因「傾險」和「貌寢」而見惡於岳父王茂元，致使王家人對其進行人身攻擊並廣為傳播，從而影響了新舊兩《唐書》對他的評價。徐復觀的觀點完全顛覆了傳統文學史中對李商隱的評價，對其一生及創作諸多方面進行了重新評估。也許限於當時某些資料尚未被完全發掘等原因，其研究成果也存在可待商榷之處。但瑕不掩瑜，其發覆之功必須得到充分肯定。該文將徐復觀文章中散見的相關論述匯輯起來，觀察他對唐代文學的一些基本論點，適當擴大了文章論述的背景，將徐復觀對李商隱的研究置於整個唐代文學觀點的基礎上，這對於充分瞭解徐復觀的唐代文學研究成果和更加充分地認識李商隱的人生經驗與創作實績，都有一定的意義。

2014/08，任雪山：《桐城派文論與〈文心雕龍〉的暗合──徐復觀〈文心雕龍〉研究擴展》，《山西農業大學學報》。

徐復觀與桐城派文論、《文心雕龍》都頗有淵源。他發現桐城派文論和《文心雕龍》之間有許多暗合，尤其是在「文體論」和「文氣論」兩個方面，桐城派文論對《文心雕龍》有不少繼承和超越。一、桐城派對《文心雕龍》文體觀念的潛在繼承與發展，表面看來是疏導條貫《文心雕龍》以降的文體論發展歷程以及古文運動在中國的歷史演化，實則有更深層次的意旨。徐復觀針對當時文學理論界對文體觀念的研究狀態，希望藉此可以把文學從語言和考據的深淵中解救出來，尤其是從乾嘉學派以來那些只顧語言而不顧義理的表面考據

中解救出來。二、徐復觀看到了桐城派和《文心雕龍》的前後聯繫，通過古文家和《文心雕龍》的文氣關係之比較，解釋了為什麼後來桐城派屢屢在藝術性上受詬病的理論原因，同時也揭示了《文心雕龍》恒久的理論價值。通過對桐城派和《文心雕龍》關係的細緻考察和疏通條貫，徐復觀希望展現古今文學發展的軌跡，溝通中西文學理論，為建立中國現代文體論作奠基嘗試。

2016/12，王守雪：《文化保守主義學術系統中的〈文心雕龍〉研究——以黃侃、徐復觀、王元化為主線》，《古代文學理論研究》第43輯。

黃侃、徐復觀和王元化都是《文心雕龍》的研究大家，在文化觀上都堅持「保守主義」，他們在對《文心雕龍》核心觀念的闡釋上卻各持己見，大相徑庭。一、黃侃把「文辭」作為《文心雕龍》的核心概念，以「文辭之美」的文學價值觀來觀照中國傳統文學，觀照《文心雕龍》，僅能得其形體之彷彿，而不能貫通其精神氣脈。二、徐復觀以「文體」作為《文心雕龍》的核心概念，表現出他對中國文學傳統的堅守。他以「文體」追溯「文心」，以「文心」追溯作者的「人心」，以作者的「人心」輻射到普遍的心靈感受，隱然繼承了中國古典文學的聖賢精神。三、王元化以「文學規律」作為《文心雕龍》的核心概念。他批判地繼承了前兩者的《文心雕龍》研究，強調文學的普遍性與客觀性。三位學者對《文心雕龍》的闡釋都體現了以傳統文學理論接引世界文學大流的努力，都體現了對傳統「文心」的護持。

2017/06，王祖琪：《徐復觀的「詩緣情」論》，《河南教育學院學報》（哲學社會科學版）。

徐復觀認為詩歌的本質是情感，「詩緣情」論貫穿其詩論始終。一、詩歌本質：「情」與「志」的辨析。徐復觀明確指出中國傳統詩論中的「詩言志」本質上還是「詩緣情」，由「詩言志」到「詩緣情」是一個循序漸進的過程。能夠稱為詩的「志」，一定是由情感而引起的。二、價值判斷：「性情之正」與「性情之真」的討論。當「性情之真」與「性情之正」合二為一時，便是個性與社會性的交融，才會達到至高的情感層次，從而產生兼具「緣情」與「載道」雙重功能的詩歌。三、從審美效果上闡釋「溫柔敦厚」。徐復觀通過反思回到傳統詩論的語境，認為不冷不熱的「溫」是「溫柔敦厚」的表達方式，「有彈性」「有吸引力」的「柔和的感情」則是「溫柔敦厚」的表達效果。中國傳統詩歌之所以有含蓄蘊藉的審美效果，是因為其中蘊含的感情是富於

深度、「有彈性」的感情。徐復觀對「詩緣情」這一中國詩論的核心問題所作的研究，既解決了詩論本質的問題，又為傳統詩論的現代化闡釋開闢了一條新的路徑。

2017/06，魏伯河：《論徐復觀的〈文心雕龍〉研究》，《語文學刊》。

該文指出，徐復觀直接以《文心雕龍》為論題的文章有 9 篇，有關論辯文章及書評 4 篇，其他論文、演講中有所涉及的則有多篇。在這些論文中，最早的《文心雕龍的文體論》一文寫於 20 世紀 50 年代，最晚的《讀王利器〈文心雕龍校證〉》則寫於 1981 年，前後跨度近三十年。由此可知，龍學研究在其學術生涯中佔有比較重要地位。徐復觀關於《文心雕龍》的獨特見解，使其足以在 20 世紀的龍學研究領域卓然成家。一、破除「道」乃「自然之道」的障壁，在梳理「文氣說」演進歷史中復活了《文心雕龍》的文體觀，將「文體」的意義解讀為三次元「體裁」→「體要」→「體貌」的昇華歷程。二、對長期爭議的「風骨」概念作出新的解釋，「風骨」即作品藝術性的重要表現，「風」與「骨」均來源於「氣」。徐復觀論述了「氣與聲」「氣與學」「氣與養」以及「氣與養氣在古文家中的演進」等一系列相關問題，理出了中國文論中關於「氣」的一整個學術鏈條。三、在「文之樞紐」中，徐復觀把道、聖、經、緯、騷作為並列的「五者」，即五個樞紐，而不是緊密聯繫、圍繞一個中心的整體，顯然是有失準確的。在「文之綱領」上，徐復觀以為「綱領」僅就上篇而言，下篇皆「毛目」，也難稱公允，他忽視了「綱領」與「毛目」之間的互文相足關係。

2017/08，劉建平：《徐復觀「中國文學精神」思想研究》，《學術界》。

該文認為徐復觀在 20 世紀的離亂之世中所把握到的中國文學精神就是「文以載道」的精神。「文以載道」不是以文學為政治服務，而恰恰是以「道統意識」對抗「治統意識」，以文學來喚醒社會民眾、傳承民族文化的價值生命，並由此重建現代中國人的精神家園。一、儒家思想落實於文學，表現在加深、提高、擴大作者的感發和文學的意境上。二、儒家思想在文學上落實的標誌表現為「文以載道」的文學觀念的形成。三、儒家思想對文學的影響，還表現為「文如其人」的批評理論的成熟。徐復觀一方面繼承了來源於以《詩經》為代表的史官文化系統中的歷史意識和現實主義立場，高舉「文以載道」的旗幟，對儒家「可以怨」的文學傳統特加表出；另一方面，他又融合了以《楚辭》

為代表的巫官文化系統中的批判意識來完成新的文學精神的建構，這是他結合文化傳統和現實狀況而對中國文學精神作出的新的詮釋。徐復觀認為要中國文學精神從衰蔽、虛無的狀態中拯救出來，就必須彰顯悲憤、批判的文學傳統，徐復觀重建中國文學精神仍然是以「文以載道」「藝以載道」的政治社會學作為文學價值指向的。「文以載道」將德性內化於文學中，忽略了個體的內心感受而傾向於社會層面上的話語生產，這就使它難脫「工具」的特性，這就沒有從根本上解決文學如何走出為專制政治服務的歷史命運的問題。

2017/12，劉建平：《黃春明的文學世界——「鄉土文學論戰」視域下的黃春明與現代新儒家》，《文學論衡》。

從學習經歷和個人交遊上看，鄉土作家陳映真、黃春明等和現代新儒家唐君毅、牟宗三、徐復觀等先生並無深切的交往。陳映真、黃春明等主要是作家或文藝評論家，而現代新儒家的影響主要在哲學、思想史領域，二者也不大可能發生學術上的交流或思想上的交鋒。然而，在文學史上這二者卻實實在在地產生過交集，它就發生在 1970 年代的臺灣地區的「鄉土文學論戰」中。黃春明不是研究現代新儒學的學者，但他的作品在追求傳統與現代相契合的價值取向與探索民族審美理想上有意無意間走了一條與現代新儒家頗為相似的道路，黃春明作品中的「鄉土氣息」和現代新儒家思想中的「泥土氣息」構成了二十世紀中國知識分子精神氣質的一道獨特風景線。無論是研究徐復觀思想的學者，還是研究「鄉土文學論戰」的專家，事實上大多並沒有留意到由二者交集所凸顯的時代精神及危機。而對這些問題的辨析和解決，有助於我們理解鄉土文學作家們的精神世界、上世紀六七十年代臺灣地區的文藝思潮以及新文學的發展。該文試圖就二者在對中國傳統美學意蘊的開拓、對新人格的建構、審美理想的顯發以及國族認同等方面作一對照，以探討二十世紀六七十年代臺灣地區的文藝思潮所凸顯的時代精神及其對現代社會的影響。

2017/12，張曉曉：《錢鍾書與徐復觀：「比興」觀之異同》，《文化學刊》（存目）。

2018/01，王祖琪：《徐復觀的詩歌創作論》，《河南理工大學學報》（社會科學版）。

該文從徐復觀的杜甫研究中，提煉出他的詩歌創作論思想。一、徐復觀以傳統「知人論世」的研究方法，從詩歌的「誕生背景」入手，將景、詩人、情、

詩歌融為一體進行討論，強調詩歌源於詩人強烈的「創作衝動」，這也是「第一自然」轉化為「第二自然」的必要條件，而詩人的修養是其產生創作衝動的根源。二、徐復觀打通了現代詩歌理論與中國傳統文論之間的壁壘，提出「功力用典」是詩歌創作的具體方法。三、徐復通過發掘杜甫詩論「打通古今」與「轉益多師」的特色，肯定了中國傳統文化的價值。他不否定白話文的合理性，而是希望探索出一條打通古今中外的路徑。

2018/06，王祖琪：《徐復觀詩論研究》，中國礦業大學碩士論文。

與熊十力、方東美、唐君毅、牟宗三等學人相比，徐復觀在文學藝術上興趣頗深，用力頗多，既有宏觀的詩學思想又有針對具體詩人、作品的理論分析。徐復觀的「詩論」包括四個方面：首先，本體論上，詩的本質是「情感」；其次，創作論上，強調人格修養的工夫，並對傳統詩論中「功力與用典」「打通古今與轉益多師」「主客合一與情景交融」等問題進行現代闡釋；再次，在圓融的視野下，觀照孔門思想與道家老莊思想，進行傳統詩論的現代話語體系構建；最後，方法論上，提出具有現代性的「追體驗」的詩歌研究方法，打破了傳統學術中考據與義理的分界，直指傳統「乾嘉學派」與現代「科學實證」之弊端。

2019/02，許松、蘇歡：《徐復觀〈文賦〉研究的貢獻》，《古代文學理論研究》第48輯。

徐復觀有感於前人對陸機《文賦》的研究多訓詁無根，條理無緒，不能作首尾貫通的理解，以至於把一篇用心精密的文論糟蹋了。於是他對《文賦》全篇注疏兼施，「注」的部分訓詁字句精義，「疏」的部分作理論闡述，提出了許多有價值的意見。一、《文賦》最大的特色有二：首先，它盡可能描述了創作的心理歷程；其次，通篇除最後一段談到文學的功用外，主要是從文學的藝術性方面來加以討論乃至評鑒，這便把文學之所以成其為文學的特性凸顯出來了。二、徐復觀由「知人論世」進而「知人論文」的研究方法得出了《文賦》作於陸機41歲前後的結論，由此開掘出《文賦》「慮周、思深、意遠」的偉大成就。三、對《文賦》中「眇眾慮而為言」「猶開流以納泉」「或言拙而喻巧」「應感之會」等命題別出新解，澄清了歷史上的諸多誤解。徐復觀的《陸機〈文賦〉疏釋》是《文賦》研究史上的一篇雄文，體現了他對中國文學和藝術精湛的把握。

2019/10，曾守正：《情深而文明：徐復觀先生的中國「抒情詩」論》，《中國文學學報》。

一、陳世驤於 1971 年發表了《論中國抒情傳統》，高友工於 20 世紀 70 年代末掀起了「高友工旋風」，「抒情美典」論震盪學界。中國哲學家所關心的知識是「經驗之知」，所以側重討論「人性」，並且開展文化理想的方向與境界。高友工曾多次提及徐復觀對自己的影響。然而，在對「抒情詩」的定義與發展上，徐、高二人之差異顯著。二、徐復觀強調，中國文學批評因缺乏史詩、悲劇的發展，所以把焦點放在情志、事義、辭采、宮商等結構要件，而非故事情節。抒情詩早於敘事詩。抒情詩乃作者將主觀情感與客觀事物相互關涉，性情中的「正」與「真」，是文學甚至藝術創作的根源。感情的客觀化、事物的感情化，交織出中國抒情詩的基本格局。《詩經》是中國抒情詩的起點，「六義」則是中國詩歌欣賞的基礎。三、首先，當人獲得性情之「正」或性情之「真」時，作者、文學作品的個性與社會性，便會貫通起來。高友工強調個體感情自覺才能帶動藝術自覺的說法，與徐復觀的看法有別。其次，徐復觀將道家思想建構成中國藝術精神主體呈現的重要來源，性情之「正」是儒家由道德心培養，進而打通個性與社會性的障壁、衝突。高友工則採取個體與群體對峙的角度，指出因個體自覺而有了文化突破與轉向，即此前的藝術強調群體性、實用性，此後的藝術則強調個體性、抒情性。綜上，徐復觀與高友工彼此欣賞，相互稱許，但徐復觀所理解與揭示的「抒情詩」傳統，實與陳世驤、高友工有所出入，各具光輝。

2020/06，蔡英俊：《「變」與「辨」在「古今」問題上的理論視角及其意義》，《中國現代文學》總第三十七期。

該文從「變」與「辨」的視角來探尋現代詩在歷史發展過程中「轉變」可能體現的方式與形態。中國古典文學研究在近代臺灣地區的研究方法與材料，多不免是直接承接 1945 年以前所累積的學術成果。徐復觀翻譯日本萩原朔太郎的《詩的原理》（1956）、姚一葦譯注亞里士多德的《詩學》（1966）以及杜國清翻譯日本西脇順三郎的《詩學》（1969），都推進了現代詩的發展與視角轉換。徐復觀先通過翻譯萩原朔太郎的《詩的原理》，借用了「情象」與「觀照」的概念，進而逐步走向古典文學研究的領域。他主要關注兩個問題：一是古文與近代白話文在取材與教法上的問題；二是古文在教法上是以文意字句的訓

解為主，抑或是要強調文意的欣賞。徐復觀以「文學」的角度來看待大一國文教材上的選文，這在當時是很有啟發性的觀念。他將選文的解讀方式置放到更為具體而明確的框架中，並強調「概念的分解」及其論述形態的改造。杜國清則提出了更為寬廣的創作題材及其視野，尤其是喜劇與反諷的視角。二者都堪稱如何透過「代變」的視角去理解每一代的文學創作與時代風尚的關聯性的典型範例。

2021/02，繆勇：《〈文心雕龍〉文體思想研究的致思路徑與方法論反思》，《中外文化與文論》。

該文梳理了學界對《文心雕龍》文體思想的研究，並辨析、反思了學界在「文體」問題上存在的缺陷。1959 年，徐復觀的《〈文心雕龍〉文體論》打開了劉勰思想文體研究的新局面。徐復觀認為「體」主要包括體制、體要和體貌三個層面，他從文學性、藝術性、審美性角度來詮釋文體，提出只有出自心靈並且反映心靈、富有藝術與審美表現的「體貌」才能稱之為「文體」。1987 年，龔鵬程發表了同名論文，認為文體、文類和體制實則是一個意思，文體即文類。郭紹虞則把「體」分為體制與風格，才有了《文心雕龍》上篇之「體」和下篇之「體」的說法。該文認為，以現代的文學視角去觀照《文心雕龍》的文體論，會遮蔽、局限其豐富的文體思想。該文在辨析、批判幾位學者的觀點的基礎上，提出「體」的「四要素一整體」說，即體制、體要、體性、體貌與文章整體。《文心雕龍》是一部文章學著作，通過中西古今的比較法，亦即王元化提到的「求通」的闡釋法，可以揭示《文心雕龍》文體論的豐富內涵。

2022/03，許松：《前塵隔海入夢頻：論徐復觀的鄉土書寫》，《陝西理工大學學報》（社會科學版）。

徐復觀的鄉土書寫代表作有十篇，主要分佈在兩個時段：1952～1962 年的東海大學時期和 1970～1975 年的香港時期。這些鄉土雜文既包含著徐復觀深刻的人生體會，又通過回憶、馳想、錯綜等豐富的寫作手法，呈現了遷臺學人雖隔海天卻長望鄉關的家園情懷。一、徐復觀的鄉土書寫既披露農村的荒寒之苦、農民的艱苦多舛，又以動情的筆調寫田疇壟道的桑麻之樂、神秘氣氛，這種看似矛盾的書寫正反映出鄉土敘事的豐富內涵。母親的慈愛、父親的「厲」愛、鄉土神跡，與徐復觀筆下的農村一起，構成其鄉土書寫的廣闊風景。二、農村在徐復觀心中是這樣一片淨化人心、孕育民族生命的聖地，發現農村的生

命與農民的生命，是徐復觀鄉土書寫的精髓。三、同樣是鄉土書寫，徐復觀與牟宗三、錢穆的鄉土書寫迥然不同。徐復觀鄉土書寫寫景抒情充滿真情實感，文風靈動；牟宗三文章的優點在於氣象淋漓，而其缺點也正是氣象淋漓而「無心作文章」，缺乏「推敲」；錢穆的鄉土書寫每每要點出某事情源流始末，具有很強的歷史色彩，而非文學音調。鄉土書寫風格的歧異更突顯其人其文之風格個性。

2022/03，吳思捷：《打破省籍隔閡，共建臺灣文學：以徐復觀和楊逵為中心的討論》，《臺灣研究集刊》。

徐復觀是現代新儒家的重要代表人物，楊逵是日據時期臺灣鄉土文學的重要作家，一生服膺於抵抗殖民與帝國主義的左翼思想。他們都居住於臺中市，共同有著根植於民間的鄉土精神、強烈的民族意識與政治壓迫中堅持良知的「真人」立場。生命經驗與精神價值的相似與相惜，使他們打破畛域間的隔閡，結下了跨省籍的真摯友誼。徐復觀、胡秋原等人能夠體認日據臺灣時期知識分子的民族意識與愛國精神，為他們遭受的打壓吶喊鳴冤，促成光復後文化界第二次跨越省籍隔閡的團結協作。1970 年代後，外省作家為楊逵等日據臺灣時期作家作品的重新挖掘付出了大量心力，構成鄉土文學思潮重要的推進力量，而徐復觀聲援「鄉土文學論戰」中的鄉土作家，成為打破省籍隔閡、共建臺灣文學的典範。海峽兩岸乃命運共同體，通過真誠的溝通，進入對方的心靈深處，尋求最根本的民族共識，在相互理解、互重互助的氛圍下共建兩岸未來，徐復觀和楊逵的交往已經為我們樹立了光輝的典範。

2022/04，秦維：《徐復觀對「文以載道」的現代疏通》，《文藝理論研究》。

近代以來，「文以載道」這一對中國文學曾產生過深遠影響的文論話語遭遇了被胡適、陳獨秀、鄭振鐸、郭紹虞等批判的命運。「文以載道」的現代遭遇，是傳統文化在現代命運的一個縮影，徐復觀對這一命題的現代價值進行了有益探索。一、徐復觀對「道」持一種開放式、多元化的態度。從「道」的表現方式來看，主要體現「心性」的主體性。在「心性說」的基礎上，他潛在地將「文以載道」轉換成了「文以載心」，為其在古今、中西兩個向度上打開了一條通路。二、「言志」與「載道」可以貫通的深層原因，可以從「心」的作用和狀態來把握，它們都在於以個體涵融群體來體現責任意識和價值關懷。

三、進入時代語境，尋找這一理論得以成立的根據，再由此向外擴散與世界文化對接，「以通求變」成為徐復觀疏釋「文以載道」的基本態度和基本方法。

2022/05，許松：《鎔故美而啟新軌──論童慶炳〈文心雕龍〉研究的成就》，《西安建築科技大學學報》（社會科學版）。

該文認為，童慶炳研究《文心雕龍》的成就主要體現在鎔冶故美、別啟新軌、啟發當代文學創作三個方面。童慶炳最看重徐復觀的《文心雕龍》研究，他一方面讚賞甚至「迷戀」徐復觀的論斷，另一方面又提出了要採取理性的、科學的、實事求是的態度批判徐復觀的觀點。通過對徐復觀等前賢觀點的提煉與思索，對古典文學文論的採擷與照亮，童慶炳在《文心雕龍》研究上又別啟新軌，另立新說。在《文心雕龍》的研究過程中，童慶炳與徐復觀的《文心雕龍》闡釋可謂既相互關聯，又各有特色。例如談到童慶炳的「物感」論、「情觀」論時，該文指出童慶炳的這些說法來源於徐復觀的「主感而客應」說；在分析《詩經》中的「桃之夭夭，灼灼其華」時，該文認為童慶炳的分析文字淡化了徐復觀原本文學化、形象化的語言，具有理性分析的特色。

2022/06，林誌江：《徐復觀文體論研究》，揚州大學碩士論文（存目）。

四、詮釋方法研究

2003/12，王守雪：《從「追體驗」到客觀化──徐復觀文學研究方法論及其成就》，《古代文學理論研究》第 21 輯。

該文探討徐復觀「追體驗」的文學研究方法。一、有學者提出「整體論」來概括徐復觀的學術方法論，而在解釋的過程中，卻用所謂「脈絡化」的理論來代替徐復觀所強調的「全體」，這無疑是在另外一種學術範式──西方思辨哲學之下展開的論說，結果是消解了「全體」──貫通的學術生命的意義。二、「整體論」並不是學術研究意義上的「方法論」，不能與歸納、比較、追體驗等方法在一個層次上加以論述。三、那麼，究竟什麼是「追體驗」？「追體驗」方法的基本內涵是：在人文研究中，研究者調動自我的體驗，接通研究對象精神體驗的因素，向研究對象「生成的真實」作無限還原的努力，在還原的過程中實現今人與古人、研究者與研究對象精神的融通，以古人、作者、研究對象的精神境界提升今人、讀者、研究者的精神境界。四、作為研究方法的「追體驗」，研究的過程，是求知的過程，也是思想陶煉的過程；研究的結果，既成就知識，同時也成就道德。徐復觀要在客觀與主觀、求知與立德融為一體的規

模之下，走出一條人文研究的大路。

2005/06，劉毅青：《解釋學的限度與重建中國解釋學——以徐復觀為例》，《文藝理論研究》。

一、徐復觀通過自己的中國思想史詮釋實踐，提出了以「知人論世」為基礎的「追體驗」的解釋學方法。「追體驗」要求解釋者返回自我的精神世界，用自身的體驗直接驗證古代聖賢的精神境界，「追體驗」的解釋過程也就是一個心向偉大思想家、藝術家精神境界的「工夫」修養過程。二、「追體驗」是一種以人格為基礎的解釋學，它與西方解釋學重視文本、強調「解釋學的循環」、提出「前理解」有著根本的不同。這種差異主要來自於中西方哲學思想的差異，即「道」與「邏各斯」，「人文邏輯」與「形式邏輯」的不同。三、該文認為，由孔子思想體現出來的中國思想具有一種沒有邏各斯的「人文邏輯」，以區別於邏各斯中心的演繹邏輯。西方哲學是邏各斯中心主義的意識哲學，主要通過語言來表述，意識通過語言的概念形成系統。也就是說，西方解釋學因此還是文本語言中心。然而，中國思想關注的是具體的行為、行動，而這些是同具體的情景聯繫在一起的，它是具體的人文邏輯。正如徐復觀所說：「一個人，想把自己的體驗與觀察構成理論，必須經過抽象思辨的歷程，始能用語言表達出來。但由周初所開始的人文精神，認為人的行為決定一切，所以偏重在行為實踐上用心，不向抽象思辨方面去發展。」

2007/01，劉桂榮、宋薇：《「追體驗」的解讀——徐復觀美學思想的思維理路探索》，《晉陽學刊》。

該文主要是徐復觀「追體驗」之方法論的研究。一、「追體驗」的思維理路是徐復觀美學思想的特色，他的這一問學方式源於他自身獨特的人生經歷、所面對的現實困境以及對中國文化的獨有覺解。因此，徐復觀在解讀古聖先賢的思想時透出生命的意蘊。徐復觀的這一詮釋方式不同於西方文論中的作者中心論、該文中心論和讀者中心論。二、如何理解作為徐復觀學術研究方法的「追體驗」？用徐復觀自己的話來說，就是「把問題收納在一個人的精神之內，或者是收納在一個人的生活之內，而加以觀察實驗，是把自己的心當作實驗室。」徐復觀認為，任何人在一念之間如能擺脫自己的所有私念成見，即可體驗到「心」的作用。這種體驗是心靈的互訪、精神的互動，因而它是與古人活生生的生命的一種對話，是生命之間的共感共通。這種體驗的過程是互為主體

的。首先是研究者或稱審美主體，以自身的生命經驗帶著問題的投入，這是有意識的一種進入，是主動性的。進而在體驗的生成中，審美主體會通過這種體驗引發思想、想像、回憶、體悟、評價、理解等，從而進行主體性的創造並建構審美對象（這種審美對象包括人及其思想），賦予對象以審美意義，激活自身以及對象的生命存在。而審美對象在這種體驗性的生命交融中，是充滿生機與活力的生命體。他會引領著審美主體進入自己的生命情境，與他同思同感，在一種感同身受中呈現自身的生命精神，從而展示出自我的價值時空，這種價值時空是超越自身的一種存在。如此，通過這種生命主體間的交融，一種生命的境界由此創生。二、徐復觀在疏解中國古代的文學藝術時，以「追體驗」的路徑而提升出人的生命境界。

2007/04，劉毅青：《中國思想的內在性特徵與創造根源——徐復觀論工夫體驗》，《北方論叢》。

該文結合體驗與工夫闡釋中國思想之內在特徵與創造根源。徐復觀認為，中國思想的創造源於體驗，這種體驗是與工夫結合在一起的。根本言之，體驗是一種原發的經驗，是中國思想的創造活力的來源。表面上看，這種體驗認識帶有一種主觀性，但實際上這種主觀性是必要的，因為通過體驗知道的東西我們可以在客觀世界中、在現實的生活實踐中得到檢驗，而不是在文本中得到檢驗。而徐復觀認為，中國思想工夫的內涵與體驗相結合，工夫是儒道思想創造的根源。由此，工夫體驗從人的情感起步深入到人的道德理性和生命的根源，通向具體的人格精神，道德修養與人格精神的體驗落實於生活實踐的言行舉止之中。中國思想最高的範疇是「道」，「道」最根本的特徵就是不能作對象化的認識。它不是一個具體的目標，因此「道」是不能「追隨」（「從」）的，不能把「道」當作是從外部闡釋的生存的楷模或教誨（像信仰和抽象的思辨那樣）。「道」是內在性開放的，因此不能成為任何意向性的客體。也即是說，「道」的理解最終必須落實到體驗，「道」是內在性開放的，唯有通過工夫體驗才能悟解。

2007/06/09，周桂鈿：《徐復觀的學術特點》，「中國孔子基金會」官網。
http://www.chinakongzi.org/rw/xszj/zhouguidian/200706/t20070609_28473.htm

該文論述了徐復觀的學術思想特點，與文學藝術相關的如下：一、徐復觀中國思想史的研究特點是「虛實結合」，也就是哲學家、美學家可以根據自己

的體會或靈感，提出某種觀點，然後利用古今中外的各種事例來進行論證。也可以從一個設想的基點出發，進行一系列複雜的推導來建立自己的某種理論體系。《中國藝術精神》就是美學理論與歷史考據相結合的成果。二、徐復觀深入研究莊子講的「學道」「體道」和「成道」的境界，認為其與西方思想家所討論的審美與藝術創造體驗頗為相近，從而認定莊子的「道」正是中國藝術追求的境界，這對研究中國藝術精神具有開創性的作用。三、在徐復觀看來，儒家的禮教成就道德主體，道家的「道」論成就藝術主體，西方文化則是政治主體和知性主體，不能以政治主體和知性主體的視角來衡量、評價道德主體和藝術主體。

2009/04，劉順：《試論徐復觀的「追體驗」》，《殷都學刊》。

該文主要論述徐復觀「追體驗」的研究方法論。一、在徐復觀的中國思想史與文學研究中，「追體驗」是一個既能體現現代新儒家群體特徵，又深具徐復觀個性色彩的解釋學概念。自 20 世紀 80 年代以來，伴隨現代新儒學的興起及而後現象學、解釋學的傳入，徐復觀的「追體驗」概念在「如何面對傳統」與「如何重建中國解釋學」兩大學界熱點問題的推動下，受到了頗多關注。在某種意義上，「追體驗」是理解徐復觀學術思想的一把鑰匙。大體而言，其思想特點主要表現為：會通考據與義理，平衡情感與理性，統一方法與目的。二、「追體驗」在大陸學界的接受史也為學術熱點的轉換埋下了注腳，因而對徐復觀「追體驗」概念進行梳理，揭示其特點，並進而對於「追體驗」能否作為建構「中國解釋學」的經典案例進行必要的理論追問，依然是十分必要的。三、「追體驗」是徐復觀在出入東西方文論話語之後，試圖重新進入中國傳統思想精神境界的重要嘗試。徐復觀既試圖克服 20 世紀上半葉主流學風與傳統的隔膜，也希望通過對儒家詩教的承傳，為東西方學術提供有益的借鑒，其方法論的基本原則是在現代學術規則和傳統價值認同之間追求平衡。

2010/08，洪喬平：《感「史」不遇的歷史情節——論徐復觀的〈論史記〉》，《應華學報》。

該文主要是對徐復觀詮釋方法的探討。一、美國新歷史主義認為，我們所接觸到的歷史都是屬於歷史文本，而那些記錄歷史的歷史著作只是關於歷史的敘述。然而，歷史文本或歷史敘述並非歷史真相或歷史事實，二者存在著相當的距離，造成這一現象的主要原因是歷史敘述者的個人主觀情感介入，所以

每一種歷史敘述都包含有濃厚的個人色彩。二、該文試圖透過美國新歷史主義批評的方法來探討徐復觀的《論史記》。徐復觀的《論史記》不是探討歷史的敘述，而是偏重於個人情感的介入和抒發，這當中的關鍵是「不遇」情節。正因如此，該文運用美國新歷史主義批評的方法，將太史公的《史記》與徐復觀的《論史記》兩者形成互為文本，來探討這一段感「史」不遇的歷史情節。三、感「史」不遇的歷史情節是由精神風骨、審美價值、文化內涵等三大要素組成的。太史公的《史記》是歷史敘述也是文本敘述的文本，徐復觀的《論史記》是歷史敘述也是歷史哲學的文本。二者雖然有著漫長的歷史間距，然而正是相互心靈的對應感動，使得二者產生了相連的歷史情節。徐復觀雖然是為《史記》的不遇抱不平，但實則也是為自己的不遇鳴不平之怨。

2016/09，曹沛權、王興國：《徐復觀詮釋學思想探要》，《汕頭大學學報》（人文社會科學版）。

該文把「起心動念」作為詮釋學實踐活動本身的活動機制及邏輯起點，並把徐復觀的詮釋學實踐能力分解為「虛靜之心」與「互為主體性」兩個層面，建構起了徐復觀的詮釋學體系。詮釋學實踐活動即是詮釋主體以「虛靜之心」的力量透入於詮釋對象的真實內容、工夫實體，並以主客合一的精神狀態，在「互為主體性」的詮釋學實踐能力的作用下，使詮釋對象的真實內容、工夫實體以其主體性的「本來面目」如實地透出於詮釋主體，即透過詮釋主體的分解性的、概念性的知識活動而顯現出新形式、新體徵，以實現哲學「思想結構的轉換」。

2017/08，黨聖元：《重建古典的解釋學如何可能》，《中國圖書評論》（存目）。

2018/06，馬林剛：《徐復觀文藝美學中「追體驗」的文化內涵及時代價值》，《文化學刊》（存目）。

2018/12，翁文嫻：《自法國哲學家朱利安「間距」觀念追探──也斯在中國詩學上打開的「間距」效果》，《臺大中文學報》總第六十三期。

朱利安（François Jullien）為法國當代著名漢學家，曾任法國國際哲學院院長（1995～1998 年）、法國當代思想研究院院長（2002～2011 年）。他於 1978～1981 年到香港，在香港新亞研究所追隨牟宗三、徐復觀等新儒家學習。作為一名西方人，又是希臘哲學的研究者，他卻對中國經典用功甚多。該文從朱

利安與現代新儒家以及香港文化間的相遇、碰撞入手，探討朱利安「間距」研究方法及其研究中國詩學的可能性。一、朱利安於 2011 年提出「間距」的跨文化研究方法：要繞道遙遠而冒險的他方，再回到熟悉的地域重新辨識其中的孕育力，與作者堅持的中國古典與當代國際文化撞擊的文化觀十分契合。二、朱利安延續了徐復觀對《詩經》中「賦比興」的闡釋，於 1985 年寫成《含蓄的價值：中國傳統詩歌詮釋中的原創性範疇》的博士論文。朱利安在這篇論文中深入研究了賦、比、興的概念，尤其對「興」感興趣。他認為要繞到遙遠的中國（中文），以便重新把握自己的哲學傳統，將中國與西方經典並列互看，凸顯雙方的特質。三、2011 年「間距」概念的提出，是一個重要的里程碑。「間距」與「之間」，努力消除實體，脫離西方的「存有」，這可能來自於幾位現代新儒家生存境遇的啟發。中國新儒學重鎮的幾位大家，當年因不堪忍受大陸或臺灣地區的狀況，隱居香港這片「文化沙漠」，靈根自植。他們在英國人統治的小島之上，在西化的文化氛圍中傳續中國的學問，客觀的現實環境造就出這樣一個既熟悉又陌生的「間距」效果。朱利安繞道中國，重整歐洲的學術方向，尤其是通過他的「間距」觀念，期望能對中國文化與詩學現象有更深入的洞察。

2020/11，王婷：《徐復觀的「追體驗」文藝批評方法研究》，蘭州大學碩士論文（存目）。

第二節　批判質疑集釋

1992/12，謝仲明：《論徐復觀對莊子的解釋》，《東海大學「徐復觀學術思想國際研討會」論文集》。

該文認為，徐復觀在《中國人性論史・先秦篇》中稱莊子是「上升的虛無主義」，對現實人生以全盤的肯定，但徐復觀並不滿足於莊子精神的這一研究結論。一、在《中國藝術精神》中，他通過對莊子「藝術的人生觀」「藝術的宇宙觀」「藝術的生死觀」「藝術的政治觀」等觀念的闡釋，確立了莊子在中國美學史上的地位。莊子思想中的美學意涵、莊子思想在中國美學中的核心地位，在經過徐復觀的提點後，才得以彰顯和明確。該文肯定了徐復觀對莊子的詮釋，以及徐復觀在中國美學研究和老莊思想研究上的原創性貢獻。二、徐復觀認為莊子的「大美」「至美」乃是「得至美而遊乎至樂者」，「遊」是藝術精神的體現。莊子所把握到的「心」是藝術精神的主體，進而以莊子藝術精神的

「道」去涵攝《莊子》的全體。三、該文對徐復觀解莊的限度從兩個層面進行了反思：首先，關於徐復觀論證的邏輯問題。徐復觀認為「遊」的基本條件與藝術精神的基本性格是相似的，但他並沒有把二者的全部內涵進行印證。莊子之「道」與最高的藝術精神有重疊之處，但不能證明莊子之「道」實際即是最高的藝術精神。其次，關於莊子之「道」的內涵問題。莊子精神可以開出藝術精神，還可以開出道德精神。莊子所把握到的「心」，不只是一個「虛靜」的藝術主體，在「虛靜」的深層有更豐富的蘊涵。該文指出，莊子確立了藝術精神的主體，但莊子之「道」不止於此，莊子之「道」並不能完滿地完成藝術化的人生。

1994/12，林顯庭、張展源：《莊學、禪、與藝術精神之關係──由徐復觀「禪開不出藝術」之說談起》，《中國文化月刊》。

該文以徐復觀在《中國藝術精神》中認為中國的藝術精神是由莊學所開出的、對佛教持否定的態度為出發點，指出徐復觀的解釋學模式是：某某藝術家，當某一藝術評論者說他是受到禪宗影響時，徐復觀便說那其實只是莊學而非禪，禪宗是開不出藝術的。這裡預設了幾個前提：第一，藝術家不懂得莊學與禪宗的差異；第二，忽略了不少藝術家本身就是僧人；第三，佛與老莊的差異早在魏晉就廣受討論，古代文人很難說不懂得其中的差別；第四，宗教修持經驗與藝術創作經驗被混同了，禪開不出藝術境界是因為在禪境中了無分別，不能取象。該文認為，一、禪與老莊確實有很大的相似，佛教徒喜歡引用老莊，但並不表示他們將二者混同，「禪學老莊化」並非一種定論。二、徐復觀混淆了一個重要區別，即實際的禪觀修持與藝術創作是兩回事，一個人不可能在「入禪」的狀態下進行藝術創作，一個藝術家的創作只要是受了禪的啟發，都可以稱作是「受了禪的影響」。三、該文以方東美的詩歌為例，談到了莊學與禪宗對藝術創作影響的差異。徐復觀認為禪宗之「心」不在相上住，這是對「寂」和「滅」的誤解。綜上，該文認為假如莊學能開出藝術，那麼禪宗也能，因為兩家哲學都以經由修養工夫而達臻心體的「虛靜」境界後所直接流露的觀照妙用來開出藝術及藝術性的人生，可以說是相互交融、相得益彰的。

2000/02，章啟群：《怎樣探討中國藝術精神：評徐復觀〈中國藝術精神〉的幾個觀點》，《北京大學學報》（哲學社會科學版）。

該文和謝仲明先生的《論徐復觀對莊子的解釋》視角相似，都是通過辨析

《莊子》中的「道」「大美」「遊」等概念，認為「道」不是藝術精神，「大美」不是美，「遊」不是藝術精神的境界。不過該文將謝仲明對徐復觀闡釋莊子的限度細化為三個問題：第一，《莊子》的「道」與中國藝術精神的最高意境是否相同？第二，《莊子》中的得「道」者是否具有一種藝術的精神或境界？第三，《莊子》有自然美的觀念嗎？該文認為徐復觀提出莊子精神是中國的「純藝術精神」，沒有從根本上揭示《莊子》對中國藝術精神的內在影響。通過對《莊子》文本中「道」「得道者」「自然美」等概念的辨析，作者得出的結論為徐復觀《中國藝術精神》一書邏輯混亂，牽強附會，幾乎掩蓋了《莊子》中一些有價值的思想。

　　2002/01，孫邦金：《儒家樂教與中國藝術精神：徐復觀〈中國藝術精神〉讀後》，《武漢大學學報》（人文科學版）。

　　該文延續了學界對「中國藝術精神能否以道家為精髓和根本？」的探討，並提出三個問題：一、繪畫藝術能否充分詮釋道家思想及中國藝術精神，理由是「由於藝術形式多元化的事實，用藝術精神來理解老莊思想可以，但以道家的藝術精神來代表中國的藝術精神就有歸約主義的傾向。」二、徐復觀在處理藝術形式的世俗性與本質的超越性之間的關係時，有偏重本質的極端傾向。三、藝術精神獲取的道路問題。該文認為「樂教的精神資源與其他藝術形式一道持續地成就著中國的藝術精神和人生」，而徐復觀「僅從儒家樂教的衰落推導出儒家的藝術精神的斷裂和缺失」，存在片面性與局限性。

　　2002/01，孫中峰：《莊子之「道」與「藝術精神」的關係——對徐復觀、顏崑陽先生論點的評述與商討》，《東華中國文學研究》。

　　該文認為，莊子思想本質上是一個生命哲學體系，然而它波及到藝術理論領域之後，對中國藝術思想及藝術創作理論的形成，影響甚大。一、《莊子》與中國藝術之間的關係，是中國美學史上的一個重大議題，學界已累積許多研究成果。徐復觀的《中國藝術精神》就是其中一部深具代表性與影響力的專著。徐復觀在書中為中國藝術精神尋根究源，將中國文化中的「藝術精神」歸本於老莊思想系統。二、顏崑陽的《莊子藝術精神析論》一書承續徐復觀的論點又有所發展，將莊子的本體之「道」與藝術創作實踐詮釋為「體」「用」的關聯。在徐復觀、顏崑陽的闡釋中，莊子之「道」與中國藝術之間乃具有一種「必然導生」的連屬關係。根據此種論點，莊子思想之美學意義，亦取決於「道」與

「藝術」的同質聯繫上。他們在此思維架構下論述《莊子》對中國藝術精神的影響，每以莊子思想統攝後代之藝術理論。三、顏崑陽贊同徐復觀以莊子之「道」與「藝術精神」為同質的論點，而對於「藝術精神」一詞，加以更細密的分析。將「藝術精神」界定為三層意涵：首先，「形上實體」義之「藝術精神」（第一義）；其次，「主觀精神」義之「藝術精神」（第二義）；再次，作為具體藝術之根源質性的「藝術精神」（第三義）。在徐復觀的論著中，則將中國山水畫論思想全然歸諸莊學影響，而忽視了歷史發展過程中若干重要的文化影響因素。該文於是尋究其立論基礎，就莊子之「道」與「藝術精神」的關係，重新加以檢視，探析徐復觀、顏崑陽以「藝術精神」作為莊子之「道」的性格描述。四、他們之所以用「藝術精神」詮釋莊子之「道」，最直接而初始的緣由，乃著眼於《莊子》對後世中國藝術理論與實踐的深遠影響。換言之，《莊子》對後世之藝術影響，乃是其「以藝術規範道體」之論述的原始支撐點。「藝術」何以能夠描述道體？或者，「道」為何具有「藝術性」？關於此一問題，徐復觀僅由主體心靈的角度加以論述說明；顏崑陽《莊子藝術精神析論》承繼與發展了徐復觀對莊子藝術精神的分析，又意圖在「道」與「藝術」之間尋求具體的「共同基性」。他以「真」「虛」「和」「美」四者概括「道」與「藝術」的共同質性，並對「藝術精神」的概念作了更加細密的分析。

然而，顏崑陽書中由《莊子》對中國藝術影響的事實而確認「莊子藝術精神」論題的成立，乃至「莊子藝術精神即是道」之論點的設定，是否均採取了「預先設立」的論述方式？所謂「最高」藝術精神，是否仍在「藝術」的層次中？都是徐書中有待進一步辨明的問題。莊子思想本是一生命哲學體系，它之所以涵具美學意義，原在乎由「虛靜」工夫所開展出的人生美感境界，這是一種形上之美、心靈之美，而非藝術美。謂莊子思想為中國「一切純粹藝術之根源」，將莊子之「道」與中國藝術詮釋為「體」「用」引申的關聯，明顯是不切合歷史實際的。

2003/12，張世保：《評徐復觀對先秦樂教思想的研究》，《「徐復觀與20世紀儒學發展」海峽兩岸學術研討會論文匯編》。

該文以1993年在湖北荊門郭店出土的楚簡及上海博物館所藏的與「樂教」有關的竹簡為依據，對徐復觀在《中國藝術精神》中的「樂教」思想提出質疑與批判。一、徐復觀認為《樂記》中關於音樂的理論記載了孔門有關音樂的理論，恐怕也是世界上最早的音樂理論，而該文認為郭店楚簡《性自命出》中就

包含著道與欲、天理與人慾的論述，比《樂記》更早。徐復觀從「仁」的角度說明音樂的形而上特徵，而郭店楚簡則為我們理解「樂」何以具有強烈的形上特徵提供了線索。徐復觀的「樂教」思想的核心是「情」，「情」在《性自命出》中也是一個重要的範疇。二、徐復觀對「情」與「樂」關係的揭示乃是對中國文化進行的一探本求源的工作。中國古代的「樂教」，強調的是一種智慧、一種境界、一種德性，它恰恰可以對治當今工具理性的膨脹、一切數字化、人心淡薄的社會。三、該文認為徐復觀關於「《樂記》是世界上最早的音樂理論」的論斷是錯誤的，然而並沒有進一步詳細論證《性自命出》是一部「音樂理論」。該文僅以丁四新的一段引言，就「以引代論」認為徐復觀是錯的，缺乏說服力。而該文質疑徐復觀認為《公孫尼子》與其音樂理論「全係粗率的臆說」的根據，也是一種粗率的推測，也即「公孫尼子有可能是《性自命出》的作者」，這種說法本身就是流於「臆說」。

2004/04，孫琪：《中國藝術精神研究的「偏」和「全」：評徐復觀中國藝術精神主體研究的失誤》，《廣東第二師範學院學報》。

明確標舉莊子精神為中國藝術精神並展開深入探討的，徐復觀是第一人。他的《中國藝術精神》自出版以來，學界褒貶不一，但不可否認，不管是從其發前人所未發的觀點，還是從其探討中國藝術精神的路向來看，該書都具有重要的學術價值。該文指出，一、徐復觀所闡釋的中國藝術精神實以道家（確切地說是莊子）為精髓和根本，並在中國傳統山水畫上得到了落實。這一研究路線看似順理成章，但實際上卻將中國藝術精神簡單化了，有以偏概全之嫌。二、徐復觀一方面從藝術精神的主體出發探討中國藝術精神，從而抓住了中國文化的本質；而另一方面，又因為將主體「純」而又「純」化，從而導致除莊子和山水畫之外，藝術精神有其他方面的呈現均被忽略。三、《中國藝術精神》一書似乎更應名為「《莊子與中國藝術精神》」諸如此類的名字。該文肯定了徐復觀所闡釋的中國藝術精神最重要的一些精神特質，因而也抓住了中國藝術的某些根本的東西，為我們繼續探討這一問題提供了方法上的重要啟示。

2004/05，張節末：《徐復觀對莊子美學的發明及其誤讀》，《浙江社會科學》。

該文就 20 世紀 60 年代出版的《中國藝術精神》對莊子美學所作的深度發明並奠定了莊子在中國美學史上的開山地位的居功至偉進行闡釋。然而，徐

復觀把莊子美學詮解為中國藝術精神，企圖在「技」的層面上與道會合，導致如下困境：首先，把「技外見道」誤解為「技中見道」，雖合乎常識然而卻違異莊子本意。其次，引入現象學的純粹意識以解讀「心齋」，將其定義為「審美觀照」，成為「技中見道」說的反證。再次，把「天地精神」解讀為藝術精神，顛倒了莊子思想中自然對藝術的優先關係。以藝術取代審美，就無法在審美與自然的共通關係之中為莊子美學作出定位。因此，該文認為：一、莊子在回歸自然的境界之中，極其個人化的經驗出乎意料地被公共化了。二、精神的主體固然還是孤獨的個體，不過卻已經被賦予了「大美」，即大公的「天地精神」和精神的自由解放的意涵。三、如果把這種「天地精神」誤解為藝術精神而不是審美精神，我們就無法在審美與自然的共通關係中為莊子美學作出定位，那就不免會誤讀了莊子。

2005/07，張建軍：《中國畫論中「逸」之觀念流變與本義辨析──徐復觀中國畫「逸格」觀異議》，《中國書畫》。

中國畫以神、妙、能、逸分品，一般認為始於唐代張懷瓘。張懷瓘在《畫品》中將畫分神、妙、能三品，黃休復的《益州名畫錄》則列逸格於神、妙、能三格之上。對於「逸格」之涵義，歷代畫家、文人都給予了極大的關注。現代學者以徐復觀的研究影響最大。徐復觀的觀點主要可以歸納為以下幾個方面：第一，逸格的最先推重者是張彥遠。張彥遠在《歷代名畫記》所言的「失於自然而後神，失於神而後妙，失於妙而後精」的「自然」就是逸格。第二，逸格包含有簡、變、活、奇幾方面因素。第三，逸有超逸、放逸、高逸、清逸等多種情態。第四，相對於神而言，神是忘規矩，逸是超出於規矩之外。第五，逸格是神格的更陞進一層，因而凡不由意境的陞進而僅在技巧上用心，在技巧上別樹一幟的，是逸格的贗品。

一、對「逸格」的研究必須要有歷史意識，絕不能以後代（元明清）觀念去代替前代（唐宋）觀念，絕不能用「逸格」中的某一種情態去否定另外的情態，例如不能用倪雲林的清逸去否定孫位的放逸。二、要注意到「逸格」作為一種審美形態，有其歷史性。例如王洽的潑墨屬「逸格」無疑，但今天的「程式化」的潑墨畫家的畫卻是典型的「逸格」的「贗品」。三、從創作與批評觀念來看，以在繪畫的觀念、方法上有所創新，與規矩、成法不相容為其基本內涵的。「逸」對於中國畫具有本體論意義。四、從「逸」的本義來看，「逸」的實際含義並不是單純的「風格」概念所能含括的，「逸」是中國畫論中的繪畫

藝術本體的概念。徐復觀正是混淆了「逸」作為一種藝術本體概念與明清文人畫的所謂「高逸清逸」之類的繪畫風格概念，而不由自主地追隨了明清文人畫的正統觀念，重蹈了風格主義與趣味主義的覆轍。

2006/06，鄒元江：《必極工而後能寫意——與徐復觀「釋氣韻生動」辯難》，《文藝理論研究》。

該文認為徐復觀最大的問題就是將「藝術作品中的氣韻生動」等同於「作者自身的氣韻生動」，這種人與作品簡單、粗暴的一一對應關係是令人吃驚的。透過徐復觀對莊子藝術精神的詮釋，我們可以發現徐復觀對中國藝術精神的偏頗並非徐復觀個人見識之不足，而是上至孔子、孟子、莊子就過於偏重人格精神境界的藝術評價標準造成的，而藝術界對這種偏頗至今仍津津樂道，導致從根本上忽視、無視藝術的境界創造是以「極工」為前提的。也正是基於這一藝術審美創造的原則，在徐復觀看來「文如其人」的「文」與「人」具有的等同意義就是非常態的，而「文」與「人」的陌異偏離性才恰恰是常態的，因為它忽略了一個最基本的藝術審美創造的原則：藝術世界與現實世界的差異性、間離性和「在」即「異在」性。其實，不僅作者的精神與作品的精神是不能對應的，而且「胸中之竹」與「手中之竹」也是無法對應的。

該文認為：一、徐復觀之所以將「文」與「人」相對應、相混同，其重要的原因是他對神形之「形」的輕視。「極工」就是藝術家安身立命的「童子功」、技巧的訓練、形似的工夫，這是作為藝術家永遠無法繞過的。因此，對藝術家而言的「氣韻生動」的「寫意」性審美效果的獲得，恰恰還仗「極工」覓。徐復觀如此推重人格「修養的工夫」，而輕視藝術家之為藝術家的技巧的工夫是不難理解的。二、徐復觀的問題還表現為認同「跡與心合」，反對技巧的學習，自然就排斥、輕視「跡」如何達於「心」的中介。可問題還不僅僅在於對技巧的輕慢，而是在於徐復觀認同的是什麼「心」，什麼「跡」。「氣」與「韻」的分類、歸類，看似清晰、準確了，但恰恰將藝術陌異性、非確定性、不可言說性的審美特徵加以簡單化、單面化和刻板化了，而這恰恰是與藝術的本質相背離的。三、徐復觀所面對、所詮釋的思想語境既滋養了他，也遮蔽了他。他的思想癥結其實也是中國藝術精神內在的癥結。這個癥結的致命病灶就是以精神人格直接對應於藝術精神，而忽略、漠視甚至放棄對作為藝術精神實現方式的審美形式因的探求，這就必然滋生出繪畫中的「便宜主義傾向」。這種傾向因過度強調空疏虛妄的神似、神韻，放棄了對形似、極工的技術訓練，而一些

附庸風雅之輩則在神似、氣韻的幌子下胡塗亂抹，最終導致了中國繪畫走向衰落，這是值得我們反思的。

2006/10，劉昌元：《徐復觀論莊子、西方美學與現代藝術──一個批判性的回應》，《香港中文大學的當代儒者》，《新亞學術集刊》總第十九期，香港中文大學出版社。

該文認為徐復觀的《中國藝術精神》頗具有開創性，顏崑陽的《莊子的藝術精神析論》（1985）、董小蕙的《莊子思想的美學意義》（1993）等論著都受其影響，但這兩本書引用的西方美學還遠不及徐著豐富。而就《中國藝術精神》所涉及的美學範圍而言，早已被李澤厚、劉綱紀的《中國美學史》以及葉朗的《中國美學史大綱》所超越。徐復觀試圖證明莊子精神比西方美學優越，對中西藝術的發展前景有深切的關懷，這是其美學思想最大的特點。

一、在藝術精神與形上學的「道」的關係上，徐復觀認為莊子的精神是藝術性的，而「心齋之心就是藝術精神的主體」。我們必須追問這種心靈與形上的道相通是否有證據支持，否則它就不能作為一種理論依據去評價西方的美學或現代藝術，而只是一種形上學的態度。道家的形上學也許為中國古代山水畫及某些田園詩提供了哲學依據，然而這並不能使它對現代藝術家也具有同樣的意義，更不能用它來解釋西方藝術。二、徐復觀在解釋莊子的藝術精神時，常常借助西方美學的方法和觀念，但是這種努力只停留在了闡釋莊子的層面，而不在反省其意義和價值。西方美學不少學者也強調審美及藝術有非實用、自由、和諧等特徵，徐復觀引用這些材料來證明與莊子思想的相似性，然而，這其中夾雜著不少是似而非的誤解。例如對康德的理解，康德講審美判斷是超功利的，與實用判斷、認知判斷和道德判斷都不同，這與莊子的「藝術精神」確有相通之處，其中「超功利」這一特徵也為學界所認同。康德在對「純粹美」作分析時強調它的非實用性、非概念性，它的「純粹美」主要指自然美，而「依存美」可以涉及目的和概念，藝術美大多是「依存美」。徐復觀以莊子的藝術精神與康德「純粹無關心的滿足」相似，又把它視為「藝術性的滿足」，這就產生了內在的矛盾。三、徐復觀對現代藝術的評論過於極端。徐復觀站在中國美學的立場上去看現代藝術當然會認為現代藝術失掉了對美的觀照、對人性的觀照，這是可以理解的，但是全盤否定現代藝術的價值卻令人難以信服。徐復觀混淆了現代藝術與現代主義藝術，因為只有現代主義藝術才極端地反傳統、反對既定的秩序。現代主義確有反理性的一面，但是在表現現代人的生存

感受方面比傳統文學更貼切。如果時代給人的感受是灰暗的，那麼將這種感受真實地表現出來正是藝術家的分內之事。抽象藝術並非是純然的反理性主義，其中也包含有深刻的人文關懷，如本雅明在超現實主義對陳舊的平凡物的再現的作品中感受到某種革命性的力量，感受到有種對世俗世界的照明作用。

總之，該文認為徐復觀的《中國藝術精神》對莊子思想作了開創性的詮釋，對西方學術和藝術也有積極的反思及價值判斷，這種用心是值得讚賞的。但徐復觀對莊子美學的解釋有些地方並不恰當，對莊子美學的可能限制缺乏反思，對西方美學尤其是康德美學運用得並不太適當，並且對現代藝術的價值判斷過於絕對，立足於「天人合一」的形上學都難免走入這種獨斷主義的死胡同。

2007/04，張節末、劉毅青等：《比較語境中的誤讀與發明──推求徐復觀、葉維廉、高友工、方東美等學者重建中國美學的若干策略》，《浙江大學學報》（人文社會科學版）。

該文闡述徐復觀、葉維廉、高友工、方東美等中國學者在研究中不約而同地將西學作了有意無意的誤讀式援引、轉換或整合，並指向創造性「發明」的問題。這種不免先入為主、有所取捨的詮釋模式，或許可理解為這些學人為了創設發明中國問題之語境而採取的一種比較和詮釋的策略。有意思的是，龐德和海德格爾等西方學者也是以本民族文化為本位來取用東方資源的，在資源的選擇和取用目的上都受到他們自己理論目標的牽引而未必做到尊重原意。東西方學者在比較視野中對對方資源的取用和援引策略，形成了某種互文的效果，由此可以讓中國知識分子更深刻地體認到傳統思想的某些特質。

一、徐復觀對莊子的闡釋有著強烈的現代性訴求。徐復觀對西方美學的引用是以現代性為目標，將中國傳統美學進行現代轉換，莊子美學的現代意義是通過運用西方美學與莊子美學比較闡釋而產生的。二、徐復觀對西方美學的吸收和轉換不是將孔子、莊子整個納入康德或黑格爾的美學體系中予以闡釋，並以一種形而上學的方式進行重建，他是從根本上反對這種完全按照西方美學方式重構中國美學的路徑的。例如對西方美學概念的運用，如果脫離概念本身西方美學的背景，直接將它們納入中國美學的語境進行運用，對西方概念本身來說必然存在著誤讀，中國式的理解或多或少都有不符合概念自身內涵的地方。三、徐復觀的美學思想與他的人性論是結合在一起的，他對康德美學也是從人性論的角度予以接受的。徐復觀對西方美學進行了深層的轉換，這種理論轉換把握了現代美學的核心──審美自由。它是以現代性的問題解決為目的

的，中國藝術精神的生命力就表現在它能夠接納現代美學理論的闡釋，不斷得到充實而回應現代性的問題。徐復觀為我們研究莊子美學開闢了一個新的視角，也為中國藝術的現代創新提供了一個可資參照的路徑。

2008/01，劉建平：《再論怎樣探討中國藝術精神──評〈中國藝術精神〉兼與章啟群諸先生商榷》，《社會科學評論》。

該文認為章啟群《怎樣探討中國藝術精神：評徐復觀〈中國藝術精神〉的幾個觀點》分別從「對『中國藝術精神』和『生活的藝術精神』」「《莊子》的『道』是中國藝術精神的最高境界」「『得道者』具有藝術精神或境界」三點對徐復觀《中國藝術精神》提出「商榷」，但章啟群並未如他所說的那樣，從中國文化最核心的東西──哲學和宗教中去尋找藝術精神，而是試圖通過西方哲學的視角來解讀《莊子》和中國藝術精神，以西方的二元認識論和審美論去解讀《莊子》的「道」和藝術境界，這不僅對徐復觀的《中國藝術精神》造成了一些誤解，而且對《莊子》文本中的「道」「知」「自然美」的觀念等都存在理解上的偏差。該文針對這幾個觀點「再加以澄清」。一、徐復觀認為《莊子》的「道」是中國藝術精神的最高境界，恰恰是從對中國藝術精神與中國人生活的藝術精神二者的區分開始的。徐復觀雖然注意到二者之間的差異性，但他更加強調藝術與人生的互不外在性，這體現了他對中國藝術精神的獨到理解。二、徐復觀從對「中國藝術精神」和「中國人生活的藝術精神」的區分，指出二者契合於《莊子》的「道」上，到提出《莊子》的「道」與中國藝術精神的最高境界相同，是有著嚴密的內在邏輯聯繫的。三、章啟群混淆了他先前所批判的「徐復觀將『中國藝術精神』和『中國人生活的藝術精神』混為一團」的觀點，並用「得道者」是否具有生活上的藝術精神或藝術態度來判定其是否具有藝術精神，因而在邏輯上造成了前後相悖。四、結論是：徐復觀探討中國藝術精神有藝術精神文化論、藝術精神心性論、藝術精神「莊子」論三個維度。

2008/04，劉建平：《手心兩忘，技道合一：評徐復觀「中國藝術精神」兼與鄒元江先生商榷》，《文藝理論研究》。

該文對鄒元江《必極工而後能寫意──對「中國藝術精神」的反思之一》的觀點提出了商榷。該文指出，鄒文「脫離了徐復觀生活的時代背景，忽略了徐復觀寫作《中國藝術精神》有其特定的發言對象」，所得出的「必極工而後能寫意」結論本身也對「中國藝術精神」造成了誤解。該文主要從三個方面進

行了辨析：一、從徐復觀《中國藝術精神》的發言對象來看，該文指出徐復觀在《中國藝術精神》中的藝術思想承接 1961 年臺灣地區「現代藝術論戰」而來，其發言對象是臺灣地區的現代藝術家，因而他無須在技術問題上過多著墨。二、從「極工」與「寫意」之間的關係來看，二者並非因果關係，也不是條件關係，「在中西藝術的評判標準中，技術從來不是一個重要的因素，中西藝術雖歷史淵源、風格流派不同，然都追求繪畫中之『意味』」。三、從「手心兩忘」境界下的藝術傑作來看，以顏真卿的《祭侄文稿》及王羲之的《蘭亭序》為例，闡明了徐復觀的審美理想是美善相融、技道合一。

　　2011/06，程澤明：《哲學與思想史視野中的〈中國藝術精神〉》，陝西師範大學碩士論文。

　　這是一篇頗有獨立思想性、創新性的碩士論文，該文以學界圍繞《中國藝術精神》展開的論爭、質疑與商榷為出發點，提出了幾個尖銳而重要的問題。第一，回到莊子：藝術「衰退論」指導下的中國畫論史。徐復觀所建構的中國藝術史，不是一部莊子精神自身的發展史，而是一部莊子精神的表現史，莊子精神自身就獨立於時代之外、不隨時代發展了嗎？第二，「氣韻生動」是「六法」之首，也是中國藝術精神的「極詣」，〔註3〕似乎中國藝術後來近兩千年的發展，只是後人對它的理解與表現程度多少的問題了。事實上，「氣韻生動」最初只是人物畫的品鑒標準，與宋元山水畫的成熟中間隔著好幾百年，它如何能成為中國繪畫的審美理想呢？第三，建立在心性論基礎上的「虛」「靜」「明」的藝術精神，是一種萬古長青的玄虛理想還是代表著衰老沒落的文明？

　　該文指出，一、《中國人性論史》講述先秦時期中國文化精神的成型與表現，《兩漢思想史》記錄漢代大一統政治確立後知識分子的精神抗爭史，《中國藝術精神》則追蹤魏晉以後知識分子尋找自身精神家園的歷程。徐復觀這三部書展示的都是中國文化明亮輝煌的一面。徐復觀高談莊子的超然與山水畫的恬靜，莊子的「遊」未嘗不是一個雙關語，它既指遊心萬物的逍遙，又指涉理想和精神受挫的現實以及漂泊流亡的辛酸。二、徐復觀對莊子「山林隱士」的身份定位其實存在著嚴重偏差。中國古代的山水話語起源於孔子「仁者樂山，智者樂水」，表達的是儒家思想情感。徐復觀將莊子山水化，其實是沿循了古代士大夫們所走的道路，把本欲跳出「廟堂—山林」傳統關係的莊子重新置入

〔註 3〕徐復觀：《中國藝術精神》，第 187 頁。

「廟堂─山林」的文化牢籠中，這表明徐復觀不能夠擺脫古代士人的歷史局限性去理解《莊子》，使他所講的莊子帶上了兩個不能相融的精神面向，從而導致他莊學與山水畫畫學闡釋中的混淆與錯亂。三、徐復觀不能以一種動態的眼光去看待宋元以後山水畫的變遷，藝術在他那裏成了一種應對現實政治的抗爭方式。然而，藝術的抗爭畢竟是消極的，中國畫的主題本不局限於山水，甚至也不必拘泥於水墨的表現形式。徐復觀把對莊子藝術精神的討論限定在水墨山水上，恰恰暴露了他自己的視野局限性，他代表的是少數精英知識分子的趣味。徐復觀早年也曾表達過一種使中國知識分子轉向民間、徹底從政治中獨立出來的看法，但儒者的立場最終阻礙了他將這種見解融入到對《莊子》的闡釋中，這值得我們警醒。

2012/01，孫琪：《臺港新儒家「中國藝術精神」闡釋的悖論反思》，《陝西師範大學學報》（哲學社會科學版）。

該文主要針對臺港新儒家「中國藝術精神」闡釋進行分析與反思。反思的主要問題為臺港新儒家學者唐君毅、徐復觀的「中國藝術精神」闡釋共同出現的三大悖論：首先，他們所謂的「純藝術精神」實則無法「純粹」；其次，藝術精神與道德精神表面並列實則並不平等；再次，在他們所建構的「中國藝術精神」中，藝術最終被「精神」湮沒，成為可有可無之物。他們以心性之學解讀中國傳統藝術的路向是對宋明儒學的延續，而非超越。那麼，臺港新儒家視野中的「中國藝術精神」為什麼會有諸多矛盾和悖謬呢？一、分別來看，現代新儒家大多預設了「道德心靈」這個本體，此本體乃一切文化存在的前提和依據，也是價值的根源，它的絕對性必然取消藝術的獨立性和純粹性。二、現代新儒家「中國藝術精神」的最終指向並非藝術，而是文化精神和價值。新儒家們真正關注的是藝術的「精神」（即價值），而不是藝術的「身體」（即藝術本身、藝術性），這是悖論產生的最深根源。

2013/11，梁願：《方東美與徐復觀對莊子美學之見與不見》，《暨南學報》（哲學社會科學版）。

該文通過比較研究的方法將方東美與徐復觀對於莊子之美學的理解加以對照。徐復觀把莊子精神的超越性與藝術精神的純粹性聯繫起來，使得現代美學在中國傳統文化中生根；方東美看到莊子精神的超越性對中國藝術的影響，然而他立基於西方本體論的哲學體系，使得莊子精神的超越性最終泯滅在儒

家至善境界的理想追求中,而無法與現代美學的純粹性相對接。兩人之見與不見,皆緣於其比較視野。該文指出,通過這一反觀,可見採用比較視野時,一方面要以彰顯傳統文化的現代性為目的,另一方面又不能以遮蔽中國原義為代價。一、徐復觀看到了藝術精神的獨立內涵,它不需要一個預設的形而上旨歸,同時也不再作為倫理與道德的依附而存在,所以莊子精神的超越性才與藝術精神的純粹性有可溝通的橋樑。二、徐復觀看到了中國文化與西方文化在根源之地的不同,以及儒道之價值實現方式的不同,因而沒有像方東美那樣執意融通中西、融合儒道佛來建構一個大統一的理想藍圖。三、在具體闡述中,徐復觀始終注重中國美學整體直覺的感悟方式,因為中國傳統對美的體驗是感性的、具體的,而非理性的、抽象的。

2014/11,蔡錦昌:《莊子的遊藝之道——評徐復觀藝術精神說》,「臺灣哲學學會學術研討會」會議論文,東吳大學哲學系(蔡錦昌:《莊子嚮往精神自由嗎?——評徐復觀的莊子藝術精神說》,《經學研究集刊》總第三十二期)。

該文對徐復觀詮釋莊子之道為純藝術精神的觀點有所商榷,徐復觀認為莊子由「心齋」工夫所把握的「心」,即是中國藝術精神的主體。他進而認為此種求作真性情之人的精神不只貫通到魏晉玄學以及整個中國山水畫傳統之中,而且可導正現代藝術荒謬頹廢之歧路。徐復觀以「精神自由」作為「藝術」之本質的想法是否與莊子道說之原意相符呢?莊子所謂「解其桎梏」,是否就是徐復觀所謂「解除其所遭遇之各種內外束縛與阻礙而精神自由解放」之意呢?莊子的「至人」和「真人」真的是如他所說的「真性情的人」嗎?該文分析了徐復觀所闡釋的莊子精神與莊子原意不合之處,並指出其論中國藝術精神之偏失。一、徐復觀的藝術觀其實是來自西方近代以來的藝術觀,與中文傳統「藝術」之原義本有出入。徐復觀所謂「藝術之美」,是指一種「不涉知識與無視利害的品味判斷」,而所謂「藝術精神」是指「在各種桎梏下追求自由解放的精神」。二、徐復觀闡釋莊子之道重在「精神自由」,這與莊子原意貌合而神離。莊子之道是「天民」之道,是「離棄人情的虛己忘我之道」,其所謂「解其桎梏」,並非「解除其所遭遇之各種內外束縛與阻礙而精神自由解放」之意,而是「解脫其因自以為是的茫昧心態而作繭自縛」之意。三、莊子得道之目的亦非讓人成為「真性情的人」,而是成為「非常之能人」,亦即那些上至神仙和智者,而下至如庖丁和支離疏一樣的異能人士。徐復觀的

莊子藝術精神闡釋的失誤，主要在借現代西方思想來詮釋中國古人道術，以致其解說不只多屬附會，而且其所推崇之「精神自由」亦不免淪為一種莊子所欲解脫之桎梏。

2017/03，郭勇健：《心學還是身學？——論徐復觀對莊子的誤讀》，《南開學報》（哲學社會科學版）。

一、徐復觀是從「心學」的角度來解讀莊子的，所以他特別注重「心齋」的概念，但「心學」詮釋範式並不是「以莊解莊」的自然結果，而是「以儒解莊」造成的。現代新儒家的文化立場，造成了徐復觀對莊子思想的誤讀。二、《中國人性論史·先秦篇》是尋找「心體」的一次努力，但莊子哲學的「心」在作用層，而不在本體層。「心齋」並不是要去尋找本心或真心，而是剖心、無心。《中國藝術精神》借用胡塞爾現象學的「純粹意識」概念來解讀「心齋」之「心」，也是不能成立的。為了開出莊子思想的藝術精神維度，較之胡塞爾的意識現象學，梅洛·龐蒂的身體現象學或許更為合適貼切。三、從總體上看，莊子哲學顯然並不是「心學」。莊子哲學的「身學」詮釋範式，迄今尚未形成，但已經有了一種趨勢。畢萊德的《莊子四講》在莊子哲學的「心學」詮釋範式之外，提示了身體哲學的詮釋方向。

2018/01，古遠清、阮波：《20世紀六七十年代臺灣的美學研究》，《山西大同大學學報》（社會科學版）。

從20世紀50年代起，由於臺灣地區意識形態掛帥，對中國文藝和美學研究實行禁錮政策，斬斷了「五四」以來的美學研究傳統，使得臺灣地區五六十年代出現了美學研究的空白。20世紀60年代最具代表性的美學研究是徐復觀的《中國藝術精神》，這是臺灣地區出版的第一部以中國美學為討論對象的專著，著重研究了中國古代美學與文藝思想，影響深遠。全書對莊子的美的觀照特色十分突出，徐復觀稱之為「莊子的再發現」。在此基礎上，該文又對徐復觀的《中國藝術精神》提出批評，認為他混淆了莊學的實質與目的，把整本書變成了「莊周藝術精神」，以偏概全；論樂而不與禮並稱，論美而與仁合一；論興觀群怨為詩之用，而不知溫柔敦厚為詩之教；論藝術以繪畫為主，而忽視繪畫以外的其他藝術門類；把宗炳、王微及戴逵的山水畫論和作品看成莊子的影響，完全無視宗炳乃名僧慧遠的弟子，王微、戴逵都皈依佛法的事實等。

2018/02，章啟群：《作為「悖論」的〈莊子〉美學》，《文藝爭鳴》。

該文對「《莊子》美學」存在的合法性及學界研究《莊子》的方法提出了批判。一、「《莊子》美學」難以成立。首先，《莊子》中不存在建設性的美的本體論，不存在建設性的關於美的本質說；其次，在認識論上，《莊子》是極端懷疑論，不能判斷美醜，審美認識論也是不存在的；再次，美的事物損害人的本性，都是有害道德的，在倫理學的視角下，《莊子》也是否定美的價值的。二、《莊子》中的「美」「大美」等概念與事物的感性美沒有關係，與現代漢語的「美」字含義相去甚遠。因此，以「大美」作為核心概念和重要論據來立論《莊子》美學思想，可謂風馬牛不相及。三、對李澤厚和劉綱紀的《中國美學史》、李澤厚的《美的歷程》《華夏美學》以及葉朗的《中國美學史大綱》中闡釋《莊子》美學的方法提出批判。首先，李澤厚和劉綱紀在《中國美學史》中的錯誤之處是「觀念先行」，不僅基本上游離了《莊子》的哲學主旨，而且邏輯混亂；其次，李澤厚的《美的歷程》《華夏美學》缺少對於全部《莊子》文本和哲學的深入理解和完整把握，只是對於《莊子》中的隻言片語作出粗糙的連綴，然後進行大膽任性的想像；再次，葉朗的《中國美學史大綱》不僅不符合邏輯，違背常識，把《莊子》的「道」與美聯繫一體，是沒有根據的臆斷，有悖於《莊子》的基本思想和核心觀念，而且是對《莊子》思想的矮化。四、《莊子》還有一些思想對於中國藝術的形態和精神產生了極為重要和特別的影響，例如「天籟」「虛實相生」，《莊子》的一些思想仍然具有美學的意義。該文進一步指出，《莊子》思想與中國藝術精神，具有內在的關聯，正如宗白華和徐復觀所言，莊子對於後世的藝術創造具有重要的啟示。五、徐復觀論述中自然存在一些值得商榷之處。例如他常常把「中國藝術精神」與「中國文化中的藝術精神」，以及「中國人生活的藝術精神」混為一談。這些問題的混雜使得徐復觀的論述不僅零亂，而且常常有悖邏輯，幾乎掩蓋了其中一些有價值的思想。

2019/01，劉建平：《〈莊子〉美學的「悖論」及其反思》，《中國社會科學評價》。

該文認為，章啟群的《作為悖論的「〈莊子〉美學」》一文試圖以西方美學的本體論、認識論和價值論的方法去「解剖」《莊子》和中國傳統美學資源，不僅全然否定了《莊子》美學存在的合理性、合法性，而且對「《莊子》美學」

「道」「美」「自然美」等觀念都造成了理解上的偏差。結論有三點:一、對《莊子》文本中究竟有沒有西方意義上的美學理論作出學術上的區分、辨析是有意義的,也確有學理上的邏輯與合理性,但以西方美學的方法論「手術刀」式地強行將「道」的形而下生命情調從《莊子》中剝離開來,將「道」從人生體驗中剝離開來,將藝術精神從人生境界中剔除開來,無視當代西方美學的發展是轉到了東西方美學的對話、交匯型發展的新趨勢,這是「悖論」的根源。二、《莊子》的詮釋不僅僅是一個消極的考證、注釋過程,還是一個積極的詮釋和意義創造過程。「《莊子》美學」命題存在的合理性是文本自身的張力和現代語境下適度詮釋的結果。「《莊子》美學」不僅是對《莊子》作出了現代的闡釋,同時還是對《莊子》文本意蘊的一種回歸與還原,《莊子》文本的意蘊是開放的。三、美學要真正成為一門具有普遍價值的學科,就應該吸納世界上不同國家和民族關於美和美感的思考和智慧。中國美學理論的建構不僅要打破自身傳統的封閉話語體系,也要突破西方美學的霸權話語體系,倡導一種開放的、對話式的「複調美學」觀。

第三節　創造轉化集釋

1995/07,高柏園:《莊子思想中的唯美性格——以勞思光、徐復觀為中心之討論》,《鵝湖月刊》總第二四一期。

該文以《中國藝術精神》中徐復觀將《莊子》之「道」稱作是藝術精神談起。莊子的「道」在何種意義上被視為藝術精神?何以到魏晉時期才引起藝術精神的自覺?藝術精神和藝術精神的真正自覺之間究竟是什麼關係?該文將藝術精神的自覺視為一種唯美主義的內容,探討了莊子的藝術精神與唯美主義的態度之間的關係。一、唯美主義思潮是 19 世紀歐洲發展出來的「為藝術而藝術」的文藝思潮,強調審美與道德及美感之區分。當我們強調「為藝術而藝術」時,還只是看到了美的獨立性;而當我們強調「為藝術而生活」時,也同時指出了美的優先性。勞思光在《中國哲學史》中也談到以老莊為主的道家乃是以「情意我」為自我的內容,而情意我與唯美思想頗有關聯。通過對審美與道德的區分,勞思光突出了美的排他性。當他將莊子的自我視為一「情意我」時,也意味著肯定了莊子思想中觀賞、生命情調等內容,這是莊子唯美性格的一個方面。二、對自我的定位而言,有「德性我」「情意我」「認知我」以及「形

軀我」，莊子多次對其他三個自我設定進行批判，肯定了心靈之主體的自由。徐復觀認為，「心齋」「坐忘」是美的觀照的條件，「成己成物」是藝術精神的最終實現，體現為一種自由自在的心靈。三、徐復觀將天地人和的諧和、統一看作是藝術的最基本性格，也就是將「純藝術精神」落腳在「為人生而藝術」上。顯然，在此意義上，莊子思想並非唯美的，但是莊子思想至少提供了唯美主義發展的有利條件，莊子思想應該是前美學的、前藝術的。

1998/01，鄭雪花：《徐復觀對於臺灣文化問題的反思——以文化表現系統為主》，《鵝湖月刊》總第二七一期。

該文認為，從歷史的脈絡看，現代新儒家乃是在一種「救亡」的特殊情境中，展開了儒學的重構運動，這一運動的本質是一種文化反思運動。在此背景下，近當代知識分子普遍呈現出「文化化約論」的思考模式，徐復觀的文化批判也應放在此一背景下思考。徐復觀對現代主義的批判，乃是針對文明「異化」的危機而發的。臺灣地區的現代主義者背離了歷史、土地和傳統，造成了文化主體性的淪喪，而現代主義作品的變形、非人性、虛無主義反映的是人文價值的失落。徐復觀是「實踐型的」知識分子，他以「人民的主體性」和「實踐的儒學」作為自己文化思考、藝術批評的標尺。

2002/06，胡曉明：《重建中國文學的思想世界如何可能——以新儒家詩學一個案為中心的討論》，《文藝理論研究》。

該文試圖總結新儒家詩學的貢獻，既具補闕拾遺之義，又有透過梳理學術史來深化擴展中國詩學的闡釋學之義。百年中國詩學的發展歷程中，新儒家的詩學處於被忽略的地位，馬一浮、錢穆、徐復觀、牟宗三、方東美、唐君毅等人的著述中，有關中國詩人、詩史、詩觀和詩歌作品的研究評論頗多。儘管現代新儒家的詩學聲勢並不大（他們論詩並沒有某種統一的流派、明確的方法，也從未有過開宗立派的口號標舉），但他們的研究評論確有其重要特徵（儘管上述諸家在學術性格上有很大差別，但他們欣賞詩的眼光卻有驚人的相似），其共同目標即在於重建中國詩學的思想世界。

現代新儒家詩學有著鮮明的學術特徵：一、將傳統詩學中的重要概念（如「境界」），連屬到文化思想的根本大義上去把握（並不是所有的研究者都這樣做，以「美」為中心的詩學，或以個人為中心的詩學，都不會這樣看問題）。二、研究者不僅具有知識的目的，而且具有個人受用和承擔道統的任務（「不

僅是多知道了什麼」意指非單一的知識目的,「不廢江河萬古流」意味著道統承傳)。即使把現代新儒家詩學放在中國詩學傳統與現代格局中,新儒家的詩學言說也能自成一體。三、以馬一浮、錢穆和徐復觀三人為對象,以下列三個主題為中心展開討論:首先,在 20 世紀中國詩學的基本格局中,新儒家詩學佔據何種位置?其次,從馬一浮到徐復觀,新儒家如何從不同的角度來描繪一幅共同的中國詩學形象?這種形象與其他研究者的描繪有何區別?再次,從今天從文化現代性的角度看,新儒家所強調的這類形象可能蘊含著怎樣的價值?

2003/02,王守雪:《「打造」與「解構」——徐復觀與錢鍾書對中國古代文論研究的不同範式》,《河南師範大學學報》(哲學社會科學版)。

該文從徐復觀和錢鍾書對中國古代文學理論的研究形成兩種典型的「範式」出發,對二者的學術重心、思想基礎、研究方法和學術體式諸方面的差異加以探討。徐復觀的研究以保留中國古代文化的基本綱維為前提,立足於中國思想史,著力清理中國文化的獨特系統,以參與世界現代文學理論的創造,具有重新打造中國文化價值的意義。錢鍾書則是立足於文學藝術之「公心」,不再認定中國古代文論的獨立系統,著力抽繹古今中外相通的理論因素,姑且以「解構」稱之,但非「解構主義」之「解構」。因此,錢鍾書在於提煉中國文化的因素以與世界文化對話、溝通。該文在論述二者差異的基礎上始終持有的觀點乃是他們的研究皆將中國文化接通世界和人類,對全球化背景下中國現代文化的建設具有重要的啟示意義。

2005/02,閻月珍:《現象學與中國文藝理論溝通的可能性——以劉若愚、徐復觀、葉維廉的理論探索為例》,《文藝理論研究》。

20 世紀 60 年代以來,臺灣地區及美國華裔學者在莊子研究中,不約而同地以現象學視野觀照中國文藝理論,這是現象學進入中國文藝理論研究領域的真正開端。該文主要從以下幾個方面探討現象學與中國文藝理論溝通的可能性:一、徐復觀和劉若愚注意到了現象學與中國文藝理論命題在觀念趨向上的一致性,但忽視了這些命題背後的文化背景。二、葉維廉認為莊子的現象哲理是對西方哲學傳統的一個最為有力的反拔,他以「觀物方式」作為闡釋中西方美學的共同命題,強調「文化模子」的多樣性。三、由於語言、文化和歷史溝通的障礙,必須思考如何繞過現代闡釋帶來的負面影響。現象學與《莊子》

產生於不同的文化背景，不能盲目誇大它們的一致性，而應該關注它們在思維傾向上的共通性及其相互啟發之處，尊重彼此獨特的生命個性。由此，作者認為現象學對於中國學界更深層意義上的啟發之處，在於它為我們重新審視中西美學的溝通提供了一種反省性的思想。胡塞爾所謂「面向事實本身」，意味著不偏執於概念上的探索，不為種種先見所干擾。對現象學與中國文藝理論的溝通保持一種清醒的態度，不盲從、不輕斷才是現實的、理性的學術態度。

2006/04，張重崗：《徐復觀與中國現代詩學的認同》，《北京科技大學學報》（社會科學版）。

徐復觀立基於具體生命中的心性，以發掘文學和藝術的根源，建構了人性論詩學的典範。這一詩學典範，因應現代思潮的衝擊，在重振中國文化精神的意圖主導下，對中國的文化傳統、生命意識和文學藝術作了重新理解和本源性疏釋。當徐復觀把文藝詮釋推向人性論的文化背景時，他不僅限於在人格、性情和境界中去探求詩學的生命和道德根源，更試圖完成一場文化的「辯護」。作為一種文化的言說，其文藝論述提出的問題是現代詩學的身份認同問題，或者說，是民族文化詩學在現代歷史情境中的意義再生問題。針對徐復觀所引發的問題，該文試圖對現代文化脈絡作一歷史疏通，在此基礎上，進一步辨析中國現代詩學的諸種取向。

2006/05，黃潔莉：《莊子〈逍遙遊〉之藝術精神》，《哲學與文化》。

該文讚賞徐復觀所言的「老、莊思想當下所成就的人生，實際是藝術的人生；而中國的純藝術精神，實際係由此一思想系統所導出。」對《莊子》中的理想人格及精神境界進行審美化詮釋。一、《逍遙遊》是《莊子》內在精神之結穴所在。通觀莊子哲學之用心，旨在消解生命之有待與執著，使日常生活中世故、狹隘的心靈得以提升為一蘊涵「大有」之生命化境。二、該文從五個層面闡發《逍遙遊》中所蘊含的藝術精神：第一，透過莊子、郭象及支遁的觀點來分析《逍遙遊》中的相關概念並以美學的角度來看待其文學表現手法；第二，以道、物對立的模式來探討「大小之辯」與工夫修養之層次；第三，探討《莊子》中的理想人格，即聖人、神人以及至人是如何呈現的；第四，「體道」之人所經驗到的藝術境界；第五，生命無限自由的審美情境。三、透過修養的「工夫」與境界的逐一開顯，展現出莊子的美感經驗及其藝術性的生命情態。

2009/02，張重崗：《「言志」論與現代詩學的轉向》，《文學評論》。

一、「言志」問題是新文學家如周作人、魯迅等立說的理論要津，但其中隱藏著文化內涵上的陷阱和缺漏，故屢屢為人非議。沿此一線索作出拓展的是周作人的弟子廢名，但他亦受此局限而未能開拓出全新的融和境界。反倒是現代新儒家熊十力、徐復觀等，以對「心志」的全新體證重新詮釋了這一命題，從根本上激活了傳統詩學的資源。二、「言志」論作為一個核心觀念，為中國現代詩學的正當性提供辯護，並推動著新文學的轉型乃至現代中國的文化和社會變革。但這一觀念並非鐵板一塊，或許更應將其理解為一個敞開性的空間：首先，這一觀念本身就是一機制性的存在；其次，新文學內部對它的解釋存在著極大的差異性；再次，歷史變遷、文化轉向等因素均為這一觀念的新變開啟了更多的可能。三、基於以上認識，該文把「言志」論處理成一個思想史的平臺，試圖借助於這一平臺，呈現中國現代思想者們在該論題上的學思轉換，並深層考察這種學思的承接和變異為中國現代詩學帶來了何種根本性的影響。四、通過周作人「言志」新論的裂痕、廢名對周作人思想的推展、熊十力與徐復觀的「言志」新境等三方面的論述，該文認為，接續熊十力理路的徐復觀，在表面上逆轉的是胡適所開啟的語言和考據進路，在內質上則隱含著對周作人、魯迅以來的文學觀念的承接和轉換。二者的不同之處在於，周作人、魯迅等新文學者多以文化叛逆的姿態來重新回溯歷史，徐復觀則打通中國文學和文化的本源和主幹，文學和文學史詮釋典範的轉移在此已經初見端倪。

2009/05，佘佳燕：《從研究取徑論唐君毅與徐復觀對中國藝術精神之解釋》，《世新中文研究集刊》。

該文試圖從唐君毅與徐復觀研究路徑的差異對二者的「中國藝術精神」論進行比較。一、唐君毅對中國藝術精神的闡釋，主要採取「文化哲學」的比較視野，從自然觀和宗教觀探討形成中西方藝術精神差異的原因，指出中西方自然含美善價值與重視自然力體驗之不同、重人倫關係與重神人關係之不同，將藝術置於人文世界作全盤考量。唐君毅認為道德與藝術最終可以達成主客觀和諧的作用，道德活動包含審美感受，而人也可以在審美活動中體會到自由自在的生命境界，二者相交相融正是中國文化的核心所在。唐君毅對中國藝術精神的闡釋值得反思之處是：首先，中西方在共通的「英雄崇拜」的文化現象中呈現出民族傳統差異性；其次，唐君毅秉持「中國文藝精神少英雄豪傑式之偉

大」的原因，可能意味他多從精英社群眼光來看待文化現象，而忽略了平民文化的層面。二、徐復觀則主要採取「歷史思想」的比較視野，從中國思想史內部脈絡的比較出發，由「氣韻生動」命題來闡釋中國藝術精神及其「反省性反映」。徐復觀對中國藝術精神之解釋除了蘊含著道家的逍遙自由精神，也具頗多感時憂憤的儒家性格，「憂患意識」「學術與政治之間」等命題也深契了孟子與黃宗羲對時代混亂之感受。三、由唐君毅「文化哲學」的研究視野可察覺在中西文化對比下，中國藝術崇尚「美善合一」與道德意識之特點；從徐復觀「歷史思想」的研究視野，則使我們洞察到中國藝術精神所蘊含的反抗精神與「憂患意識」之特質。然而，無論是「文化哲學」，還是「歷史思想」的路徑取向，都不難發現兩位新儒學大家同以儒家思想為宗，強調中國藝術性格裏生命哲學與道德義蘊的獨特性。他們闡釋中國藝術精神的視野差異及其內涵側重，也能讓我們感受到探索中國藝術精神路徑和方法上的多重性。

2009/06，張重崗：《心性詩學的再生——徐復觀與現代知識人的文藝對話》，《華文文學》。

該文將徐復觀置於現代文化情境中，立足於中國文化的歷史性變遷以估量其詩學重建在中國現代文藝與文化轉型中的意義。該文一方面整理並疏解現代新儒家在詩學上的貢獻；另一方面，圍繞徐復觀與中國現代知識人之間的思想對話，討論中國現代詩學的文化處境、思想根據和發展方向等問題。一、徐復觀立基於具體生命中的心性，以發掘文學和藝術的根源，建構了人性論詩學的典範。二、將徐復觀的詩學思想置於中國現代文化情境中以觀其生成、開展和意義。三、以兼具「生活義」和「文化義」的生命詮釋，一面接契新文學的人學內涵，一面消解其觀念的執持，實現了詩學典範的轉移，並在人性與歷史文化的罅隙中開啟了「人性論」詩學的諸種可能。在此意義上，該文將徐復觀的文藝詮釋定位為現代中國詩學史上的人性論轉向。

2010/08，李幸芸：《當代書藝與離方遯圓——淺論「逸品」審美思想應用》，《中華書道》。

該文從徐復觀對「逸品」的論斷出發，對「逸品」藝術批評觀念的形成和發展脈絡進行梳理，並在反思、批判當代藝術創作的基礎上揭示其現代意義。一、徐復觀在《中國藝術精神》中認為莊玄之學乃實「逸品」藝術批評概念產生的思想背景，「逸品」是莊子玄學在藝術上的外在呈現。二、探溯概念的源

頭,揭示其內涵。「逸品」乃中國畫論的核心範疇,張懷瓘最早提出這一概念,隨後經過朱景玄加以闡釋而成為一個藝術批評概念,最後由黃休復完善其內涵。「逸品」的最高典型代表,如倪瓚特立獨行,突破法度,孤迥絕人。然而「逸品」之打破規矩並不意味著怪誕、狂肆,它反而是高簡、典雅、沉靜的。三、當代藝術創作者汲汲於創新求變,在基本功都不紮實的情況追求一下筆就創造「逸品」,易流於太過縱逸而率意輕狂,這就誤解了「逸品」概念及其蘊涵的藝術精神。「逸」之心境的形成,並不是一般的思維認識過程,而是一種特殊的、對萬物根源「道」的直觀體悟,是情感和理性的昇華。通過分析「逸品」的審美價值,對現代藝術創作的浮躁風氣提出批判,希望由此建構出「審美形而上學」的時代風格。

2011/06,陳昭瑛:《伊藤仁齋與徐復觀對〈論語〉樂論的詮釋》,《臺灣東亞文明研究學刊》。

伊藤仁齋是日本古學派的創始者,一生反對朱子學。該文是圍繞伊藤仁齋與徐復觀對《論語》「樂論」闡釋所展開的比較研究。一、伊藤仁齋與徐復觀對《論語》「樂論」的詮釋有驚人的相似性。徐復觀在解釋「仁」與「樂」這些概念時,與伊藤仁齋產生了深層的共鳴。對他們而言,「仁」不是一個原則,而是一種情感、一種由音樂喚起的生命情感。人陶醉、沉浸在這種情感之中的精神狀態就是「樂」的境界。二、伊藤仁齋與徐復觀通過對《論語》的詮釋,揭示出音樂能夠帶給人深層的愉悅體驗,並且純化人的情感。二者皆重視感性生命,對人生中的快樂、至樂有獨到的體會。三、二者對「仁」的解釋有所不同。伊藤仁齋反對朱子以理言仁,認為仁乃一體之感受,社會人群因愛而達到一體;徐復觀則並不否認仁體、仁理之存在。該文希望通過澄清伊藤仁齋與徐復觀思想之間的相關性,揭示出東亞美學內在共同的特性。

2012/06,曾守正:《融合與重鑄:高友工與當代新儒家》,《淡江中文學報》。

該文對高友工與牟宗三、徐復觀美學思想之間內在的思想脈絡進行了分析,認為現代新儒家是高友工抒情傳統論述的思想來源和基礎。一、高友工的「抒情美典」理論,近三四十年來在學界影響甚大,幾成中國文藝精神闡釋的一個「範式」。然而,學界很少注意到對抒情傳統和現代新儒家之間的關係的研究。近年來,王德威指出,我們在討論抒情傳統譜系時,不要忽略半個世紀

前現代新儒家的影響；龔鵬程以「戲論」評價高友工的抒情美典理論，認為高友工對牟宗三的思想「完全理解錯亂」。而高友工對中國藝術精神的詮釋，又完全不同於徐復觀。因此，高友工與現代新儒家之間的關係，有重新釐清之必要。以道德理性為思想內核的現代新儒家學說，是如何被高友工拿來「嫁接」於文學藝術的分析呢？其得失是什麼呢？該文從理論內在間架、現實關懷、歷史敘述等方面進行了梳理。二、從內在間架層面看，高友工認為中、西文學的差異，在於各自偏向抒情或敘述，中國文學精神主要展現在抒情詩，西方文學精神主要展現在悲劇，所以要進行中國文學研究時，應回到中國自身的文化傳統與精神。抒情詩的表現、解釋，關涉乎作者、讀者的生命經驗與境界，因此，我們應該著重美感經驗。三、在現實關懷上，「抒情」不是純粹的體類觀念，它也呈現在其他文化成品裏，所以，通過「美典」發展史，逐步構作具有覆蓋性的抒情傳統。如此才能回應、彰顯中國文化特色——重視生命，以生命的學問彌補西方學術之偏枯。四、在歷史敘述上，高友工從個體生命經驗出發，然後延展於群體生命經驗，最後建構、敘述文化規律、特質與歷史，以便解釋中國文學現象，甚至他國文學現象的學說。「抒情傳統」之所以成為覆蓋性、統治性的大論述，或與這思考脈絡有關。當然，在文化特質的詮釋上，高友工自覺地接契於現代新儒家，即以新儒家由客觀悲情所生發的知識內容為基礎，進而深入探討中國文學、藝術的精神傳統，其抒情傳統論述是由具體、特定（抒情詩）到抽象、普遍（傳統），所以當我們持著更豐富、更複雜的具體現象或作品，來觀察、驗證整個「美典」理論時，會發現此「抒情美典」體系還存在諸多有待完善的地方。

2012/12，劉毅青：《當代美學的人生論轉向與中西美學會通——以徐復觀為中心》，《哲學研究》。

一、在西方美學的當代轉向中，美學家對傳統美學的批判集中在對康德關於審美無功利性這個作為其美學基石的觀點的顛覆上。當代美學家批判西方美學自康德以來，由於對審美自主性的強調，使得美學成為一種玄學，脫離了現實生活，這與「日常生活審美化」的時代潮流背道而馳。然而，西方當代美學關於人生與審美關係的觀點存在著一種庸俗化的傾向，即將生活的物慾享受作為所謂審美體驗的基礎，這實際上偏離了審美所蘊含的道德的本意。二、西方的「日常生活審美化」與國內的「生活美學」實際上都是將美學作為一種生活方式，這種生活方式在根本上就是一種人生觀，即審美的人生觀。徐復觀

融合中西美學思想，對中國傳統的人生論美學建構作了極有價值的探索，莊子與孔子歸根結底都是「為人生而藝術」，儒道的美學思想只是在對人生的認識上有區別，也就是在人生論上有區別，從而表現出兩種形態。三、對當代的人生論美學而言，中國傳統美學的貢獻在於其提供了人格境界向審美境界轉化的實踐途徑。徐復觀在對中國藝術精神與中國傳統文學的文體論的研究中，即以「工夫論」作為理解中國文藝思想的核心，修養工夫的美學不只是要發現自我，更是一種對自我的反省與批判。四、徐復觀認為現象學並沒有把握到「心」的虛靜本性，從而也就未能使得藝術精神的主體顯露。中國傳統美學肯定了通往道體的德性之知，又在具體的人生活動展現出審美意義。美的根源就在人的主體價值，審美主體具有一顆審美的「心」，審美的「心」決定於主體的人格。五、以「工夫論」為參照，當代西方美學轉向的誤區，在於忽視了西方哲學傳統裏這種作為生活方式的哲學觀從根本來說是一種精神修養，也是一種哲學工夫。這就使得這種美學轉向無法為道德與審美關係提供一種實踐的證明，審美與道德無法真正在人生中得到有效的溝通，其「日常生活的審美化」最終也只能是一種物慾化的「表層審美」。

2014/06，賴錫三：《〈莊子〉自然觀的批判考察與當代反思》，《東華漢學》。

該文認為，對《莊子》中的「自然觀」的闡釋，可以通過兩條路徑進行：一是對這個概念的內涵進行消極的辨別、澄清，以此說明《莊子》中的「自然觀」不是或不只是那種意義的自然；二是直面當下社會對其內涵進行積極的詮釋，敞開《莊子》「自然觀」可能具有的豐富意義。該文對於集中理解道家自然觀的方式或內容，進行總覽式的批判考察與詮釋反思，尤其是對試圖把握《莊子》「自然觀」的深刻意蘊提供了多個層面的研究視角：第一，科學意義上的「自然實在論」的自然觀；第二，牟宗三「主觀心靈境界」的自然觀；第三，郭象「獨化自生」的自然觀；第四，楊儒賓詮釋的「玄化山水」自然觀；第五，徐復觀詮釋的《莊子》自然觀；第六，何乏筆所闡述的平淡美學的當代性。

2015，文潔華：《獨與天地精神往來──當代中國美學新視域》，中華書局有限公司（香港）。

該書第一章分析了唐君毅的《中國文化之精神價值》，並與馬克思的「自

然人化」觀相對照，探討中國傳統藝術精神現代轉化之可能。該文認為，唐君毅的《中國文化之精神價值》一書中所闡明的中國藝術精神，主要是藝術為人生之「餘事」的「充餘之美」。唐君毅在黑格爾模態的「客觀化」背景下，融合儒家心性論來闡釋美感經驗。該文揭示了唐君毅的心性觀如何使他論審美經驗時，強調一種「內在化的模式」，也就是主體「統體的覺攝」活動，此覺攝展示了客體相，其後的心靈活動才對客體做出「選擇與剖判」。在此意義上，唐君毅談審美經驗並非否定了主客關係，而是更上一層，先從形上的超越心體抽離覺攝的內容，並使其客體化後開始欣賞客體，這就是唐君毅所說的「內心情調之客觀化」。該文依此進一步詮釋如何說中國藝術乃表現整個人之性情胸襟以及藝術如何根植於個人生命及精神活動之興趣，而對其所向往之形式又特定之要求。在此基礎上，該文系統詮釋了中國藝術的「藏、修、息、遊」審美特徵以及「充餘之美」的觀念。該書第二章「道家藝術精神論人與自然」的內容，前面文潔華博士論文中已有論述。

2016/12，蘇何誠：《淺談徐復觀對孔子的音樂思想之探索》，《孔學與人生》。

一、儒家美學的核心是「美善合一」。徐復觀認為孔子對於音樂的重視遠超過後世的想像。他以音樂作為人格教育的基礎，主要是美與善的統合、人與樂的統合。二、孔子把「樂教」視為一種透過學習藝術以培養美好人格的過程，要把藝術的「盡美」與道德的「盡善」統合在一起，可用其二者相通得本質之「和」來達成。曾點體現的就是由琴瑟所呈現的「大樂與天地同和」的藝術境界，此種藝術境界與道德境界可以相融合。三、徐復觀並非是混同了禮樂之別，音樂藝術有助於政治的教化，更進一步可以作為人格修養乃至人格成全的一種工夫。

2017/04，劉毅青：《中國現代美育思想的修養美學資源》，《首都師範大學學報》（社會科學版）。

該文以徐復觀為討論中心，從整理和發現傳統思想資源這一方面，追根溯源，強調了以修養為根本的傳統中國思想之於現代中國美育的建構性意義。一、從美育蘊含著對主體的倫理態度與人格修養來看，心性之學的美育思想主要體現在中國傳統的修養工夫之學上。中國美學的根底在人生哲學，其蘊含的美育思想的根本在於修養，而不是「美」為代表的美感意識。二、徐復觀的「中

國藝術精神」論中蘊含美育思想，其中國藝術精神根於「憂患意識」。就徐復觀的美育思想而言，「憂患意識」同時開出了儒家和道家兩種不同的藝術精神。中國藝術精神不可避免地打上了「憂患意識」的道德精神烙印，體現了一種現實關懷，將藝術作為「道」的實現。中國藝術精神乃是「為人生而藝術」，也就是將修養視為審美的根本。三、在中國現代美育思想的建構中，傳統的「工夫論」美學理論體系提供了非常重要的思想資源。

2017/08，張學炳：《徐復觀與李澤厚「禮」「樂」人性塑造論之比較》，《中國美學》第 3 輯。

徐復觀和李澤厚在禮樂觀上差異的根本原因，在於心性哲學與實踐哲學的不同。一、徐復觀和李澤厚都將「禮」與「樂」的關係通過其在政治教化和個人修養上的不同作用來表述。徐復觀基於道德（理）的先驗性、普遍性和永恆性來論述二者的關係；而李澤厚基於實踐哲學的高度，探討「禮」「樂」將動物與人分別開來（人化）的歷史過程，強調內在理性的積澱。二、李澤厚從社會和歷史的脈絡中，用實踐哲學的方法去分析「仁」的內涵；而徐復觀基於心性本體論的認識，從封閉在人的心性內部去尋找「仁」的本質所在，忽視了廣闊的歷史因素和激蕩的社會背景。三、從文化心理結構的形成到孔子用「仁」重新解釋「禮」，是禮樂傳統的延續。徐復觀探討的人格完成路徑，是從先驗的道德立論（「克己復禮」）走向「歸仁」；而李澤厚則重視文化心理結構的「積澱」過程，從而完成個體人格修養（復禮）。

2017/11，陳旭光：《中華文化的多元性與中華美學精神的「現代轉化」》，《中國文化的多樣性：「第三極文化」論叢》，北京：北京師範大學出版社。

該文認為，徐復觀的《中國藝術精神》一書試圖發掘中華文化（尤其是蘊含於中國藝術中的中國藝術精神）的現代意義。他考察了中國藝術精神的緣起、核心內容和基本發展歷程，通過中國哲學、音樂、畫論、文論等材料，闡述了中國藝術精神。一、在概念上，中華文化精神、傳統文化精神偏重文化；中國藝術精神則主要涉及藝術；中華美學精神則處於中間地帶，兼及一般的物質文化、生活和特殊的意識形態──藝術。這啟示我們要開放地研究文化精神、美學精神，既要深入研究中國精神在藝術中的呈現，也要研究它在日常生活及其他物質形態中的呈現。二、精神是一種抽象的、不無神秘色彩的、內在於又超越於物質形態的存在。藝術精神也即藝術之「道」，是通過「藝」「技」

等生產或創作活動而體現出來的。三、無論是文化精神、美學精神或藝術精神的「當代承傳」，還是「傳統的現代轉化」，既是一種文化理想，也是一種文化實踐。四、既要有對傳統文化、美學精神、藝術精神的尊重和敬畏，又要在藝術再創造中秉持開放多元、有容乃大的從容心態。該文是比較典型的「會議論文」，談了一些大而化之的看法，沒有新見，也缺乏系統邏輯性。

2018/07，陳士誠：《徐復觀論以莊子美學建立之山水畫哲學基礎之問題——從〈畫山水序〉之佛道詮釋之爭開始》，《揭諦》總第三十五期。

該文探討了徐復觀如何以莊學為基礎建構山水畫的藝術哲學體系，指出想像力之自由奔馳才是此藝術精神之核心，並進而論證徐復觀為何拒絕以禪宗作為藝術理論之一般性基礎，而必須以莊學為核心。一、宗炳的《明佛論》是他創作《畫山水序》之思想背景。有不少詮釋注意到這二者之間的關聯，照此邏輯，會把《畫山水序》背後的藝術理論引領到有類於西方泛神論的形上美學上。《畫山水序》所引發的情感，也應是宗教上的莊嚴相，而不是一般理解山水畫中的閒情逸致。二、在《畫山水序》之詮釋中，徐復觀以莊學作為詮釋之中心，不承認以佛法身與自然之關係所可能形構出的藝術理論，其觀點乃主張佛家並無想像力之概念，因而不能成為藝術哲學之一般性根基。對徐復觀而言，禪宗之超脫，乃指對緣起之解脫，這屬於宗教感之自由解脫，而非與物互化、共感之想像力之自由。三、徐復觀由莊學所揭示的之所以是藝術精神，乃在於其表現物我兩忘之想像，由竹而為人，莊周而為蝶，這是神話之創造性自由，而非泛泛的超越世俗的自由。這種藝術精神不僅是一種修養性的精神，而且可以在藝術創造中落實為藝術作品。

附錄一　手心兩忘，技道合一——論「中國藝術精神」兼與鄒元江先生商榷

　　鄒元江《必極工而後能寫意——對「中國藝術精神」的反思之一》〔註1〕一文是對徐復觀「中國藝術精神」問題進行深度反思的很有見地的一篇文章，他提出了「極工」這個對藝術家非常重要而且無法繞過的問題，同時一針見血地指出這是中國傳統畫論中一個重大缺失，那就是對精神境界的過分關注，而忽略了筆墨技巧的訓練和運用。這個批評是很中肯的，中國畫在歷史上的流弊和衰落無不與技巧方面疏於創新和變化有關。然而，結合徐復觀的《中國藝術精神》來看，鄒元江所批判的這個問題似乎和徐復觀發言的對象之間，存在著一種可以存而不論、不言而喻的關係。鄒文脫離了徐復觀生活的時代背景，忽略了徐復觀寫作《中國藝術精神》有其特定的發言對象，因而造成了對徐復觀「中國藝術精神」的誤讀。同時，鄒文對「極工」與「寫意」之間的關係有技術至上主義的趨向，由此，他得出了「必極工而後能寫意」這樣一個有失偏頗的結論。本文從徐復觀的藝術思想及其產生的時代背景入手，並結合「極工」與「寫意」之間的關係及相關藝術作品試辨析之。

一、徐復觀《中國藝術精神》的發言對象

　　徐復觀在《中國藝術精神》中的藝術思想，是承接 1961 年臺灣「現代藝

〔註1〕鄒元江：《必極工而後能寫意——對「中國藝術精神」的反思之一》，《文藝理論研究》2006 年第 6 期，第 73～78 頁。

術論戰」而來，其發言對象是臺灣的現代藝術家，所以他無須在技術問題上多著墨。海德格爾曾在《藝術作品的本源》中宣稱他在此書中的藝術觀念只對應於「偉大的藝術——這裡只考慮偉大的藝術」，而不適用於日常所謂的寬泛的藝術概念；那麼，徐復觀同樣在《中國藝術精神·三版自敘》裏明確指出，他在《中國藝術精神》中的發言對象為臺灣的現代藝術家，而不是一般的「讀者」，「當我著手寫這部書的時候，正是許多人標榜以抽象主義為中心的『現代藝術』的時候……畫家的心中，若填滿了名利世故，未留下一片虛靈之地，以『羅萬象於胸中』，而欲在作品中開闢境界，抒寫性靈，恐怕是很困難的事。這部小著，假定能幫助讀者，帶進古人所創發的『心源』，而與其相互映發，使自己的作品，出自此根源之地，則天機舒卷，意境自深。」〔註2〕這裡，徐復觀有意無意地設置了這樣一個前提：即他的《中國藝術精神》不是對一般人泛泛地談藝術，而是對臺灣的現代藝術家談藝術，因為一般的「讀者」是不可能有「自己的作品」的——技術，在這裡似乎是一個不言而喻的東西。臺灣現代藝術家們無論是謝里法、莊喆還是如今名氣很大的劉國松，在技術上都是無可挑剔的，所以徐復觀對他們談技術不僅不必要，而且顯得可笑，有班門弄斧之嫌，我們必須注意到徐復觀寫《中國藝術精神》的這個特定時代背景。正如我們可以從海德格爾對「偉大的藝術」的思考中瞭解他對於美和藝術的一些根本觀念，我們也可以從徐復觀對臺灣現代藝術家的言說中去瞭解他對於一般藝術問題的思考。但是，反推過來，把海德格爾對「偉大的藝術」的觀念推之於日常的藝術，把徐復觀對特定對象的發言推之於一般人，不顧時代背景和發言對象的特殊性，是難以作出公允之判斷的。

　　鄒元江開篇批評徐復觀將「作品中的氣韻生動」等同於「作者自身的氣韻生動」，韓拙、鄒一桂、金原省吾氏之語見於《中國藝術精神》第179～180頁，徐復觀在這裡批判鄒一桂和金原氏將藝術家的精神狀態完全摒棄於藝術創造的歷程之外。徐復觀的氣韻有兩層含義：首先，氣韻是藝術作品的效果。他認為形似與氣韻之間，存在著距離，只有「挹客觀之自然，為胸中之自然」，經過藝術家的裁汰洗煉後，形與神融合無間，「則以氣韻求其畫，形似在其間矣。」〔註3〕由此徐復觀批判後人誤解了蘇東坡的「論畫以形似，見與兒童鄰」的本意，形似的工夫是繪畫的起點，也是基礎。其次，氣韻是一件作品得以創作出

〔註2〕徐復觀：《三版自序》，《中國藝術精神》，瀋陽：春風文藝出版社，1987年。
〔註3〕徐復觀：《中國藝術精神》，第169頁。

來的作者的精神狀態。胸中有丘壑，下筆方有神韻，這其實談的是藝術修養問題，而藝術修養和人格修養是相通的，「藝術家對生活的態度，是可以在他的繪畫境界上顯示出來的。」〔註4〕所以徐復觀主張「精神還仗精神覓」，藝術修養的獲得，須經過名山大川的歷練和「丘壑內營」的工夫，使自己的生命，從個人私欲的塵濁中昇華上去，呈現出虛靜之心，這樣才能以「尺幅管天地山川萬物，而心淡若無者。」（《石濤畫語錄‧脫俗章》）這裡的工夫，顯然不是技巧的學習，而是心靈境界的開拓。心靈不僅是藝術家的精神涵養之所，而且也是藝術作品之氣韻的根源，「勞心於刻畫而自毀，蔽塵於筆墨而自拘。此局隘人也，但損無益，終不快其心也。我則物隨物蔽，塵隨塵交，則心不勞，心不勞則有畫矣。」（《石濤畫語錄‧遠塵章》）對畫家而言，人格精神和作品的氣韻之間有著直接而重要的聯繫，所以徐復觀說：「在中國，作為一個偉大地藝術家，必以人格的修養，精神的解放，為技巧的根本。」〔註5〕並認為有無這種根本，是區分藝術家和畫匠的分水嶺。

其實，徐復觀這種觀照藝術的視角和莊子觀道是相契合的。《莊子》中「梓慶削木」「庖丁解牛」「宋元君畫史」等寓言雖非專門談論藝術創作，然實在藝術史上產生了重大的影響。莊子在這些寓言中，所探討的也非技術問題，而是「由技進道」過程中主體的人格精神的修煉問題，徐復觀在這個問題的闡釋上可謂深得莊子精神之精髓。「庖丁解牛」的過程不是一種純技術性的體力勞動，而是一種藝術性的創造活動，「解牛」之情形與藝術創作的過程別無二致，沒有枯燥的工作和勞累的呻吟，而是洋溢著如歌如舞的歡樂情趣。事實上，技巧只是基本的技藝而已，能否「由技進道」，關鍵不在技術，而有賴於藝術家修養境界所上透到的層次。《莊子‧天道》云：「桓公讀書於堂上，輪扁斲輪於堂下，釋椎鑿而上，問桓公曰：『敢問公之所讀者，何言耶？』公曰：『聖人之言也。』曰：『聖人在乎？』公曰：『已死矣。』曰：『然則君之所讀者，古之糟粕也夫！』桓公曰：『寡人讀書，輪人安得議乎！有說則可，無說則死！』輪扁曰：『臣也以臣之事觀之。斲輪，徐則甘而不固，疾則苦而不入，不徐不疾，得之於手而應於心，口不能言，有數存乎其間。臣不能以喻臣之子，臣之子亦不能受之於臣，是以行年七十而老斲輪。古之人與其不可傳也死矣，然則君之所讀者，古人之糟粕已夫！』」思想貴在創新，藝術亦貴在創新，若只是跟隨

〔註4〕劉國松：《永世的癡迷》，濟南：山東畫報出版社，1998年，第80頁。
〔註5〕徐復觀：《中國藝術精神》，第184頁。

前人或磨練技術,自然只是拾前人糟粕而已。在藝術創造過程中,人格精神的修煉、藝術觀念的突破和藝術表現方式的創新三者是相輔相承的。

就藝術創作而言,基本技巧的訓練雖是必須的,但光是技巧的熟練,絕不能進入藝術的殿堂,至多只是一名熟練的工匠罷了。熟練的技巧必須有賴於人生閱歷及精神修煉的提升,才能發揮得淋漓盡致,從而創造出不朽的藝術作品。「輪扁斫輪」已臻於出神入化之境界,故能「得之於手而應之於心」,「得之於手」是得之於手的技巧,而「應於心」是說手的技巧,能將心所把握的東西,表現並創造出來,「要在技術上達到莊子所說的得乎心而應乎手的要求,有待於由技巧而進於忘巧的學習。」〔註6〕「心」「手」合一,即代表「技巧」與「精神」融為一體。「手」隨「心」轉,可說是藝術創作的最高境界,這與庖丁解牛時的「遊刃有餘」,乃是同一境界,也就是由「技」入「道」的境界了。這種技術與精神合一、手與心契合無間的境界,輪扁自然不能「以喻其子」,其子也不能「受之於輪扁」,這主要是因為藝術創作除了需要有形的技巧外,還有賴於無形的精神涵養作為其「根」。此精神涵養是別人不能代替去修煉的,必須靠自己的艱苦的「工夫」過程,所謂「能匠能予人規矩,而不能使人巧」正是這個道理。可惜,現代很多藝術家不明此理,只在技巧上搞什麼突破,而忽略了內在精神境界的修煉,導致中國畫日益空虛化和形式化,走向了墮落和頹廢。徐復觀通過這個故事所要說明的是:藝術境界的高低,取決於擺脫了技術束縛的藝術主體的人格精神的高低,這對當前浮薄的畫風是極有啟示意義的。

二、「極工」與「寫意」之間的關係

鄒文的題目「必極工而後能寫意」取自鄭板橋言「必極工而後能寫意,非不工而遂能寫意也。」〔註7〕需要注意的是,「極工」是相對於「不工」而言的,在這裡,「極工」和「工」兩者的意義似乎被混淆了,而導致出現完全不同的藝術指向。「必工而後能寫意」強調了所有的藝術創作都是建立在一定技巧的基礎上,這在中西方藝術理論中都是毫無問題的。徐復觀實是非常重視繪

〔註6〕徐復觀:《中國藝術精神》,第319頁。

〔註7〕〔清〕鄭燮:《板橋題畫‧竹》,《鄭板橋集》,上海:上海古籍出版社,1979年,第155頁。鄭板橋此言須結合「殊不知『寫意』二字,誤多少事,欺人瞞自己,再不求進,皆坐此病。必極工而後能寫意,非不工而遂能寫意也。」全句來理解,他的「極工」顯然是「工」之意。鄭板橋為批判時人荒廢技術之流弊,痛辭利害,用「極」字雖未免偏激,然足見其情之真其憤之烈也。但撇開此語境,「必極工而後能寫意」這句話本身是有問題的。

畫中的技術訓練，認為技巧是表現個性的工具，「僅一副樸素的性情，並不能創造出藝術品來，當然要有技巧的鑽仰、澄練。」〔註8〕他認為技術訓練是從事繪畫創作的必由之路。在評價蕭立聲的繪畫時，他認為蕭立聲由人物畫訓練就的精嚴技巧以入山水畫「於虛靈幻化之中，有篤實蒼樸之味。」〔註9〕在《石濤之一研究》中，他認為石濤的畫「還是由早年的精工，走向晚年的放逸，並且精工為放逸必不可缺少的技巧修煉過程。」〔註10〕所以，鄒元江認為徐復觀輕視藝術創作中技術的訓練是不準確的。徐復觀認為技術是藝術創作活動的起點，從技術出發，藝術要恪守自身的本性並達到完美的境界，技術在藝術創作過程中敞開了自己，但同時又完成了對自己的遮蔽。唯有在此意義上，技術才與人格精神、藝術境界發生了關聯。「它既不允許技藝、欲望和智慧任何一方缺席和逃離，也不允許任何一方消滅另一方。藝術只是讓技藝、欲望和智慧共同存在並生成而成為自身。」〔註11〕技術開啟和遮蔽著藝術對於自身世界的建立。徐復觀深知對藝術家而言，過於強調技術恰恰是對藝術創造的一種束縛，這體現了他對中國藝術精神的深刻理解。

從藝術創作的角度看，「必極工而後能寫意」這句話本身是大有問題的，它有著濃厚的技術至上主義趨向。「極工」與「寫意」之間究竟是一種什麼樣的關係呢？首先，二者並非是因果關係，不是因為「極工」，所以能「寫意」；其次，二者也不是條件關係，並非只有「極工」，才能「寫意」。鄒元江把形似和神似割裂開來理解，認為神似涉及氣韻，而形似涉及技巧，把技術訓練看作是繪畫的前提、基礎，只有在「極工」的基礎上，才能「倏作變相」，才能講創造、氣韻的問題，這既不符合藝術發展史實，也不符合藝術創造的規律。從藝術史上看，如梵高、余承堯、周韶華這樣半路出家、技術未臻於至境卻有成就、有創造的畫家卻不在少數，他們沒有那個時代最好的技術，卻成就了那個時代最偉大的藝術，「專業畫家所受的那種訓練對他不僅毫無用處，而且可能還會給他帶來危害。」〔註12〕「極工」到了極至不僅不能寫意，還會破壞藝術

〔註8〕徐復觀：《中國藝術精神》，第 362 頁。

〔註9〕徐復觀：《論蕭立聲的人物畫》，黎漢基、李明輝編《徐復觀雜文補編·思想文化卷》（上），臺北：「中央研究院」中國文哲研究所籌備處，2001 年，第 298 頁。

〔註10〕徐復觀：《石濤之一研究》，臺北：臺灣學生書局，1979 第三版，第 67 頁。

〔註11〕彭富春：《哲學美學導論》，北京：人民出版社，2005 年，第 282~283 頁。

〔註12〕〔英〕貢布里希：《藝術的歷程》，黨晟、康正果譯，西安：陝西人民美術出版社，1987 年，第 380 頁。

的詩意和創造性。正基於此，現代中國畫大家劉國松提出了「先求異，再求好」的教學理論，〔註13〕也就是要先畫得和別人不一樣，再慢慢把它畫好起來，藝術創造不必到「極工」才可以做，而是從一學畫就必須把握的繪畫的本質。技術是以藝術創造為使命的技術，而不是與藝術精神內涵相游離的技術。反倒是「必極工而後能寫意」的繪畫思想導致多少人把時間耗費在臨摹、寫生的「極工」訓練上，扼殺了他們的創造性，一輩子只能做畫匠，而成不了藝術家。

　　其次，在中西藝術的評判標準中，技術從來不是一個重要的因素。中西藝術雖歷史淵源、風格流派不同，然都追求繪畫中之「意味」。繪畫的「意味」分為內外兩層：內面一層是藝術家的靈魂，是藝術的本質；外面一層是軀體，是技巧完成的形式，這兩層的有機結合就締造了藝術的生命。在藝術活動中，占主導地位的不是物的因素，而是人的因素，藝術在本質上是心靈自由的活動。技術只是「童子功」，「藝術創作的真正基礎不單在訓練好的技巧，更重要的是從技巧的練習中去領會藝術的本質與創造的意義。」〔註14〕這是徐復觀和現代藝術家們都認定了的。高手之間的較量，就不是「童子功」的較量，而是「內功」的較量。什麼是藝術家的「內功」？那就是藝術家的主體精神境界所達到的層次。徐復觀在評價董其昌的畫時說：「技巧必由熟練之極，以歸於忘其為技巧；如此，則技巧融入於性情，在創作時，不以技巧的本身出現，而依然以性情出現。」〔註15〕真正的藝術家必須通過藝術技巧的磨練，通過對藝術境界的追尋，將生活經驗轉變成藝術經驗，惟此，克就人生修養的「工夫」才能轉化為偉大的藝術精神來。徐復觀並沒有否認藝術世界與現實世界的這種差異性，他在《中國藝術雜談》中說：「藝術家文學家，把自己的生活經驗通過作品而傳給觀者讀者，使觀者讀者能因此而得到『陌生的經驗』……藝術的『陌生』，是現實生活的『陌生』，而不是離開現實生活的『陌生』。」〔註16〕鄒元江對徐復觀將「文」與「人」作對應的批評，實是過於強調了藝術世界與現實世界的異在性，而忽略了兩者之間的貫通性和一致性，這同樣是片面的。鄒元江由此認為徐復觀輕視形似、輕視技術，這是不夠客觀的。

　　另外，就藝術層面言之，如何將低層次的「技」，提升到入「道」的層次，

〔註13〕劉國松：《先求異再求好——從事美術教育四十年的一點體悟》，《榮寶齋》1999
　　　年第 10 期，第 105 頁。
〔註14〕李君毅編：《劉國松談藝錄》，鄭州：河南美術出版社，2002 年，第 74 頁。
〔註15〕徐復觀：《中國藝術精神》，第 362 頁。
〔註16〕徐復觀：《中國藝術雜談》，《新亞學生報》，1972 年 11 月 11 日。

乃是藝術家所面臨的最重要的挑戰。當然，磨練技術達於「極工」，這是一個方面，但不是必要條件，也不是最重要的條件。「技」是為「道」服務的，最終必將歸結於「道」。《莊子‧養生主》中的「庖丁」，就生動地為我們展示了藝術修煉中由「技」進「道」的過程。從「所見無非全牛」到「未嘗見全牛」，進而「以神遇而不以目視」，達到「遊刃有餘」之境，這個解牛的過程雖然沒有創造出偉大的藝術作品，但是可以用來說明藝術創作的道理。徐復觀重視氣韻，一方面是深味中國畫的立畫之基不在形似，而在氣韻；不在技術，而在「由技進乎道」。另一方面也是針對中國繪畫史上明清以後過於重視筆墨技巧的弊病所作的「對治」。明清畫家多停留於筆墨趣味自身的欣賞，只知臨摹，不思創造，反而忘記了人格修養和外師造化的基本工夫，這同當時的臺灣現代藝術家們一味地崇拜、模仿西方現代藝術而忽略了立足於中國畫的歷史和自身特點而進行創新是一樣的。為了矯正此一流弊，徐復觀「將氣韻生動一語中的觀念，直接接合於生意或生氣之上。」〔註17〕所以徐復觀謂石濤晚年的棄僧入道是他生命經過了一大曲折後所得到的一大昇華與解放，並認為石濤「晚年的畫筆浩瀚縱恣，實以此一生命的大昇華大解放為基底，不能僅從筆墨技巧上去加以解釋。」〔註18〕這種分析是頗有見地的。

三、「手心兩忘」境界下的藝術傑作

其實，無論是技術之臻於「極工」，還是內在精神修養至極虛，都不是創造偉大藝術作品的必要條件。藝術在古希臘意義上是「心靈迷狂」的產物，很多偉大的藝術作品恰恰是藝術家在技道兩忘、心手兩忘的心靈狀態下完成的。在這些藝術創作的過程中，藝術作品擺脫了技術的束縛而體現為偉大心靈的躍動和人格精神，「極工」在這種狀態下不僅不足以資「寫意」之興，反而可能成為「寫意」所要擺脫的束縛，真正的藝術創造不可能完全被技術所控制，這在藝術上被稱作「神來之筆」「逸品」，我試舉中國藝術史上兩件不朽作品證之。

顏真卿是書法史上唯一能與王羲之並駕齊驅的偉大的書法家，他創造了「顏體」，其書法深沉凝重，奇偉沉雄，與柳公權並稱「顏筋柳骨」之譽。顏真卿的《祭姪文稿》被後世稱為「顏書第一」，連對顏體楷書持否定態度的宋

〔註17〕徐復觀：《中國藝術精神》，第 184 頁。
〔註18〕徐復觀：《石濤之一研究》，第 100 頁。

代米芾評論《祭侄文稿》時也謂「顏魯公行字可教，乃天下奇書也。」《祭侄文稿》何以能在顏書作品中居於如此崇高的地位呢？這需要我們對這幅作品的時代背景有一大致瞭解。

顏真卿書《祭侄文稿》的時代背景，乃「安史之亂」之際。顏真卿之堂兄顏杲卿死守堂山郡，後終因糧盡矢絕，被叛軍攻陷，杲卿、季明父子等慘遭殺害，壯烈殉國，顏氏一門死於刀斧之下三十餘人。顏真卿此稿乃在聞堂山失陷、其侄遇害之際懷著「撫念摧切、震悼心顏」之心而作。這篇血淚祭文本是稿本，原不是作為書法作品來寫的；《祭侄文稿》本身有多處塗抹，在技術上是不完美的。但正因為激憤之中無意作書，所以縱筆浩放，一瀉千里，墨色時枯時濃，筆法圓轉遒勁，筆鋒內含，力透紙外，達於無意書而氣貫天成的極高境界。宋人張晏評云：「蓋以告是官作，雖楷端終為繩約；書簡出於一時之意興，則頗能放縱矣；而起草又出於無心，是其手心兩忘，真妙見於此也。」這與清人王頊齡「忠憤所激發，至情所鬱結，豈止筆墨精妙可以振鑠千古者乎？」〔註19〕論所見略同。顏真卿的《祭侄文稿》乃出於無心，意在文而不在字，所以書寫時才能心手兩忘，渾然天成，這不正與莊子的「坐忘」而達於「無己」之境有異曲同工之妙嗎？而蘇軾謂：「吾觀魯公書，未嘗不想見其丰采，非獨得其為人而已，凜凜乎若見其誚盧杞而斥希烈也。」〔註20〕人格性情與藝術境界融合為一，不正說明了藝術精神與人格精神互為表裏、人格精神對藝術品格的重要影響嗎？

而藝術史上另一傑作，被譽為「天下第一行書」的王羲之的《蘭亭序》也是在「心無其心，筆無其筆」之狀態中創作並完成的。唐何延之云：「晉穆帝永和九年三月三日，四十一人同遊於山陰蘭亭，逸少製序，酒酣興樂而書……遒媚勁健，絕代更無，凡二十八行、三百二十四字，字有重者，皆構別體，就中之字最多，乃有二十四許體，變轉悉異，其時似有神助，醒後他日更書數十百本，皆不如，右軍亦自惜之，留付子孫。」〔註21〕王羲之書《蘭亭序》之時，亦是「酒酣興樂」之際，此刻已經忘卻名利，心無掛礙，雖有技巧之輔助，然

〔註19〕鄭峰明：《莊子思想及其藝術精神之研究》，臺北：文史哲出版社，1987年，第146頁。

〔註20〕〔宋〕蘇軾：《東坡論書》，《宋代書論》，水采田譯注，長沙：湖南美術出版社，1999年，第17頁。

〔註21〕〔唐〕何延之著：《蘭亭始末記》，《中晚唐五代書論》，潘運告編著，長沙：湖南美術出版社，1997年，第118頁。

其玄妙之境非技術所能至也。所以王羲之在酒醒後再書寫《蘭亭序》數十本，皆不如「酒酣」時之所作，乃在此「坐忘」「無己」之心境已失，雖技巧仍在，然「不知其手之所至，與生平所作大絕殊」，鬼神之功豈技巧可得焉？〔註22〕這絕殊之處就在於平日作品大多為技巧之作，而「酒酣」之作乃忘掉技巧、擺脫束縛、技道合一、昂首天外的性情之作，藝術技巧的本質在於表現藝術家的精神，它最終也必將耗散於藝術家的精神之中，這即石濤所說的「在於墨海中立定精神，筆鋒下決出生活，尺幅上換去毛骨，混沌裏放出光明，縱使筆不筆，墨不墨，畫不畫，自有我在。」（《石濤畫語錄‧絪縕章》）精神顯然不是「極工」得來的，而只能靠平日的人格修煉和「澡雪」而來。這兩件藝術作品之所以能成為不朽，恰恰不是因為其「極工」，《祭侄文稿》中顏真卿與天地同流之真性情以及與莊子所謂的「解衣般礴」、神韻天成的精神境界使技術上的瑕疵終不能破壞《祭侄文稿》強大的藝術感染力。莊子所開啟的這種藝術心境及藝術精神，在後世很多不朽的藝術作品中都可以得到證明。

本文發表於《文藝理論研究》2008 年第 4 期。

〔註22〕王微曰：「豈獨運諸指掌，亦以明神降之。此畫之情也。」見〔宋〕王微著：《敘畫》，陳傳席譯，北京：人民美術出版社，1985 年，第 7 頁。

附錄二 《莊子》美學的「悖論」及其反思——兼與章啟群先生商榷

一、緣起

在中國美學史上，對《莊子》進行詮釋大概是最難的。《莊子》本身並不是作為美學理論而存在，但是《莊子》文本本身又與美學有著深層的關聯。在詮釋《莊子》的過程中，如何既保有詮釋的有效性，又能呈現出詮釋的開放性呢？20世紀下半葉以來，中國美學界對《莊子》美學從詮釋方法到現代價值進行了多維度的探索，其中也不乏批評。2000年章啟群在《怎樣探討中國藝術精神？——評徐復觀〈中國藝術精神〉的幾個觀點》〔註1〕一文中就曾對徐復觀詮釋《莊子》的方法提出了批判。在該文中，章啟群主要提出了三個觀點：（1）《莊子》的「道」不是中國藝術精神的最高境界；（2）《莊子》中的「得道者」不是中國藝術精神的體現；（3）《莊子》中沒有「自然美」的觀念。為此，我專門寫了《再論怎樣探討中國藝術精神？——評徐復觀〈中國藝術精神〉兼與章啟群諸先生商榷》一文對章啟群批評徐復觀美學和《莊子》思想的方法進行了回應，指出章「試圖通過西方哲學的視角來解讀《莊子》和中國藝術精神」〔註2〕並不能準確理解和把握中國美學的特質，章啟

〔註1〕 章啟群：《怎樣探討中國藝術精神？——評徐復觀〈中國藝術精神〉的幾個觀點》，《北京大學學報》2000年第2期。

〔註2〕 劉建平：《再論怎樣探討中國藝術精神？——評徐復觀〈中國藝術精神〉兼與章啟群諸先生商榷》，《社會科學論壇》2008年第1期。

群對我的批評文章一直沒有回應。直到近日,我讀到章啟群寫的《作為悖論的「〈莊子〉美學」》〔註3〕一文,其中的問題既涉及到我上文對他的批評,同時也牽涉到了如何詮釋《莊子》的問題,特撰文再澄清之。

　　從2000年發表《怎樣探討中國藝術精神?──評徐復觀〈中國藝術精神〉的幾個觀點》,到2018年發表的《作為悖論的「〈莊子〉美學」》,章啟群試圖利用西方美學的精確分析和範式為中國美學劃定邊界,為中國美學理論的建構提供方法論支持,以校正時下美學研究嚴重「泛化」之弊,這是我所認同和欣賞的。然而,章啟群認為「美學的一般理論只能是在西方學術意義上的理論,否則不能稱之為美學。」〔註4〕「如果人們要研究『美學』,那麼西方的美學體系則是必然的前提和基礎。」〔註5〕「評價和衡量這個理論的學術價值和意義,也只能是西方的學術標準。」〔註6〕我卻不敢苟同。西方美學是今日世界性的話語霸權,這自然不假。但這並不意味著其他的知識體系、文化傳統就沒有現代轉化的可能,並不意味著非西方的文化、美學資源就只有進博物館展覽的「古董」價值,並不意味著西方美學就完美無缺、沒有與非西方的美學、文化進行對話的必要。章啟群對西方美學優越性的鼓吹,不過是西方文化中心主義思維的「中國面孔」和「進化論」思想在中國美學研究領域的一次「靈魂附體」罷了。正是在這樣的視野下,章啟群認為「《莊子》美學」沒有理論沒有體系,把《莊子》和美學扯在一起,「從邏輯上說就是一種悖論。」〔註7〕也正是在這樣的視野下,試圖建構中國美學體系的著作大多在「史料和形式」上不科學,他認為李澤厚、劉綱紀主編的《中國美學史》「基本上像一個論文集,缺少統一的思想和明確的線索」,〔註8〕葉朗的《中國美學史大綱》「最多是一部古代中國藝術理論的論文匯編」。〔註9〕有鑑於此,本文思考的問題有二:一是反

〔註3〕 章啟群:《作為悖論的「〈莊子〉美學」》,《文藝爭鳴》2018年第2期。
〔註4〕 章啟群:《美學與中國美學:範式、問題和史料──一個論綱或斷想》,《文藝爭鳴》2015年第8期。
〔註5〕 章啟群:《美學與中國美學:範式、問題和史料──一個論綱或斷想》,《文藝爭鳴》2015年第8期。
〔註6〕 章啟群:《美學與中國美學:範式、問題和史料──一個論綱或斷想》,《文藝爭鳴》2015年第8期。
〔註7〕 章啟群:《作為悖論的「〈莊子〉美學」》,《文藝爭鳴》2018年第2期。
〔註8〕 章啟群:《美學與中國美學:範式、問題和史料──一個論綱或斷想》,《文藝爭鳴》2015年第8期。
〔註9〕 章啟群:《美學與中國美學:範式、問題和史料──一個論綱或斷想》,《文藝爭鳴》2015年第8期。

思以西方美學為標尺來詮釋中國美學的合法性；二是反思「《莊子》美學」的命題能否成立以及在何種意義上成立。將自然科學上的一元方法論擴張到人文科學、忽視或否認中國美學有著不同於西方美學的獨立存在價值，這既不符合《莊子》文本的理論特點和審美特質，亦不符合建構中國美學主體性的時代精神，值得進一步探討。

二、《莊子》美學「悖論」的根源

　　章啟群首先對「《莊子》美學」這個命題進行了批判，他認為西方美學具有形而上的特質，現實生活中的一切感性的美就來源於「美本身」。章啟群從本體論、認識論、倫理價值三個層面對「《莊子》美學」這個命題進行了批判，認為「《莊子》美學」是一個十足的偽命題。從本體論出發，章啟群認為只有關於美的本質即「美本身」的問題才與美學相關，而《莊子》中居於本體的道「無論如何不是現實中美的事物的最終來源或根據」，「道」與美、醜無關，因而「《莊子》美學」這一命題是不能成立的。我們來看一下他的論證邏輯：1. 道無處不在，不僅存在美的事物之中，也存在醜的事物之中。2. 道與具體事物沒有交集、交際，道雖然支配、決定萬物的盈虛積散等變化，本身卻沒有變化。由此推論出「《莊子》中不存在建設性的美的本體論，不存在建設性的關於美的本質學說。」〔註 10〕這個論證過程其實是大有問題的。道家所謂的「大音」「大象」乃道之音、道之象，從形式上講，這「大音」「大象」的確未必是美的，然而因其具有永恆的、渾然天成的特質，被看作是最高存在的「道」，正是「大音」「大象」之美的根源。五色、五音、五味中當然也有道，它們在形式上是美的，但只是「小美」；「大音」「大象」形式上未必是美的（或曰「無形式」），因其合乎道的本質，故而是「大美」，二者是有層級差別的。由此可見，形式上的美、醜與「道」的存在並不相矛盾，美的事物中有「道」，醜的事物也可以顯現「道」，「道」具有超越形式美、醜的永恆性、整一性。《莊子》中「道」的這種特性與柏拉圖「美的理念」頗為類似，柏拉圖「美的理念」也不是一個簡單的、感性的形式，而是一個有著多個層次的概念。一般來說，美的事物只是分有「美本身」，它並不是「美本身」，「美的事物」和「美本身」的區分不僅是概念上的，更是本質上的——只有「美本身」才是真正的「美」。那什麼是「美本身」呢？柏拉圖認為，「這美本身，加到任何一件事物上面，

〔註 10〕 參見章啟群：《作為悖論的「〈莊子〉美學」》，《文藝爭鳴》2018 年第 2 期。

就使那件事物成其為美。不管它是一塊石頭，一塊木頭，一個人，一個神，一個動作，還是一門學問。」〔註11〕「（美）應該是一切美的事物有了它就成其為美的那個品質，不管它們在外表上怎樣。」〔註12〕柏拉圖這裡所說的「不管它們在外表上怎樣」的事物又如何能稱之為「美的事物」呢？這就意味著形式上醜的事物也具備分有「美的理念」的可能性。儘管亞爾西巴德擁有俊朗的外表，可以稱之為「美的事物」，但是在柏拉圖看來，醜陋的蘇格拉底實際上比他更美，因為蘇格拉底有一顆美麗的心靈——「美的理念」也與形式的美、醜沒有直接的關係。在此意義上，柏拉圖的「美的理念」又如何能成為「美的事物的最終來源或依據」呢？學界也有不少學者注意到了老莊的「道」與柏拉圖的「理念」之間的這種相似性，〔註13〕僅僅因為「道無處不在，不僅在美的事物之中，也在醜的事物之中」就推斷出「道」與美、醜無關，「道」不是現實中美的事物的最終來源或依據，這邏輯是何等的奇怪！其次，「美的理念」也與具體事物沒有交集，不會因為事物的美醜變化而有所增減，「（這種美）不是在此一點美，在另一點醜；在此時美，在另一時不美；在此方面美，在另一方面醜；它也不是隨人而異，對某些人美，對另一些人就醜……有了它那一切美的事物才能成其為美，但是那些美的事物時而生，時而滅，而它卻毫不因之有所增，有所減。」〔註14〕柏拉圖否定了那種個體的、相對的、有限的美，認為真正永恆的美是抽象的、指向心靈的。《莊子》的「道」既是形而上意義上萬物的始基和根源，同時萬物又分享道、呈現道；柏拉圖的「理念」是萬事萬物的摹仿原型，也是美的事物存在的依據。從本質上講，無論是柏拉圖的「理念」，還是《莊子》的「道」，都不指涉具體的事物，與具體事物都沒有交集；都不是指感官所把握到的形式美，而是指用靈魂「看見」〔註15〕的東西。

從認識論的角度看，章啟群認為「《莊子》在認識論上持極端懷疑論態度，

〔註11〕柏拉圖：《文藝對話錄》，朱光潛譯，北京：人民文學出版社，1963年，第188頁。

〔註12〕柏拉圖：《文藝對話錄》，第192頁。

〔註13〕參見聶敏里：《論柏拉圖的 Idea 之為「理念」而非「相」》，《中國人民大學學報》2004年第3期；許亮：《老子「道」論與柏拉圖「理念論」之比較》，《北京理工大學學報》2007年第6期等。

〔註14〕柏拉圖：《柏拉圖文藝對話集》，朱光潛譯，北京：商務印書館，2013年，第249～250頁。

〔註15〕聶敏里：《論柏拉圖的 Idea 之為「理念」而非「相」》，《中國人民大學學報》2004年第3期。

認為世界不可知，人們無法認識到真理。在此立場上，《莊子》當然也認為我們不能把握善惡，不能判斷美醜。」這一點又讓我想起了柏拉圖，柏拉圖否認現實的美，否認藝術的美，把「美本身」與神、靈魂的存在聯繫起來，藝術家的創作過程也就變成了神靈附體的「迷狂」，這樣的「美本身」又如何是可知的呢？我們又如何能判斷美醜呢？必須指出的是，中世紀美學淪為神學的婢女，在柏拉圖這裡就埋下了注腳，難道我們因此就可以斷言：柏拉圖的「美本身」讓我們無法認識到真理，不能判斷美醜，因而柏拉圖沒有美學、沒有美的認識論嗎？何以厚柏拉圖而薄《莊子》呢？這種偏見的根源還是把美學當作一種認識真理的方法，還是試圖以西方美學的思維模式「解剖」中國傳統美學資源。中國與西方因為美學的物質載體不同而對美學產生了不同理解，這是再正常不過的事情，卜松山指出：「假如中國現代的美學家們依據西方現代以前的標準，並受到這個學科似乎是具有指向意義的名稱『美』學的誘導，而感覺身負使命，在研究本民族文化傳統的過程中去尋找『美』，那麼從某種意義上可以說，他們的這種大膽嘗試，是一次受到時代精神局限的迷航。」〔註16〕中國美學界在 20 世紀「迷航」得夠久了，這不僅涉及到如何解釋《莊子》美學的問題，而且也涉及到如何建構中國美學體系的問題。中國美學不是西方意義上的真理認識論，而是人格修養論、宗教安頓論。我們只有搞清楚中國美學自身的理論性質、範疇和研究範式，才能對這種審美傳統和藝術哲學進行恰當的評價。

在倫理價值上，章啟群認為《莊子》提出「一些世人所認為的美的東西，恰恰是有害甚至是致命的」，因而「《莊子》也是否認美的價值的」。柏拉圖也認為藝術是摹仿現實，不能增進人對真理的認識，還會混淆視聽，敗壞道德，所以他的理想國主張驅逐詩人和藝術家，按照這個邏輯，柏拉圖這位西方美學史上第一個追問「美本身」的哲學家也是否認藝術哲學的價值了？章啟群研究西方美學，應該悉知美學的「美」並不僅僅是指美的形式，否則怎麼解釋崇高、醜、荒誕等超越具體感性形式的審美形態？至於他所說的「概而言之，在《莊子》的視野中，作為一個哲學問題的美的問題是不存在的。《莊子》也根本沒有關注人類社會和自然界的美和醜。」我在《論莊子中的自然美思想》一文中已對自然美的問題有詳細的辨析。首先，在《莊子》中，人與自然是一種平等的、生命觀照的關係，自然不是神秘的「偶像」，也不是「比德」的倫理實體，

〔註16〕卜松山：《中國的美學和文學理論——從傳統到現代》，向開譯，上海：華東師範大學出版社，2010 年，第 7 頁。

這種新的「天」「人」關係正是人類社會實踐和審美實踐的結果。其次，莊子不僅發現了自然的形式美，而且把欣賞自然看作是完善自身、愉悅性情的一種生存方式，他追求人與自然共生共存、相互為用而又協調統一的生存狀態，具有生態美學上的啟示意義，在此就不復贅言了。〔註17〕章啟群倫理觀最狹隘之處，莫過於認為《莊子》的主旨是「全生」「保身」的人生觀，因而不可能追求仁義，不可能欣賞自然美，不可能有對自由的嚮往，這完全是把人看作是一種脫離社會關係和歷史發展的單向度存在，而看不到仁義可適人之性，審美可適人之情，自由可適人之精神，皆是大有利於「全生」「保身」的。

其次，在「美學對話」的時代，我們是應堅持西方美學的唯一科學性、標準性，還是積極肯認在不同文化藝術傳統存在「複調美學」的可能呢？〔註18〕長期以來，美學指的就是「西方美學」，也就是發端於鮑姆嘉登，並通過席勒、康德、黑格爾而得到不斷完善和發展的作為一門學科的美學。近代以來，不少美學和文藝理論家認為西方美學不可能適用於解釋非西方的文藝傳統和審美現象，曹順慶指出，「就中國文論和西方文論而言，他們代表著不同的文明，在基本文化機制、知識體系和文論話語上是從根本上相異的（而西方各國文論則是同根的文明）。」〔註19〕早在 19 世紀，黑格爾就提出了要在多個不同文明的藝術作品中去探究美的本質問題，「人們能夠認識而且欣賞近代、中世紀乃至古代外族人民（例如印度人）的久已存在的偉大藝術作品。這些作品由於年代久遠或是國度遼遠，對於我們固然總是有些生疏奇異，但是它們使全人類都感到興趣的內容卻超越了而且掩蓋了這生疏奇異的一面，只有固執理論成見的人才會污蔑它們是野蠻低劣趣味的產品。」〔註20〕黑格爾正是看到了作為一門科學認識論的美學應具有一種超越地域限制和文化偏見的普遍性的觀念，所以他把非

〔註17〕參見劉建平：《論莊子中的自然美思想》，《道學研究》2004 年第 1 期。

〔註18〕如果美學指的是通過邏輯演繹的形式而建立的形而上學的思辨系統，那麼中國沒有美學；如果美學指的是人通過感性生命的視角去反省、自證人生的價值、宇宙的本源，則中國有著悠久的美學傳統。美國人托馬斯·門羅（Thomas Munro）在《東方美學》中就認為「『美學』作為藝術與美的哲學的名稱主要是 19 世紀黑格爾的發明。這個術語均是含混不清的。」「在我看來，今後任何一部美學史都不應該把自己局限在所屬的半球的思想之內。」參見 Thomas Munro. Oriental Aesthetics, Cleveland: Press of Western Reserve University, 1965, p.7~8.今天的時代是一個多元文化並存的跨文化對話時代，自然也不應該以西方美學為美學的唯一標準，而忽視或否定「複調美學」存在的可能。

〔註19〕曹順慶：《比較文學教程》，北京：高等教育出版社，2006 年，第 33 頁。

〔註20〕黑格爾：《美學》第一卷，朱光潛譯，北京：商務印書館，2011 年，第 25～26 頁。

西方的藝術傳統也納入他的研究範疇，雖然他在解讀非西方藝術時仍免不了西方中心主義的偏見，但他畢竟在向一個更為普適性、開放性的美學系統的探索方面邁進了一大步。西方美學並不等於章啟群所說的那種「一般的普遍意義的美學」。雖然他認為西方學術的範式和方法具有其他知識體系（例如古代中國、印度等）難以企及的直觀明晰性和實用性，〔註21〕但不能因此就否認其他的知識體系沒有現代轉化的可能，沒有和西方文化平等對話、互相豐富的資格。建構「一般的普遍意義的美學」雖然不能撇開西方美學的本體論和美感認識論資源，但那並不意味著就能把西方美學的自身演化當成人類文明的普遍進化。西方美學的研究對象、詮釋方法、價值維度都是有待與其他文化傳統的交流、對話中進一步完善的，當代西方美學的發展也印證了這一點。張法指出，西方美學發展的新趨勢是「把西方自近代以來的區分型美學轉到了與各非西方文化同調的交匯型美學上來。」〔註22〕章啟群在徹底否定了非西方美學傳統存在的合法性和價值的同時，也視西方美學為一「關起門來」封閉發展的理論體系，這是「識見」還是「愚見」呢？章啟群之所以說「《莊子》美學」是悖論，我認為根本原因不是《莊子》的問題，而是章以近代西方美學的本體論、方法論、價值論來「削足適履」的詮釋中國美學的文本，缺乏對不同審美傳統和藝術經驗的「同情理解」和平等對話的雅量，這才是「悖論」的根源。

三、徐復觀對《莊子》「再發現」之意義

　　徐復觀是《莊子》美學研究的一個基點。在徐復觀之前，國內外已有一些學者對《莊子》作審美化的解讀。國外比較有代表性的人物是新人文主義的代表白璧德，他認為《莊子》和浪漫主義在對理性的反思、回歸自然以及對精神自由的嚮往等方面存在某些精神性關聯，「中國早期的道家思想最接近於以盧梭為核心人物的浪漫主義思潮」。〔註23〕國內比較有代表性的是宗白華，他在《美學散步》中對《莊子》美學有簡略的論述。徐復觀在對《莊子》作系統的美學詮釋上有首創之功。20 世紀 80 年代以來，大陸學界對《莊子》美學的研

〔註21〕章啟群：《美學與中國美學：範式、問題和史料》，《文藝爭鳴》2015 年第 8 期。

〔註22〕張法：《重新定義 1900 年以來的西方美學》，《求是學刊》2013 年第 2 期。

〔註23〕Irving Babbitt, *Rousseau and Romanticism, with a New Introduction by Claes G. Ryn* (New Jersey: Transaction Publishers, 1991), 395. 白璧德也是典型的以西方的文藝理論、美學理論來闡釋中國文本。他誤解了道家的回歸自然、自由等概念和浪漫主義的差異，但其可貴之處是揭示出了中國傳統美學資源中蘊含著與現代社會對話的精神價值。

究大多受到了徐復觀《中國藝術精神》的影響，徐復觀為當代《莊子》美學研究提供了新視野、新方法，已經成為我們探討《莊子》美學不能繞開的一個點。以徐復觀、方東美為代表的現代新儒家以《莊子》來溝通儒道、古今與中西，大膽地對《莊子》進行了創造性的詮釋和發明，從而在某種意義上對《莊子》思想進行了現代轉換，可謂意義重大。尤其是徐復觀詮釋《莊子》的方法更是在很長一段時間裏影響了整個華語圈的《莊子》研究，很多知名學者都承認自己的相關研究受到徐氏釋莊模式或顯或隱的影響。例如陳鼓應明確說：「我於六十年代，在一個特殊的環境下，對莊子富有抗議性的言論及其突破儒學框架的思想視野發生興趣。」〔註24〕這種「抗議言論」和「思想視野」毫無疑問就是徐復觀《中國藝術精神》的主旨，在《莊子今注今譯》一書中，陳鼓應多次引用徐復觀對《莊子》的闡釋；徐復觀是最早運用現象學觀念來作《莊子》研究的學者，劉若愚進一步指出《莊子》美學與現象學美學如《莊子》的「道」與現象學的「意義之存在」、《莊子》的「心齋」說與現象學的「判斷懸止」說的類似之處；〔註25〕華裔學者高友工聲言「中國抒情傳統」建構是受了徐復觀論「中國藝術精神」和「心的文化」的直接影響，他將中國抒情藝術定位為一種「自省」「內觀」的藝術，並追溯其源流和發展。就大陸而言，李澤厚、劉綱紀主編的《中國美學史》中以 4 萬字的篇幅，從莊子美學的哲學基礎、美的本質、審美感受、歷史地位等幾個方面比較全面地梳理了莊子的美學思想，與徐復觀《中國藝術精神》相比，二者在莊子美學的自由本質、儒道兩家關係的梳理、莊子追求個體自由獨立的現代價值等相關論斷上有諸多相似、相合之處；〔註26〕劉紹瑾曾明確表示其《莊子與中國美學》受徐復觀《中國藝術精神》影響；著有《中國山水畫史》的陳傳席也曾在多篇論文中稱引徐復觀的理論觀點；對中國傳統藝術、中國美學史有著精深研究的朱良志也汲取了徐復觀詮釋《莊子》的思想精髓，堅信「中國美學是一種生命安頓之學」……可見，徐復觀實際上影響了中國當代美學家詮釋《莊子》的模式。既然章啟群認為《莊

〔註24〕 參見陳鼓應：《修訂版前言》，《莊子今注今譯》（上），北京：中華書局，2008年，第 1 頁。

〔註25〕 （美）劉若愚：《中國文學理論》，杜國清譯，南京：江蘇教育出版社，2006 年，第 85～92 頁。

〔註26〕 對於李澤厚、劉綱紀主編《中國美學史》中關於《莊子》美學的詮釋可能受到徐復觀影響的問題，我在《徐復觀與 20 世紀中國美學》一書中有詳細的論述。參見劉建平：《徐復觀與 20 世紀中國美學》，北京：中國社會科學出版社，2015年，第 211～220 頁。

子》美學研究「幾十年來的學術前沿仍然停留在 20 世紀 80 年代」，那我們就看看 1987 年傳入大陸的徐復觀《中國藝術精神》對《莊子》美學是如何詮釋的。

在思維的形上之道的路徑之外，徐復觀又開闢了研究《莊子》的第二條路徑，那就是從「工夫」過程上對「道」作體驗式的把握，他說：「若通過工夫在現實人生中加以體認，則將發現他們之所謂道，實際是一種最高地藝術精神。」〔註27〕徐復觀對《莊子》思想這一新的內涵的揭示，拓展了《莊子》對中國文化傳統的影響，也豐富了 20 世紀中國的美學理論。那麼，徐復觀對《莊子》所作的審美化詮釋是否真如章啟群所批判的那樣，是誤讀和曲解了《莊子》思想呢？〔註28〕事實上，徐復觀並沒有先入為主、「觀念先行」地談《莊子》的道具有美學意義，他認為老、莊所建立的最高概念是道，「他們的目的，是要在精神上與道為一體，亦即所謂『體道』，因而形成『道的人生觀』，抱著道的生活態度，以安頓現實的生活。」〔註29〕的確，道在老子乃至莊子那裏是思想起步的地方，是沒有藝術的意欲的，故而徐復觀說：「因此他們追求所達到的最高境界的『道』，假使起老莊於九泉，驟然聽到我說的『即是今日之所謂藝術精神』，必笑我把他們的『活句』當作『死句』去理會。」〔註30〕徐復觀認為，道除了具有形而上的、思辨的意義外，還具有作為生命存在境界的意涵；道除了有哲學的面向，還有人生的面向，這兩者是互不矛盾的。他對作為存在本體的「道」和藝術精神的「道」進行了明確的區分，「因為他們本無心於藝術，所以當我說他們之所謂道的本質，實係最真實的藝術精神時，應先加兩種界定：一、在概念上只可以他們之所謂道來範圍藝術精神，不可以藝術精神來範圍他們之所謂道。因為道還有思辨（哲學）的一面，所以僅從名言上說，是遠較藝術的範圍為廣的。二、道的本質是藝術精神，乃就藝術精神的最高境界上說的。」〔註31〕道的範圍是遠較藝術精神寬泛的。由此可見，徐復觀對《莊子》思想原初意蘊的區分和辨析是清清楚楚的，章啟群對研究《莊子》的學者

〔註27〕 徐復觀：《中國藝術精神》，第 42 頁。
〔註28〕 「徐先生的論述不僅零亂，而且常常有悖邏輯。」「徐復觀先生由此來論證《莊子》與中國藝術精神的關係，其論點和邏輯都是不能成立的。」參見章啟群：《怎樣探討中國藝術精神？——評徐復觀〈中國藝術精神〉的幾個觀點》，《北京大學學報》2000 年第 2 期。
〔註29〕 徐復觀：《中國藝術精神》，第 42 頁。
〔註30〕 徐復觀：《中國藝術精神》，第 43 頁。
〔註31〕 徐復觀：《中國藝術精神》，第 44 頁。

所謂「重大誤區」「嚴重誤讀」的發現並沒有他自己形容的那麼高明。〔註32〕

　　需要指出的是，徐復觀對《莊子》的「道」的這兩層意義的辨析卻被大多數研究《莊子》美學的學者忽略掉了，如李澤厚、劉綱紀認為：「莊子的美學同他的哲學是渾然一體的東西，他的美學即是他的哲學，他的哲學也即是他的美學，這是莊子美學一個突出的特點。」〔註33〕陶東風認為莊子的哲學就是美學，「莊子有關藝術和美學的所有言論，都是與其人生哲學不可分離的，它們同時參與了中國古代文人的心態、人格以及藝術趣味、藝術風格的鑄造」〔註34〕。這裡的「渾然一體」「不可分離」固然是《莊子》思想的一個特點，但這種模糊籠統、語焉不詳的詮釋方式既沒有對《莊子》的哲學和美學作出區分，也沒有對這種「泛審美化」的解讀方式自我限定，以至於造成了《莊子》審美化詮釋的「泛濫」。從這一方面看，相當一部分中國美學家對《莊子》的研究還沒超出半個世紀前徐復觀的水平。傅偉勳曾對《莊子》研究這種單一化、膚淺化的傾向，提出過中肯的批評。〔註35〕畢來德也對國際漢學界詮釋《莊子》的傾向進行了嚴厲的批判，他說：「其實大家之所以如此眾口一詞，恐怕是因為這樣的觀念，讓人大可不必細讀文本，盡可能人云亦云，生套些陳詞濫調，或對莊子隨意詮釋解說，也不必擔心遭到別人的反駁。」〔註36〕這些批判對國內學界也同樣具有警示作用。

　　學術工作就是要從這籠統、龐雜中梳理出頭緒，給予各種思想適當的定位，徐復觀無疑在這方面做出了很好的示範。他並不是先入為主地直接談《莊子》的美學和藝術創造問題，而是強調道形上的追求與形下的生命安頓之間的相通性，強調藝術和人生之間的互不外在性，而這種相通性是建立在對二者區分的基礎上的。章啟群拿著西方美學的「手術刀」硬要強行將道的形下生命情調從《莊子》中剝離開來，將藝術精神從人生境界中剔除開來，也未必就是客

〔註32〕參見章啟群：《作為悖論的「〈莊子〉美學」》，《文藝爭鳴》2018 年第 2 期。

〔註33〕李澤厚、劉綱紀主編：《中國美學史》第一卷，北京：中國社會科學出版社，1984 年，第 227 頁。

〔註34〕相關論述參見陶東風：《從超邁到隨俗——莊子與中國美學》，北京：首都師範大學出版社，1995 年。

〔註35〕參見傅偉勳《審美意識的再生——評介李澤厚與劉綱紀主編〈中國美學史〉第一卷》，《「文化中國」與中國文化》，臺北：東大圖書股份有限公司，1988 年，第 187～189 頁。也可參見 FU Wei-xun. *Beyond Aesthetics: Heidegger and Taoism on Poetry and Art*, Kenneth K. Inada, ed., *East-West Dialogues in Aesthetics*, Asian Studies Series, State University of New York at Buffalo. 1978.

〔註36〕〔瑞士〕畢來德：《莊子四講》，宋剛譯，北京：中華書局，2009 年，第 2 頁。

觀、「公正」、「準確」的詮釋《莊子》的方法。

四、《莊子》審美化詮釋的合理性

　　章啟群通過對「美」「大美」等詞出現的頻率檢索及具體語境的分析，認為「《莊子》中談論具體的『美的事物』非常少……其（李澤厚、葉朗等）得出《莊子》關於美的結論，必然游離《莊子》全書的根本思想。」據統計，《莊子》一書中「美」字共出現了 51 次，這些「美」的確很少是專門談審美或藝術問題的。《莊子》中「庖丁解牛」「輪扁斫輪」「解衣般礡」的寓言也主要不是講藝術創作或審美，而是以此來喻道、悟道。可以說，《莊子》主要是從生存論的角度而非從藝術論的角度談美的。在此意義上，徐復觀、李澤厚、葉朗等對《莊子》美學所作的闡釋確有「過度詮釋」之嫌疑，它實際上涉及了我們該如何合理詮釋《莊子》，如何給《莊子》在美學史上定位的問題。那麼，《莊子》究竟有沒有美學思想呢？《莊子》對中國美學和藝術究竟有著怎樣的影響呢？

　　對這個問題，學界存在著諸多不同的看法。《養生主》中的這個故事是學界引證最多也是爭論最多的一個案例：

　　　　庖丁為文惠君解牛，手之所觸，肩之所倚，足之所履，膝之所倚，砉然響然，奏刀騞然，莫不中音，合於桑林之舞，乃中經首之會。文惠君曰：「嘻，善哉！技蓋至此乎？」庖丁釋刀對曰：「臣之所好者道也，進乎技矣。始臣之解牛之時，所見無非全牛者；三年之後，未嘗見全牛也；方今之時，臣以神遇而不以目視，官知止而神欲行。依乎天理，批大郤，導大窾，因其固然。技經肯綮之未嘗，而況大軱乎！良庖歲更刀，割也；族庖月更刀，折也；今臣之刀十九年矣，所解數千牛矣，而刀刃若新發於硎。彼節者有間而刀刃者無厚，以無厚入有間，恢恢乎其於遊刃必有餘地矣。是以十九年而刀刃若新發於硎。雖然，每至於族，吾見其難為，怵然為戒，視為止，行為遲，動刀甚微，謋然已解，如土委地。提刀而立，為之而四顧，為之躊躇滿志，善刀而藏之。」

　　從哲學史上看，只是到了現代的語境下，對「遊」的這種超越性、追求精神自由的詮釋才開始流行起來，例如陳鼓應認為：「庖丁舉手投足之間皆能合拍於雅樂的美妙樂音，並表演出優雅動人的舞姿，這藝術形象構成一幅令人讚

賞不已的審美意趣，也構繪出主體技藝之出神入化及揮灑自如的自由境界。」〔註37〕這種解讀是否合適呢？「庖丁解牛」只能說是帶有審美意味的生產勞動，而不能說是藝術創造活動，在藝術未獨立之前漫長的歷史時期，這種活動大量而普遍地存在於人類的生產實踐活動中，其中一部分轉化為手工藝活動。在藝術走向獨立以後，這種帶有審美色彩的生產勞動與藝術創造活動是兩分的。那麼，對「庖丁解牛」作出審美化的詮釋就是「誤讀」嗎？《莊子》文本真的與藝術創造是毫無關係的嗎？傅偉勳認為，對《莊子》的詮釋應該「把莊子所應說而未說出的結論全盤托出」，〔註38〕以西方美學的方法論、價值論去套《莊子》，其結果是把《莊子》的整體意義碎片化，反而扼殺了其真精神、真生命。正是通過對《莊子》文本不斷地「誤讀」，《莊子》思想的多元性、矛盾性、開放性才得以揭示，《莊子》文本的豐富意蘊才真正得以呈現出來。

劉紹瑾在《莊子與中國美學》中認為：

> 《莊子》一書的美學意義，不是以美和藝術作為對象進行理論總結，而是在談到其「道」的問題時，其對「道」的體驗和境界與藝術的審美體驗和境界不謀而合。由於這種相合，後世很自然地把這些帶有審美色彩的哲學問題移植到對藝術的審美特徵的理解中，從而使莊子的哲學命題獲得了新的意義。從這個意義上，我們認為，《莊子》中所蘊藏的文藝思想、美學理論，並不是以其結論的正確性取勝，而是以其論述過程中的啟發性、暗示性、觸及問題的深刻性見長。〔註39〕

這個認識無疑是很深刻的，《莊子》確實不是以美和藝術為對象進行哲學思考，但其思想卻並非無涉於藝術創造問題，對劉紹瑾的觀點我們也需要辯證地看待。在莊子生活的時代，大量的藝術創造是以手工藝勞動的形式出現的，《莊子》中「庖丁解牛」「梓慶削木」等帶有美學色彩的寓言所談的就是這種手工藝勞動的場景。這種手工藝勞動雖與藝術創作有區別，但並非是毫無關係的；它也許缺乏藝術創造的自覺，但是未必不能引領我們體認到「美的規律」。從歷史上看，《莊子》開啟了後世審美思潮和藝術創作的自覺並不是偶然的，《莊子》中描繪的這些帶有審美色彩的生產勞動場景是人類早期生

〔註37〕陳鼓應：《〈莊子〉內篇的心學》（上），《哲學研究》2009年第2期。

〔註38〕傅偉勳：《從西方哲學到禪佛教》，北京：三聯書店，1989年，第403頁。

〔註39〕劉紹瑾：《莊子與中國美學》，廣州：廣東教育出版社，1989年，第10～11頁。

產力發展水平的真實寫照,這些生產勞動,有些是純粹的技術性勞動,含有審美色彩,但並不產生具體的產品,如「庖丁解牛」「津人操舟」;有些則是一種手工藝製作過程的形象刻畫,如「梓慶削木」,就蘊含著深刻的藝術創造規律。中國有自覺的藝術創造意識起步是很晚的,但是創造的精神卻很早就有。這種創造精神具有某種神聖性,也就是它不是一般人所擁有的能力,很多勞動工具或工藝作品的創造者留下了姓名,或以某位聖人作為代表,如伏羲氏作網罟,神農氏作耒耜,黃帝作舟車,魯班作木藝……這體現了中國人對創造精神的重視。《莊子》中的勞動場景雖然不能說是藝術創造活動,但正如朱光潛所說,在勞動生產過程中「人對世界建立了實踐的關係,同時也就建立了人對世界的審美關係。一切創造性的勞動(包括物質生產與藝術創造)都可以使人起美感。」〔註40〕正是在《莊子》所描述的勞動生產過程中建立的審美關係以及美感意識的萌芽,才使人類開始逐漸擺脫對自然的恐懼、崇拜和道德比附意識的束縛,完成了從必然到自由的飛躍,從而在生產實踐創造中取得了「完全感性具體的實現」。〔註41〕從春秋戰國至魏晉時期,在藝術創造上表現新的精神、開拓新的境界的往往不是傳統的藝術家,不是文藝理論家,而是這些淡出藝術史之外的手工藝者。宗白華在《中國美學史中重要問題的初步探索》一文中對此有精闢的分析:

> 實踐先於理論,工匠藝術家更要走在哲學家的前面。先在藝術實踐上表現出一個新的境界,才有概括這種新境界的理論。現在我們有一個極珍貴的出土銅器,證明早於孔子一百多年,就已從「錯彩鏤金、雕繢滿眼」中突出一個活潑、生動、自然的形象,成為一種獨立的表現……尤其頂上站著一個張翅的仙鶴,象徵著一個新的精神,一個自由解放的時代(原列故宮太和殿,現列歷史博物館)。〔註42〕

《莊子》對手工藝者勞動場景的形象刻畫,正是從這些具體的勞動實踐中發現了新的時代精神和新的生存境界,而這種精神,可能要遲至幾個世紀以後才能在哲學和藝術著作上提煉出來。

從這個意義上說,《莊子》可以看作是中國上古時期手工藝勞動創作的理論

〔註40〕 朱光潛:《朱光潛美學文集》第2卷,上海:上海文藝出版社,1983年,第290頁。

〔註41〕 劉綱紀:《美學與哲學》,武漢:湖北人民出版社,1986年,第55頁。

〔註42〕 宗白華:《中國美學史中重要問題的初步探索》,《美學散步》,第36頁。

總結。這些在生產勞動過程中涉及的創作經驗及技術問題,與後來的藝術創作活動是有相似之處的,如輪扁的「斲輪,徐則甘而不固,疾則苦而不入,不徐不疾,得之於手而應於心,口不能言,有數存乎其間」(《莊子‧天道》)。梓慶的「其巧專而外骨消,然後入山林,觀天性形軀,至矣,然後成鐻,然後加手焉,不然則已。則以天合天,器之所以疑神者,其是與!」(《莊子‧達生》)《莊子》對手工藝勞動中精神的醞釀、節奏的把握、技術的運用等經驗、心靈境界生動而形象的刻畫與藝術創造的過程實有異曲同工之妙!徐復觀說:「莊子所說的匠人運斤成風,乃以神遇而非以目遇,正所以說明他的詩乃得自主客湊泊的剎那之間,當下呈現而無須另加修飾。」〔註43〕因此,《莊子》才能在後世藝術家的藝術創作活動中激起了強烈的共鳴。後世的藝術家們借《莊子》中的寓言故事以言自己的藝術體驗和創造經驗,這就構成了中國藝術批評史上以《莊子》為中心的品鑒傳統。如果我們說,《莊子》深刻地影響了中國藝術家的創作實踐還是一種流於空泛、缺乏事實依據的猜測和附會的論斷,那麼,《莊子》影響並主導了中國藝術家、藝術評論家的審美趣味和批評話語系統則是不爭的事實。在歷代的文藝批評理論中,我們都可以看到《莊子》無處不在的影響:

> 若夫豐約之裁,俯仰之形,因宜適變,曲有微情。或言拙而喻巧,或理樸而辭輕。或襲故而彌新,或沿濁而更清。或覽之而必察,或妍之而後精。譬猶舞者赴節以投袂,歌者應絃而遣聲。是蓋輪扁所不得言,故亦非華說之所能精。〔註44〕

> 至於思表纖旨,文外曲致,言所不追,筆固知止。至精而後闡其妙,至變而後通其數,伊摯不能言鼎,輪扁不能語斤,其微矣乎!〔註45〕

> 所謂意存筆先,畫盡意在也。凡事之臻妙者,皆如是乎,豈止畫也!與乎庖丁發硎,郢匠運斤。效顰者徒勞捧心,代斲者必傷其手。意旨亂矣,外物役焉。〔註46〕

〔註43〕 徐復觀:《詩詞的創造過程及其表現效果》,《中國文學精神》,第52頁。

〔註44〕 (晉)陸機:《文賦集釋》,張少康集釋,北京:人民文學出版社,2005年,第212頁。

〔註45〕 (梁)劉勰:《神思》,《文心雕龍注》(下),范文瀾注,北京:人民文學出版社,2008年,第495頁。

〔註46〕 (宋)張彥遠:《歷代名畫記敘論》,俞劍華編《中國古代畫論類編》(上),北京:人民美術出版社,1998年,第36頁。

世人止知吾落筆作畫，卻不知畫非易事。莊子說畫史解衣盤礴，此真得畫家之法。人須養得胸中寬快，意思悅適，如所謂易直子諒，油然之心生，則人之笑啼情狀，物之尖斜偃側，自然列布於心中，不覺見之於筆下。〔註47〕

宋曾雲巢無疑工畫草蟲，年愈邁愈精。或問其何傳？無疑笑曰：此豈有法可傳哉。某自少時，取草蟲籠而觀之，窮晝夜不厭。又恐其神之不完也，復就草間觀之，於是始得其天。方其落筆之時，不知我之為草蟲耶？草蟲之為我耶？此與造化生物之機緘蓋無以異。豈有可傳之法哉。〔註48〕

可見，《莊子》在中國藝術史上的這種獨特影響力不是偶然的，藝術創作的過程與「庖丁解牛」「輪扁斫輪」等手工藝勞動之間有著天然而直接的聯繫，它引導我們透過手工藝創造的表象，去領悟那美的本質、存在之道。《莊子》文本的特殊性就在於並沒有直接討論美學和藝術問題，但其中包含了大量對藝術創造經驗和規律的生動描述，因而徐復觀認為：「歷史中的大畫家、大畫論家，他們所達到、所把握到的精神境界，常不期然而然的都是莊學、玄學的境界。」〔註49〕我認為這不僅僅是對《莊子》作出了現代的闡釋，同時，這還是對《莊子》文本意蘊的一種回歸與還原。《莊子》的「道」也因此而獲得了更為豐富的詮釋空間和新的意義，例如《莊子》對醜的審美價值的肯定，使美的內涵從一元向多元狀態發展，而後才有了唐宋的羅漢、戲劇中的丑角，大大拓寬了我們的審美視野。〔註50〕

正是基於《莊子》的「道」與藝術精神的這種相似相契特徵，所以20世紀下半葉以來，對《莊子》作出審美化的詮釋屢見不鮮，如李澤厚認為：「莊子比儒家以及其他任何派別都抓住了藝術、審美和創作的基本特徵：形象大於思想，想像重於概念；大巧若拙，言不盡意；用志不紛，乃凝於神。」〔註51〕李澤厚、劉綱紀在《中國美學史》中指出：「儒家對審美和藝術的特徵是缺乏

〔註47〕（宋）郭熙、郭思父子撰：《林泉高致》，《中國古代畫論類編》（上），第640頁。
〔註48〕（清）鄒一桂：《小山畫譜》，王其和點校，濟南：山東畫報出版社，2009年，第134頁。
〔註49〕徐復觀：《自敘》，《中國藝術精神》，第3頁。
〔註50〕參見劉建平：《莊子中「丑」的美學意義》，《道學研究》2007年第2期。
〔註51〕李澤厚：《美的歷程》，第54頁。

充分認識的，在不少情況下甚至企圖否定和取消這種特徵。正是儒家美學這種常常會導致極大的片面性的地方，道家美學以強有力的姿態出現了。道家美學從來不講審美和藝術所具有的教育作用和認識作用，但它對於審美和藝術創造活動的特徵卻有著深刻的認識。其中最重要的，是看到了審美和藝術創造活動是一種消除了各種外在強制的自由活動，一種超越了功利考慮的活動。道家美學所提出的觀點，經常成為衝破儒家各種片面狹隘的功利論的有力武器。」〔註52〕「以反對人的異化，追求個體的無限和自由為其核心的莊子哲學是同他的美學內在的、自然而然的聯繫在一起的。兩者交融統一，不可分離，這是莊子美學的特徵。」〔註53〕這裡可以看到德國古典美學對李澤厚、劉綱紀的影響。從康德、席勒到黑格爾的德國古典美學都是圍繞著人的自由問題來考察審美的本質的，這同他們對後來馬克思所指出的「存在和本質、對象化和自我確立、自由和必然、個體和類之間的抗爭」〔註54〕這個歷史之謎的解答的努力是分不開的，而《莊子》哲學顯然對此問題有著樸素的認識和思考，故李澤厚、劉綱紀一針見血地指出：「莊子美學的那些樸素的瞭解和觀察，就其實質來看，不是同康德的美學頗有類似的地方嗎？莊子美學在世界美學史上的地位、已經和將要發生的影響，都有待於進一步研究。」〔註55〕這種視角與徐復觀在《中國藝術精神》中解讀《莊子》的視角是遙相呼應的。《莊子》通過對一些生產實踐活動的描述和總結，卻恰恰揭示了藝術創造的過程和「美的規律」，並且對後世中國藝術及美學理論的發展產生了深遠的影響，這是不爭的事實。章啟群認為基於文本考證的字源分析、詞源分析才是科學的美學研究方法，然而他忘了，西方美學的「美」和中國文化中的「美」「大美」本來就不是對應的關係。那麼，字源、詞源的考證意義何在？更重要的是，對經典詮釋不是一個消極的考證、注釋過程，它還是一個積極的意義創造過程。如果我們只局限於對中國古代的文藝資料的考證說明，那很難說是美學研究，「《莊子》美學」的命題不僅是對《莊子》文本原意的回歸，也是闡釋主體在與文本對話的過程中面向現代的建構。

〔註52〕 李澤厚、劉綱紀主編：《中國美學史》第一卷，第 280 頁。

〔註53〕 李澤厚、劉綱紀主編：《中國美學史》第一卷，第 240 頁。

〔註54〕 〔德〕馬克思：《1844 年經濟學哲學手稿》，劉丕坤譯，北京：人民出版社，1979 年，第 73 頁。

〔註55〕 李澤厚、劉綱紀主編：《中國美學史》第一卷，第 284 頁。

五、餘論

　　美國美學家門羅早就指出過，「美學作為一個西方的學科和哲學的分支，長期以來建立在一個狹小的基礎之上，局限於希臘、羅馬和少數其他西方國家的藝術及其觀念。」〔註56〕美學要真正成為一門具有普遍價值的學科，就應該吸納世界上不同國家和民族關於美和美感的思考和智慧。我們需要古為今用、洋為中用的開放美學觀，而不是唯「西」是從的狹隘美學觀。一味地依託西方美學的原理、概念、方法以西論中、以西釋中，把西方的理論和概念當作衡量一切的真理和準繩，這不僅助長了學界民族虛無主義的文化心態，而且還粗暴地割裂了包括人生論美學在內的中國美學的有機性、整體性、連續性，從而對我們完整地認識、把握、釐清中國美學的發展脈絡、核心精神、理論特點和價值取向造成了諸多誤解。事實上，自上個世紀以來，探討建構中國美學的民族話語體系、重建中國美學的詮釋方法的呼籲，已經引發了學界有識之士的憂慮和思考，並在這方面取得了不少的成果，如徐復觀建構「以心印心」的中國詮釋學、葉朗提出以範疇命題統史、葉維廉以「尋根式的探討」代替「模子式的架構」方法、劉悅笛提出美學「不僅是西方意義上的感性之學，而且也是東方意義上的覺悟之學」的生活論路向等就給我們諸多的啟發。〔註57〕

　　同時，對「《莊子》美學」的詰難，也透射出整個中國美學研究在面對西方美學強勢話語時的窘境。我們該如何研究《莊子》美學呢？必須承認的是，20世紀中國美學家對《莊子》美學的建構，亦或是引入西方美學資源闡釋《莊子》，大多仍沒能跳出西方美學的窠臼，也就是先驗預設出《莊子》美學的本體論、認識論、價值論等框架，然後使用演繹、分類、歸納、例證等模式進行研究，仍以認識論層面的話語言說對《莊子》進行規約。我認為《莊子》美學的建構應避免兩種不良傾向：一是如章啟群式的西方語言霸權路向，即以西方美學的概念、體系、構架來解剖、衡量中國傳統美學資源的價值，這並非科學、客觀的研究非西方文化的方法；二是如白璧德般貼標籤式的研究路向，對《莊子》與西方文藝理論概念上的相似、對象上的相似、問題上的相似加以比附，這樣的研究不易凸顯《莊子》美學真正的意義，而是流於簡單化、膚淺化。黑

〔註56〕Thomas Munro. *Oriental Aesthetics*, Cleveland: Press of Western Reserve University, 1965. p.6.

〔註57〕劉悅笛：《當代中國「生活美學」的發展歷程——論當代中國美學的「生活論轉向」》，《遼寧大學學報》2008年第5期。

格爾曾指出：「只有當一個民族用自己的語言掌握了一門科學的時候，我們才能說這門學科屬於這個民族了，這一點，對於哲學來說最有必要。因為思想恰恰具有這樣一個環節，即應當屬於自我意識，也就是說，應當是自己固有的東西；思想應當是用自己的語言表達出來。」〔註58〕中國美學體系的建構，是一個在不斷向西方學習、對話、反思中立足主體話語生長的過程，並不是直接把西方美學搬過來就完事了。章啟群看到了《莊子》「對於藝術創造的啟示」，卻不能進一步把握到《莊子》思想的理論根源是古代勞動者對藝術創作規律「由技進乎道」的直觀，看不到《莊子》文本的開放性和現代轉換的可能，這何嘗不是一種「悖論」？在美學從西方走向東方、從「一家之言」走向「複調美學」的時代，仍抱持西方中心主義思維以本體論、方法論去統攝中國古代的文藝資源以形成一種合乎西方美學模式的「美學史」，完全忽略了中國美學自身的特質，這何嘗不是一種「悖論」？如何適切地引入西方美學理論作為參考以提升中國當代美學研究的理論和精神層次，在相互平等的基礎上展開中西的互釋和對話，創造性地發掘出其現代面向，這才是中國當代美學發展的需要反思的。

本文發表於《中國社會科學評價》2019 年第 1 期。

〔註58〕黑格爾：《哲學史講演錄》（第四卷），賀麟、王太慶譯，北京：商務印書館，1978 年，第 187 頁。

附錄三 一篇集過度「借鑒」和學術「拼貼」之大成的庸作——兼論陶水平《20世紀「中國藝術精神」論的歷史生成和當代發展》

近年來，對「中國藝術精神」問題的探討成為學界的熱點問題，尤其是習近平同志《在文藝工作座談會上的講話》中明確提出要「傳承和弘揚中華美學精神」，「中華美學精神」理論命題的提出既是時代發展的需要，也體現了中國美學研究的本體追求和理論自覺。陶水平在《文藝理論研究》上發表的《20世紀「中國藝術精神」論的歷史生成與當代發展》[註1]一文，力圖對20世紀「中國藝術精神」思潮形成和發展進行梳理。然而，細讀之下不難發現，陶文幾乎是拙著《東方美典——20世紀「中國藝術精神」問題研究》[註2]的簡化版——思路是照搬的，觀點是拼貼的，引用和注釋也不嚴謹，讓人大失所望！陶水平對「中國藝術精神」問題的時代意義和理論體系缺乏深入而全面的認識，同時對「中國藝術精神」問題的當代發展、海內外的最新研究成果也缺乏宏觀的把握，是一篇集膚淺研究和注釋不規範之大成的平庸之作。

[註1] 陶水平：《20世紀「中國藝術精神」論的歷史生成與當代發展》，《文藝理論研究》2019年第3期。以下簡稱「陶文」。

[註2] 劉建平：《東方美典——20世紀「中國藝術精神」問題研究》，北京：人民出版社，2017年。以下簡稱《東方美典》。

一、結構上的拙劣「創新」

　　陶水平的《20 世紀「中國藝術精神」論的歷史生成與當代發展》整個框架和邏輯結構幾乎都是從《東方美典——20 世紀「中國藝術精神」問題研究》一書中照搬過來的。《東方美典》中將 20 世紀「中國藝術精神」問題分為世紀初「回應西方」的萌生期、30～50 年代抗戰前後對「民族精神彰顯」的形成期、50～70 年代海外新儒學「解蔽現代性」的成熟期和 80 年代改革開放以來追求中國美學「現代轉型」的新時期四個階段，〔註3〕這也是陶文所說的「（『中國藝術精神』論）濫觴於晚清民初，提出於 20 世紀三四十年代，確立於五十年代以後的港臺並播撒於海外，復興於改革開放以後的中國大陸」這一說法的由來。對 20 世紀「中國藝術精神」問題的分期方法是我首創的，也是我的《東方美典》一書「上篇」的研究思路。

　　我們首先談談陶文的結構框架。我在 20 世紀「中國藝術精神」問題的分期奠定了《東方美典》一書「上篇」的基本寫作思路和邏輯結構，陶文既然照搬了我的這個分期模式，他的整個框架自然也必須「照搬」《東方美典》的章節標題和邏輯思路。陶文的第一節「問題的提出——何謂 20 世紀『中國藝術精神』論？」對應的是《東方美典》「上篇」的第一章第一節「『中國藝術精神』問題產生的時代背景」，二者之間論述和觀點的相似性下節詳細論證。陶文的第二節「晚清民初『中國藝術精神』論的先聲」對應的是我的《東方美典》「上篇」的第一章「回應西方——『中國藝術精神』問題的萌生」。陶文第三節「宗白華與方東美：20 世紀『中國藝術精神』論的正式提出者」對應的是《東方美典》「上篇」的第二章第二節「『窺探中國心靈的幽情壯采』：宗白華論中國藝術精神」和第三節「返本開新：當代新儒家論中國藝術精神」（方東美部分），二者之間的不同是陶文將我的「宗白華論『中國藝術精神』」「方東美論『中國藝術精神』」標題轉換成「宗白華『中國藝術精神』論」「方東美『中國藝術精神』論」而已。陶文第四節「唐君毅與徐復觀：20 世紀『中國藝術精神』論的理論確立者」對應的是《東方美典》「上篇」的第二章第三節「返本開新：當代新儒家論中國藝術精神」（唐君毅部分）和第三章第二節「民族審美心靈的再造：徐復觀論『中國藝術精神』」。陶文第五節「『中國藝術精神』論在大陸和海外文學批評界的播撒」是對我的《東方美典》「上篇」的第四章第二節「『抒情美典』：高友工論中國藝術精神」拙劣的改頭換面，而且改得有些不倫不類。

〔註3〕劉建平：《東方美典——20 世紀「中國藝術精神」問題研究》，第 9 頁。

陶文第六節「後五四文化與現代新儒學：『中國藝術精神』論的形成語境與哲學基礎」是《東方美典》「上篇」的第一章第一節「『中國藝術精神』問題產生的時代背景」和第二章「民族精神的彰顯——『中國藝術精神』問題的形成」拼湊的產物。陶文第七節「『中國藝術精神』論的歷史地位和理論特質」又繞回到《東方美典》「上篇」的第一章第二節「『境界說』：王國維論中國藝術精神」中的「構建現代『詩話』體系」部分和第三節「『以美育代宗教』：蔡元培的中國藝術精神實踐」，陶文在我的相關論述上補充了一點陳獨秀的內容。陶文第八節「『中國藝術精神』論的當代發展和理論創新」則是《東方美典》「上篇」的第四章第三節「『情本體』：李澤厚論中國藝術精神」和「下篇」的「結語」部分雜糅的產物。

表7：陶文與劉文章節內容對照圖

序號內容	劉建平《東方美典——20世紀「中國藝術精神」問題研究》（2017）	陶水平《20世紀「中國藝術精神」論的歷史生成與當代發展》（2019）
1	「上篇」第一章第一節「『中國藝術精神』問題產生的時代背景」	第一節「問題的提出——何謂20世紀『中國藝術精神』論？」
2	「上篇」的第一章「回應西方——『中國藝術精神』問題的萌生」	第二節「晚清民初『中國藝術精神』論的先聲」
3	「上篇」的第二章第二節「『窺探中國心靈的幽情壯采』：宗白華論中國藝術精神」 第三節「返本開新：當代新儒家論中國藝術精神」（方東美部分）	第三節「宗白華與方東美：20世紀『中國藝術精神』論的正式提出者」 「宗白華『中國藝術精神』論」、「方東美『中國藝術精神』論」
4	「上篇」第二章的第三節「返本開新：當代新儒家論中國藝術精神」（唐君毅部分） 第三章第二節「民族審美心靈的再造：徐復觀論『中國藝術精神』」	第四節「唐君毅與徐復觀：20世紀『中國藝術精神』論的理論確立者」
5	「上篇」第四章的第二節「『抒情美典』：高友工論中國藝術精神」	第五節「『中國藝術精神』論在大陸和海外文學批評界的播撒」將「高友工」改頭換面為「李長之」
6	「上篇」第一章的第一節「『中國藝術精神』問題產生的時代背景」和第二章「民族精神的彰顯——『中國藝術精神』問題的形成」	第六節「後五四文化與現代新儒學：『中國藝術精神』論的形成語境與哲學基礎」

| 7 | 「上篇」第一章的第二節「『境界說』：王國維論中國藝術精神」中的「構建現代『詩話』體系」部分和第三節「『以美育代宗教』：蔡元培的中國藝術精神實踐」 | 第七節「『中國藝術精神』論的歷史地位和理論特質」係這兩節內容的拼湊，補充了一點陳獨秀的內容。 |
| 8 | 「上篇」第四章的第三節「『情本體』：李澤厚論中國藝術精神」和「下篇」的「結語」部分 | 第八節「『中國藝術精神』論的當代發展和理論創新」係這兩部分內容拼湊。 |

　　陶水平為了避免與我的《東方美典》章節和框架結構過於雷同，他在第五節「『中國藝術精神』論在大陸和海外文學批評界的播撒」中刻意將我書中的研究對象「高友工」換成了文藝批評家「李長之」，這種欲蓋彌彰之舉無異於是畫蛇添足。需要指出的是，在李長之進行文學批評的 20 世紀 40 年代，「中國藝術精神」問題尚沒有成為一種具有理論自覺的、社會性的學術思潮，何來「播撒」一說？20 世紀「中國藝術精神」問題是一個現代的美學命題，李長之有對中國美學、美育等學科建構的設想，但並無直接證據證明他的思想是「中國藝術精神」思潮「播撒」的結果。我在《東方美典》中明確指出，「中國藝術精神」問題是通過徐復觀的現代詮釋而成為一個重要的美學問題的，在徐復觀之前，有對「中國藝術精神」問題的思考而沒有產生廣泛的影響，如王國維、宗白華、唐君毅；在徐復觀之後，對「中國藝術精神」問題的探究開始成為一種有意識的思想自覺，成為一種產生廣泛社會影響（海峽兩岸、華人文化圈）的學術思潮，成為一個有著鮮明時代烙印的審美「範式」，〔註4〕因而稱李長之的文藝批評是「中國藝術精神」的「播撒」實屬牽強。

　　更可笑的是，陶文將研究對象由「高友工」換成了「李長之」之後，他的標題「海外播撒」也就顯得名不副實、文不對題。事實上，高友工才是真正直接受到徐復觀「中國藝術精神」思想的影響而著手建構中國「美典」理論體系的海外美學家。〔註5〕從 1979 年到整個 80 年代，高友工發表了「抒情美典」

〔註4〕劉建平：《東方美典──20 世紀「中國藝術精神」問題研究》，第 102 頁。
〔註5〕徐復觀曾與高友工在美國普林斯頓大學會面，說高友工曾「再三稱道我的中國藝術精神一書的第一和第二兩章」。參見徐復觀：《瞎遊雜記之六》，《徐復觀雜文──憶往事》，臺北：時報文化出版公司，1980 年。柯慶明也曾說：「高先生特別看重徐復觀由實踐理性轉向美感經驗的特質，這是其他新儒家的思想家所沒有想到的。」參見柯慶明：《開闢鴻蒙的時代光芒──高友工先生與抒情傳統》，朱先敏整理，《中國文哲研究通訊》第 27 卷，2014 年第 1 期。

的系列論文，首先在臺灣地區學界引發了「高友工震盪」，催生了一系列的重要研究著作，高友工、蔡英俊、呂正惠、柯慶明、張淑香、龔鵬程、鄭毓瑜、蕭馳、宇文所安（Stephen Owen）、林順夫等人圍繞著「抒情」這一中國藝術的精神特質，建構了一個「美典」論述的理論譜系，可謂名家輩出，影響深遠。「美典」理論譜系就是中國藝術精神在當代社會的新發展，其研究熱潮也從開始的臺灣地區、香港地區傳播到新加坡、美國和中國大陸，這才算得上是「中國藝術精神」的「當代發展」和「海外播撒」。

二、研究問題的片面與膚淺

客觀的講，陶水平因為在「中國藝術精神」問題和20世紀中國美學史的研究上缺乏足夠深厚的學術積累，這使得他對「中國藝術精神」問題的時代意義和理論價值缺乏深入而全面的認識，同時對「中國藝術精神」問題的當代發展、海內外的最新研究成果也缺乏宏觀的把握。陶文對於20世紀「中國藝術精神」的整體發展脈絡的梳理，對於王國維、宗白華、徐復觀、唐君毅等美學家在「中國藝術精神」問題上的貢獻，無論是論述的全面性、系統性，還是研究的深刻性、準確性，都離《東方美典》的相關研究有一定的距離。

在陶文的第一節「問題的提出——何謂20世紀『中國藝術精神』論？」中，陶水平認為「中國藝術精神」論的產生原因是「五四以後一批具有深厚民族精神和文化情懷的學者的美學追求，旨在校正五四新文化運動對中國傳統文化的全盤否定」，這在某種意義上窄化了「中國藝術精神」問題誕生的時代意義。我認為，20世紀「中國藝術精神」問題的提出，是20世紀中國美學家在內憂外患中萌生的一種精神自覺和文化自救運動，「20世紀『中國藝術精神』問題從其誕生之初，就帶有明顯的現實困境的對治性，它不僅承擔著我們這個古老民族文化精神存亡絕續的歷史使命，也有著凝聚民眾、改造人性、重塑人格的時代要求。」〔註6〕這一命題的提出不僅是陷入困境的中國美學、藝術內在邏輯發展的必然結果，也是一個有著悠久文化傳統和美學資源的民族在西方文化的衝擊下對自身存在價值和現代命運的反思。陶文所作的「創新」，僅僅是把我所說的「中國藝術精神」問題20世紀初的「萌生期」推到了五四運動以後。然而這一「創新」並沒有任何事實和理論根據支撐。在《東方美典》中，我認為王國維「將『意境』作為中國傳統藝術精神的核心範疇並加以系統

〔註6〕劉建平：《東方美典——20世紀「中國藝術精神」問題研究》，第23頁。

的闡釋，呈現出『以西釋中』、重構中國美學的意圖，開創了 20 世紀中國美學家對中國藝術精神的探索思潮。」陶文認為「中國藝術精神」論誕生於五四以後，旨在校正五四新文化運動對中國傳統文化的全盤否定等說法全然忽視了「中國藝術精神」問題有著更為深刻的時代危機和現實人生改造的要求。他只是不想百分之百照搬我對 20 世紀「中國藝術精神」問題的分期，刻意將「中國藝術精神」問題的誕生推遲到了五四新文化運動以後，這既不合史實，又將這一重要美學問題的理論意義簡單化了，對其歷史背景、理論價值和社會影響還缺乏深入而系統的認識。

在陶文第四節的徐復觀「『中國藝術精神』」論」中，陶文從中國文化是「心的文化」開始談起，認為中國文化中的藝術精神，發端於、奠基於由孔子和莊子所開顯的兩個典型，這類論述多是學界 20 年前的話語。陶文對徐復觀「中國藝術精神」問題的研究始終有兩個問題沒有說清楚：一是先秦音樂精神的湮沒，為何不等於儒家藝術精神的消失？二是徐復觀的「中國藝術精神」理論的思維脈絡究竟是怎樣的？對這兩個問題，陶文的研究顯然還處在淺顯的引介、解釋、復述階段。本節雖然篇幅較長，但多是「孔子是中國藝術精神的第一位發現者，莊子則是中國藝術精神的再發現者，亦即是純藝術精神的發現者」之類的套話、廢話，談不上有什麼研究，並且這類膚淺的「復述」完全忽略了中國大陸和港臺地區關於徐復觀美學思想研究十餘年來的新進展。學界在這兩個問題上的研究成果，可以參看我的《論徐復觀的藝術思想》（《孔子研究》2012 年第 3 期）和《徐復觀「中國文學精神」思想研究》（《學術界》2017 年第 8 期）兩篇小文章，也可以參看李維武、陳昭瑛、孫琪、王守雪、張晚林等海內外學者的相關研究。至於陶文的結論「徐復觀的中國藝術精神研究，達到了現代新儒學的中國藝術精神論的最高學術水平，同時也把 20 世紀中國藝術精神論推向了一個新的學術高度。」這些說法也有些武斷，說徐復觀在半個世紀前寫的《中國藝術精神》代表著「現代新儒學的中國藝術精神論的最高學術水平」，就完全忽略了近二三十年來第三代新儒家劉述先在《文學欣賞的靈魂》及《生命情調的抉擇》〔註 7〕、成中英在《美的深處：本體美學》〔註 8〕中以及杜維明在美學上所作出的新的探索和理論貢獻。

〔註 7〕 劉述先：《生命情調的抉擇》，長春：吉林出版集團，2010 年。
〔註 8〕 成中英：《美的深處：本體美學》，杭州：浙江大學出版社，2011 年。

三、引用、注釋的不規範

陶文的機巧之處在於：他通過對我的引用材料加以更換，輔之以類似的引文論證；他將我的學術觀點用自己的語言復述一遍，成功地騙過了機器查重的檢測，也使得我花費了十多年的研究心血「合理」「合法」地轉化成他的研究成果。我們來看看《高等學校科學技術學術規範指南》對「間接引用（citation）」的界定，「（間接引用）是指作者綜合轉述別人文章某一部分的意思，用自己的表達去闡述他人的觀點、意見和理論，也成為釋義（paraphrase）……間接引用應使用自己的語言來表述引文中的相關內容並加以標注。」在「引文和注釋規範」方面，陶文的「研究結論」大都是直接挪用我的說法而沒有加以標注，這已經不是注釋不規範的問題了，而是大膽越過了「引用」、借鑒的邊界。《高等學校科學技術學術規範指南》明確指出：「在自己的作品中大量地引用他人作品的觀點、論據或內容，從而使自己的作品的大部分或主要觀點、論據或內容是照搬他人作品的結果，則屬於抄襲的範疇。」〔註9〕陶文很難一一標注出處，因為陶水平在整個20世紀「中國藝術精神」問題上的原創研究太少了！

這裡僅舉兩例。陶文第三節「宗白華與方東美：20世紀『中國藝術精神』論的正式提出者」將我的「宗白華論『中國藝術精神』」「方東美論『中國藝術精神』」標題轉換成「宗白華『中國藝術精神』論」「方東美『中國藝術精神』論」的標題，研究結論是「宗白華與方東美同為20世紀『中國藝術精神』理論的提出者。」這自然是借用我書中的「宗白華可以看作是這一時期在此問題上取得重要成就的代表人物。宗白華不僅明確提出了『中國藝術精神』這一概念，而且是自覺建構中國藝術精神的第一人。」〔註10〕「（宗白華）是繼王國維、蔡元培之後第二代美學家最重要的代表，也是真正自覺地建構中國藝術精神的第一人。」「方東美……開啟了中國藝術精神門類研究、中西藝術精神比較研究」〔註11〕的說法。在論述「中國藝術精神」的特點時，陶文將我書中「在宗白華看來，中國藝術及其高超瑩潔的意境是中國文化中壯闊幽深的『宇宙意識』和『生命情調』的顯現……《周易》的『生生之動』象徵了宇宙人生的奧秘，其與中國藝術精神恰好構成『表裏』互補的關係，這是宗白華中國藝術精

〔註9〕 教育部社會科學委員會學風建設委員會編：《高等學校科學技術學術規範指南》，北京：高等教育出版社，2009年。
〔註10〕劉建平：《東方美典——20世紀「中國藝術精神」問題研究》，第62頁。
〔註11〕劉建平：《東方美典——20世紀「中國藝術精神」問題研究》，第9頁。

神最重要的特點。」〔註12〕轉換為「在宗白華看來，藝術意境正是中國文化中壯闊幽深的宇宙意識和生命情調的象徵和顯現，是中國古代藝術家生命精神和宇宙大生命精神的生動表徵。宗白華的中國藝術意境論與其中國哲學形上學研究相互發明，相得益彰。」二者幾乎完全雷同，這是學術搬運而非學術創新。

在論述方東美的「中國藝術精神」論時，我在《東方美典》中是這樣說的，「1931 年論文《生命情調與美感》發表於中央大學文藝叢刊第一卷第一期上，顯示他的美學思想在抗戰早期即已成型。1937 年，中日鬥爭形勢岌岌可危，4 月，方東美應國民政府教育部之邀，通過電臺演講中國人生哲學來鼓舞全國青年。方東美一共做了八次演講，講稿隨即由中央廣播月刊刊布，並於同年由商務印書館結集出版，題名《中國人生哲學概要》……致力於民族偉大精神的彰顯，以期起到振奮民心、鼓舞青年熱愛國家、民族和中華文化精神的作用。」〔註13〕陶文將其簡化為「1937 年全面抗戰爆發前夕，方東美通過廣播向全國青年發表關於中國人生哲學的系列演講，在抗日炮火中闡揚中國文化精神，以激發國人的民族精神與抗戰信心。」我在《東方美典》中還論述了宗白華和方東美、唐君毅「中國藝術精神」問題上的相互影響，「在受生命美學影響的中國現代美學家中，方東美和宗白華是影響最為重大、成就最為卓著的。宗白華和方東美都曾擔任中央大學哲學系的教授，彼此交往日久，他們都把『生命精神』看作是中國藝術的精神實質，彼此在思想上也產生過相互的影響。」〔註14〕鑒於彭鋒在《生命哲學與「散步」美學——宗白華與 20 世紀中國美學》〔註15〕中對宗白華、熊十力和方東美美學思想之間的關聯性有過較詳細的分析，我在《東方美典》頁下注釋中注明了這一點，並未就此展開過多論述。而陶文則像是發現新大陸一樣，對宗白華和方東美美學思想之間的聯繫進行了詳細的論證，其結論是「在宗白華和方東美那裏，中國的哲學、文化和藝術都是極富生命精神的，生命精神既是中國哲學的精神，又是中國文化和藝術的精神……他們（宗白華和方東美）在學術上相互影響，思想旨趣多有投合。」這並沒有和我的觀

〔註12〕劉建平：《東方美典——20 世紀「中國藝術精神」問題研究》，第 75～76 頁。
〔註13〕劉建平：《東方美典——20 世紀「中國藝術精神」問題研究》，第 84 頁。
〔註14〕劉建平：《東方美典——20 世紀「中國藝術精神」問題研究》，第 85 頁。
〔註15〕參見彭鋒：《生命哲學與「散步」美學——宗白華與 20 世紀中國美學》，汝信、王德勝主編《美學的歷史：20 世紀中國美學學術進程》，合肥：安徽教育出版社，2016 年，第 645～646 頁。

點有何不同。需要指出的是，陶文在這裡對宗白華和方東美思想的相異之處進行了分析，宗是「詩意中見哲思」，方是「哲思中見詩意」；宗注重研究藝術樣態和形式，方注重藝術價值等，這倒是陶文十分難得的一點拓展。

　　陶文的第四節是「唐君毅與徐復觀：20世紀『中國藝術精神』論的理論確立者」，在「唐君毅的『中國藝術精神』論」一節的開頭，陶文寫到「唐君毅明確提到宗白華藝術精神論對他的影響。而且，唐君毅對魏晉美學精神的認知和讚揚也受到宗白華的直接影響。」這直接沿用了我書中「唐君毅對『中國藝術精神』問題的思考的另外一個重要的推手就是他在中央大學的老師宗白華的影響。他在《中國文化之精神價值》第一版《自序》中曾說到，他的中國藝術精神的思想受到了宗白華論中國藝術與美感思想之啟發」的說法。〔註16〕在具體分析唐君毅的「中國藝術精神」論時，我不僅指出了「遊」是唐君毅中國藝術精神的本質，而且還進一步創造性地指出唐君毅將「遊」的藝術精神歸結為孔子的「游於藝」，凸顯了儒家藝術精神的特質和重要地位，「能『遊』的人即是他所推崇的『人格美』的典範。這就意味著，唐君毅的藝術精神，最終還是落腳於儒家的人倫日用、安身立命上。」〔註17〕唐君毅對「遊」字作出的「藏焉、修焉、息焉、遊焉」的現代詮釋正是表明「遊」之目的，並不在於藝術本身，而在於陶冶性情，將人的心靈安頓於德性圓融之境，並由此對唐君毅與徐復觀的美學思想進行了區分，這顯然比陶文籠而統之地說「中國藝術精神亦即往來優游之精神……唐君毅認為，歸根結底，中國藝術精神植根於中國人的人格精神」要清晰和深刻得多。因為我是哲學的學術背景，所以在思想研究時，我尤其注重對人物思想脈絡的辨析和區分，而一般的抄襲者、模仿者則很難把握到我研究方法的這個特點。

　　陶文既然整體「照搬」了我的《東方美典——20世紀「中國藝術精神」問題研究》中的研究思路和研究結論，想必對拙著是頗為熟悉的。然而，在陶文的「注釋」中，不知陶水平是刻意隱藏原作信息還是無心之失，將拙著「人民出版社，2017年」的信息注釋成了「人民文學出版社，2017年」，這難免有轉移視線、混淆視聽之嫌，犯了學術規範中「破壞原始數據的完整性」、提供不準確的文獻引用出處等不嚴謹、不規範的低級錯誤。

　　當然，陶水平的文章也不是一無是處，誠如《高等學校科學技術學術規範

〔註16〕劉建平：《東方美典——20世紀「中國藝術精神」問題研究》，第89頁。
〔註17〕劉建平：《東方美典——20世紀「中國藝術精神」問題研究》，第92頁。

指南》指出的，任何研究工作都是在前人研究成果的基礎上展開的，陶文在第一節「問題的提出──何謂 20 世紀『中國藝術精神』論？」中列出了已有的「孫琪《中國藝術精神：話題的提出及其轉換》、劉建平《東方美典──20 世紀「中國藝術精神」問題研究》、宛小平《港臺現代新儒家美學思想研究》」等三部研究專著，體現了一位學術研究者應有的基本學術素養。同時，對方東美和宗白華美學思想的比較這一小節稍有新意。〔註18〕然而，瑜不掩瑕，陶水平的論文整體上是一篇集膚淺研究、過度「借鑒」和注釋不規範之大成的平庸之作，亮點很少。雖然教育部多次發文大力杜絕學術抄襲和過度「借鑒」，提倡原創性的科學研究，陶文仍然使用這類高超的文字伎倆和照搬、「借鑒」式的研究手法，企圖混淆視聽，「使一項並不新穎的研究，被認定為創新性成果」。陶水平教授是學界小有名氣的前輩學者，還是國家社科基金藝術學重大項目「中華美學與藝術精神的理論與實踐研究」的子課題負責人，有一定的學術地位，應該成為學界學風嚴謹、求實創新的表率才是，實在沒有必要去發表一篇了無新意、過度「借鑒」的庸作。要建設良好的學術生態和學術規範，「學術共同體」內部嚴肅的學術批評就不能缺席，這有賴於整個「學術共同體」同仁們的共同努力。中青年學者固然應該勇猛精進，銳意進取，多出新章，學界的前輩們更應潔身自好，以身作則，在多年學術積累的基礎上，在擁有大量學術資源和學術榮譽的基礎上，立足新視野，開拓新領域，做出一些具有原創性、開創性的研究成果，而不能躺在歷史的榮譽薄上到處「尋章摘句」，迷失在信息時代便捷的文獻搜索、黏貼複製中，最終落得個讓人錯愕、無語、歎息的下場。

　　本文發表於《汕頭大學學報》（人文社會科學版）2023 年第 2 期。

〔註18〕學界在這方面的專著、論文不少，較有代表性的論著有彭鋒：《生命哲學與散步美學──宗白華與 20 世紀中國美學》，汝信、王德勝主編《美學的歷史：20 世紀中國美學學術進程》（合肥：安徽教育出版社，2016 年）；姜勇：《宗白華美學與現代新儒學》（北京：人民出版社，2018 年 6 月）一書的第三章「宗白華美學與方東美文化哲學之比較」；姜勇的博士論文 2008 年即可在「知網」上查閱，有心之士可以對照陶文，看看陶究竟有什麼新東西。